江苏省"十四五"首批职业教育规划教材
"十三五"江苏省高等学校重点教材 2020-2-103
高等职业教育物流管理专业系列教材

配送管理实务

主　编　刘晓燕
副主编　方秦盛　朱琳娜
参　编　陆　霞　杨　帆

机械工业出版社

配送管理工作是现代物流企业的重要工作内容。为撰写出适合高职学生使用、能提高学生实际工作技能的工作手册式教材,编者深入配送企业进行调研考察,分析典型企业的主要工作领域;并且对各个工作领域的岗位职责进行分析,研究典型工作任务以及完成工作任务需要具备的技能。

本教材的内容基于实际工作,以培养职业能力为本位,共分为六个工作领域,分别是现代配送中心选址规划、现代配送中心备货和储存、现代配送中心配货出库、现代配送中心配载送货、现代配送中心信息处理和特殊货物的配送管理,每个工作领域需要完成2~4项工作任务,每项工作任务需具备2~3项职业能力。每项职业能力均配有能力训练,每项工作任务后设有拓展训练,每个工作领域后配有课后练习。本教材以信息流引领配送作业,以作业流培养职业素养,以工作领域+工作任务+职业能力的三层结构组织内容编写,以工作手册的形式展示职业能力训练过程和内容。比较复杂的操作步骤均配有操作视频等数字资源,可通过扫描教材中的二维码来即时查阅。此外,本教材还配套了课件、参考案例、操作视频、动画视频、全套微课、习题等丰富的电子资源,并建有在线课程。因此,本教材是一本立体化的工作手册式教材。

本教材适用于高等职业院校物流管理相关专业的教学,也可供相关企业人员参考使用。

图书在版编目(CIP)数据

配送管理实务/刘晓燕主编. —北京:机械工业出版社,2021.9(2024.7重印)
"十三五"江苏省高等学校重点教材
ISBN 978-7-111-68831-0

Ⅰ. ①配… Ⅱ. ①刘… Ⅲ. ①物流配送中心-企业管理-高等学校-教材 Ⅳ. ①F253

中国版本图书馆CIP数据核字(2021)第156581号

机械工业出版社(北京市百万庄大街22号 邮政编码100037)
策划编辑:孔文梅   责任编辑:孔文梅 董宇佳
责任校对:李 伟   责任印制:单爱军
北京虎彩文化传播有限公司印刷
2024年7月第1版第4次印刷
184mm×260mm・18.25印张・417千字
标准书号:ISBN 978-7-111-68831-0
定价:55.00元

电话服务 网络服务
客服电话:010-88361066 机 工 官 网:www.cmpbook.com
        010-88379833 机 工 官 博:weibo.com/cmp1952
        010-68326294 金 书 网:www.golden-book.com
封底无防伪标均为盗版 机工教育服务网:www.cmpedu.com

前 言

本教材是"十三五"江苏省高等学校重点教材（编号：2020-2-103），是江苏省高校"青蓝工程"优秀教学团队阶段性成果之一。

本教材的特色主要体现在以下方面：

1. 校企双元开发，内容和形式创新，是立体化的"工作手册式教材"

本教材从现代配送企业的实际出发，以典型工作领域分析、工作流程分析和工作任务分析为基础，以能力培养为本位设计课程，以信息流引领配送作业，以作业流培养职业素养。通过本课程的学习，学生将了解现代配送中心的各项功能要素，领略现代智能配送的工作奥妙，掌握现代配送高效便捷服务的工作原理，具备配送工作的职业能力和现代配送管理工作岗位的职业素质。

本教材的设计以现代配送中心实际工作内容为主线，经过实际调研，将现代配送中心配送管理工作分为六大工作领域，即现代配送中心选址规划、现代配送中心备货和储存、现代配送中心配货出库、现代配送中心配载送货、现代配送中心信息处理、特殊货物配送管理。每个工作领域需要完成2~4项工作任务，完成每项工作任务需具备2~3项职业能力。本教材以对职业能力的培养为本位来设计教学内容，具体可归纳为四部分：①选址规划。主要包括：流程设计、定位准确；因素分析，选址估算；抓住特点，规模设计；合理规划，巧作布局。②备货储存。主要包括：检尺求斤，检验货物；单证处理，细致认真；组托上架，堆码安全；库存管理，备货有序。③配货出库。主要包括：客户档案，完整有效；订单处理，重点优先；摘果播种，智能分拣；流通加工，组配出库。④配载送货。主要包括：科学装载，路线优化；跟踪管理，费用结算；信息系统，智能服务；特种货物，特殊服务。本教材由工作领域+工作任务+职业能力的三层结构组成，以"纸质图书+数字资源"新型一体化形式展示职业能力训练过程，对于比较复杂的操作步骤，学习者可以通过扫描二维码，方便地观看操作演示视频或读取课程拓展资料，能够随时随地学习。本教材配有丰富的数字化教学资源，形成了立体化的"工作手册式教材"。

2. 符合自主思维模式，有利于提高学习者自学能力

本教材以学习者为中心，创设实际工作情境，根据实际工作过程，为每一个具体工作任务配有详细的工作流程图，学习者可以非常直观地了解企业工作中所要处理的事项、要和哪些部门进行沟通及沟通的具体内容，符合自主思维模式，能强化提升学习者的逻辑思考能力，科学有效地指导学习者开展自主学习活动，加强自主学习管理，提升学习效率。教材的每一项工作任务后均配有拓展训练，以进一步提高学习者的实际工作能力；每一个

工作领域后均配有工作领域小结、补充笔记、课后练习等内容，以供学习者进行自我思考和练习巩固。另外，本教材配有完整的资源库，有丰富的案例、视频、图片、习题、实训等资源，在中国大学MOOC网上建有相应的在线课程，网址https://www.icourse163.org/spoc/course/WXSTC-1459489161。

3. 内容适合模块化教学，有"活页式教材"的特点

本教材是按现代配送中心六个不同工作领域来设计的，每一个工作领域的内容相对独立，各部分内容既有联系也可以独立成册，不同类型的学习者可以选修其中的部分工作领域内容，对学习内容进行组合，因此在内容上又具有"活页式教材"的特点，适合模块化教学，可进行分类分层教学，以满足中职、高职不同专业学生以及社会学习者等不同人群的学习需要。

4. 可以用于全国学生技能竞赛训练，实现"以赛促学，以赛促教"

本教材也可用于全国物流学生技能竞赛项目的训练，工作领域二～工作领域五中共设计了12个工作任务29个不同的技能训练，对应全国"智慧物流作业方案设计与实施"学生技能竞赛项目要求。训练要求学生团队协作、综合应用物流管理知识和现代物流技术、分析和解决现场问题，在掌握专业知识的基础上，提高工作效率、工作质量和安全文明生产水平，也达到"以赛促学，以赛促教"的目的。

本教材由无锡科技职业学院刘晓燕（江苏省高校"青蓝工程"优秀教学团队主要成员）担任主编，方秦盛、朱琳娜担任副主编，苏州安永数据科技有限公司陆霞和辽宁机电职业技术学院杨帆参编，无锡科技职业学院物流管理专业的其他几位老师以及无锡苏宁物流有限公司的几位专业人员也全程参与教材的编写，给予大量的支持。

具体分工为：刘晓燕负责教材的总体设计和策划，工作领域一～工作领域三由刘晓燕编写，工作领域四和工作领域五由方秦盛编写，工作领域六由朱琳娜编写。企业专家和其他参编人员主要负责实践训练部分的编写，编者在教材编写中还参考了一些同行专家的有关著作和案例，在此特向相关作者表示衷心的感谢！

为方便教学，本书配备了电子课件、参考案例等教学资源，凡选用本教材的教师均可登录机械工业出版社教育服务网www.cmpedu.com免费下载。如有问题请致电010-88379375，服务QQ：945379158。

编　者

二维码索引

序号	名称	二维码	页码	序号	名称	二维码	页码
1	上海联华生鲜食品加工配送中心案例		15	10	视觉识别设备操作视频		61
2	京东无人化仓储视频		24	11	AGV小车操作视频		61
3	叉车功能介绍视频		41	12	智能穿戴设备入库组托操作视频		63
4	电动叉车操作视频		44	13	智能穿戴设备出库播种式拣选操作视频		66
5	手动液压车操作视频		45	14	工作领域一课后练习		70
6	半自动堆高车操作视频		46	15	抽样检验介绍视频		74
7	电子标签拣选操作视频		55	16	数量检验——计件动画视频		76
8	自动化立体仓库介绍视频		58	17	数量检验——检斤动画视频		76
9	自动拣货机器人操作视频		61	18	物流条码的编制要求		86

（续）

序号	名称	二维码	页码	序号	名称	二维码	页码
19	组托操作视频		90	30	拣货单信息		150
20	货位准备视频		93	31	拣选台车重型货架拣选视频		151
21	物品苫盖的方法介绍视频		97	32	工作领域三课后练习		167
22	物资堆码技术动画视频		99	33	装车配载原则动画视频		176
23	物动量ABC分类法计算视频		103	34	配货作业动画视频		177
24	物动量ABC分类法训练结果		105	35	工作领域四课后练习		195
25	工作领域二课后练习		114	36	配送管理信息系统操作手册		201
26	订单处理内容动画视频		120	37	配送管理信息系统基础数据录入视频		201
27	补货作业操作视频		143	38	配送优化操作视频		203
28	摘果式拣选视频		148	39	工作领域五课后练习		213
29	播种式拣选视频		149	40	冷链供应商的优质服务视频		215

（续）

序号	名称	二维码	页码	序号	名称	二维码	页码
41	冷链设施设备台账		219	48	俄罗斯跨境电商配送问题解决方案视频		261
42	冷链设施设备管理报表		219	49	美团快送模式动画视频		268
43	冷链批发市场模式和生鲜电商模式介绍视频		221	50	骑士派单的秘密动画视频		269
44	冷链配送实时监控方案介绍视频		233	51	配送终端出入库——菜鸟驿站视频		276
45	危险品无人仓介绍视频		255	52	菜鸟新零售无人车视频		278
46	危险品配送注意事项视频		256	53	冷链智能终端柜的使用方法视频		278
47	优质第三方跨境物流服务视频		261	54	工作领域六课后练习		280

目 录

前言

二维码索引

工作领域一　现代配送中心选址规划 1

　工作任务1.1　配送中心定位 2

　　职业能力1.1.1　分析配送中心业务特点并设计作业流程 2

　　职业能力1.1.2　根据配送中心业务特点进行配送中心定位 10

　工作任务1.2　配送中心选址规划 15

　　职业能力1.2.1　根据选址影响因素进行配送中心选址规划 15

　　职业能力1.2.2　采用定量分析法进行选址估算 19

　工作任务1.3　配送中心设计 24

　　职业能力1.3.1　根据配送中心业务特点进行规模设计 24

　　职业能力1.3.2　根据配送中心功能进行布局设计 29

　工作任务1.4　配送中心设施设备配置 36

　　职业能力1.4.1　根据配送中心货物情况进行设施设备配置 36

　　职业能力1.4.2　完成常用储配设备操作 40

　　职业能力1.4.3　熟悉智慧储配设备操作 57

工作领域二　现代配送中心备货和储存 71

　工作任务2.1　货物验收入库 72

　　职业能力2.1.1　根据货物订单合理安排货物验收作业 72

　　职业能力2.1.2　完成收货相关单证填制及交接手续 79

　工作任务2.2　货物组托上架 86

　　职业能力2.2.1　完成货物组托设计及组托作业 86

　　职业能力2.2.2　根据仓库货架区情况安排货位并完成上架作业 90

　　职业能力2.2.3　根据仓库平面情况完成堆码存储区规划 95

　工作任务2.3　货物储存 103

　　职业能力2.3.1　采用物动量ABC分类法进行货物分类管理 103

职业能力2.3.2 根据货物特点进行仓库保管养护、安全检查等作业 106

工作领域三　现代配送中心配货出库 115

工作任务3.1　订单确认 116

职业能力3.1.1 完成客户档案建立工作 116

职业能力3.1.2 客户有效性分析及订单处理 119

职业能力3.1.3 客户优先权分析 131

职业能力3.1.4 按照优先权分析结果进行库存分配 133

工作任务3.2　补货与拣货 142

职业能力3.2.1 补货单制作及补货作业 142

职业能力3.2.2 拣货单制作及拣选作业 146

工作任务3.3　货物组配出库 154

职业能力3.3.1 根据货物情况进行合适的配送加工 154

职业能力3.3.2 根据客户需求完成组配出库作业 159

工作领域四　现代配送中心配载送货 168

工作任务4.1　配送车辆调度 169

职业能力4.1.1 根据货物特点选择合适的车型 169

职业能力4.1.2 根据图上作业法进行车辆合理调度 171

工作任务4.2　配送车辆配载 175

职业能力4.2.1 根据车辆积载原则设计最佳配载方案 175

职业能力4.2.2 根据配送需求合理安排车辆装载 178

工作任务4.3　配送路线优化 180

职业能力4.3.1 根据配送特点选用合适的方法进行配送路线规划 180

职业能力4.3.2 使用节约里程法进行配送路线优化 183

工作任务4.4　配送送达服务 188

职业能力4.4.1 利用GPS等系统进行配送跟踪管理 188

职业能力4.4.2 货物送达交接和费用结算 191

工作领域五　现代配送中心信息处理 196

工作任务5.1　配送管理信息系统功能与流程分析 197

职业能力5.1.1 分析配送管理信息系统的基本功能 197

职业能力5.1.2 分析配送管理信息系统操作流程 200

工作任务5.2　配送管理信息系统操作 206

职业能力5.2.1 熟练使用无线手持终端设备进行数据的采集与无线传输 206

职业能力5.2.2 熟练操作配送管理信息系统进行配送作业 209

工作领域六　特殊货物的配送管理 214

工作任务6.1　冷链货物配送管理 215
职业能力6.1.1　有效养护冷链配送中的货物 215
职业能力6.1.2　根据冷链货物特征选择配送模式 221
职业能力6.1.3　有效控制冷链配送管理风险 229

工作任务6.2　危险品货物配送管理 235
职业能力6.2.1　有效识别危险品特征 235
职业能力6.2.2　根据危险品运输法律法规制订相应的配送管理规范 ... 242
职业能力6.2.3　能识别并控制危险品配送作业风险 249

工作任务6.3　跨境货物配送管理 258
职业能力6.3.1　正确选择跨境货物的配送模式 258
职业能力6.3.2　识别并控制跨境货物配送风险 263

工作任务6.4　新零售货物配送管理 267
职业能力6.4.1　根据新零售货物特点设计即时配送流程和选择模式 ... 267
职业能力6.4.2　解决企业新零售下的各种配送问题 274

参考文献 281

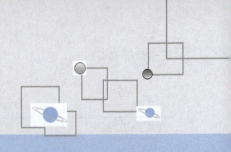

工作领域一

现代配送中心选址规划

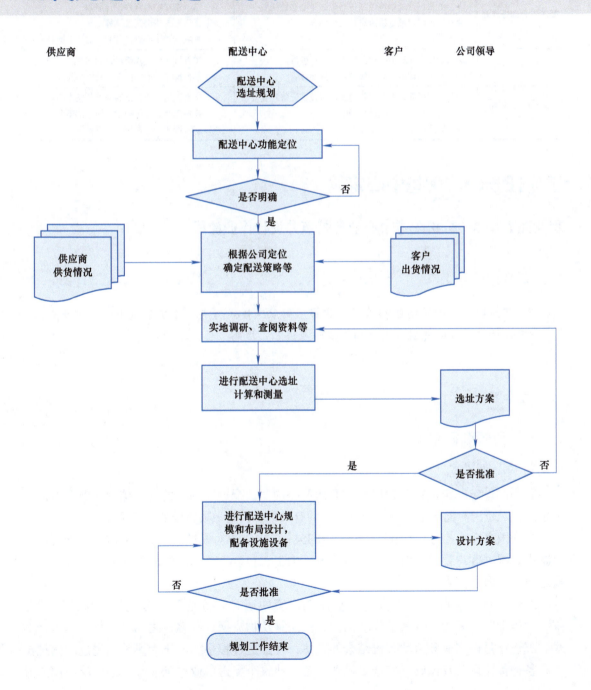

现代配送中心选址规划工作任务和职业能力分析

工 作 任 务	职业能力要求	知识素养要求
配送中心定位	➤ 能分析配送中心业务特点并设计作业流程 ➤ 能根据配送中心业务特点进行配送中心定位	➤ 掌握配送的含义、特点及作用 ➤ 掌握配送中心配送模式和相关概念 ➤ 掌握配送中心功能要素和作业流程 ➤ 掌握配送中心不同类型特色和定位原则
配送中心选址规划	➤ 能根据选址影响因素进行配送中心选址规划 ➤ 能采用定量分析法进行选址估算	➤ 了解配送中心的规划目标 ➤ 掌握配送中心规划设计原则 ➤ 了解配送中心选址流程 ➤ 掌握配送中心选址计算方法——重心法
配送中心设计	➤ 能根据配送中心业务特点进行规模设计 ➤ 能根据配送中心功能进行布局设计	➤ 掌握配送中心规模设计的基本原则和方法 ➤ 掌握配送中心的内部布局原则及方法
配送中心设施设备配置	➤ 能根据配送中心货物情况进行设施设备配置 ➤ 能完成常用储配设备操作 ➤ 熟悉智慧储配设备操作	➤ 掌握配送中心常用配送设备操作要求 ➤ 掌握现代智慧储配设备的操作要求 ➤ 了解配送中心常用储配设备保养要求

工作任务1.1　配送中心定位

职业能力1.1.1　分析配送中心业务特点并设计作业流程

学习目标

　　了解配送中心的功能和作用，掌握不同配送模式特点，分析配送中心业务特点，合理设计配送作业流程，以达到降低作业成本、提高工作效率的目的。

基本知识

一、配送和配送中心

1. 配送的概念

　　我国20世纪80年代初开始使用"配送"一词。"配送"一词的含义体现在两个方面：一是配，二是送。配送是"配"和"送"的有机结合，是一项特殊的物流活动。

　　中国国家标准《物流术语》（GB/T 18354—2006）中对配送的定义是：在经济合理区域范围内，根据客户要求，对物品进行拣选、加工、包装、分割、组配等作业，并按时送达指定地点的物流活动。

　　配送业务中，除了"送货"，在活动内容中还有"拣选""分货""包装""分割""组配""配货"等项工作，因此，配送是从物流据点到客户之间一种特殊的送货形式。配送还是许多业务活动有机结合的整体，在配送过程中，由于大量采用先进的信息技术和各种传输设备及识码、拣选等机器设备，使整个配送作业像工业生产中广泛应用的流水线，实现了流通工作的工厂化，从而大大提高了商品流转的速度，因此，配送是一种专业化的流通分工方式，是大生产、专业化分工在流通领域的体现。

2. 配送中心的概念

国家标准《物流术语》（GB/T 18354—2006）对配送中心的定义是：从事配送业务且具有完善信息网络的场所或组织，应基本符合下列要求：

（1）主要为特定客户或末端客户提供服务。

（2）配送功能健全。

（3）辐射范围小。

（4）多品种、小批量、多批次、短周期。

二、配送中心的功能

配送中心是一种多功能、集约化的物流节点，作为能够优化销售和供应模式的现代物流设施，它把收货验货、储存保管、装卸搬运、拣选、流通加工、配送、结算和信息处理，甚至订货等作业有机地结合起来，形成多功能、集约化和全方位服务的供货枢纽。

配送中心具有以下基本功能：

1. 备货功能

备货型配送中心的主要职能是根据客户的需要，为配送业务的顺利进行从事组织货源的活动。备货工作是配送的准备工作或基础性工作，包括订货、集货进货、合理配货，以及有关的质量检查、结算、交接等活动。

2. 储存功能

配送中心的一项主要职能就是按照客户的要求，及时地将各种配装好的货物在规定的时间送到指定的地点，以满足生产和消费的需求。为了顺利、有序地完成向客户配送货物的任务，更好地发挥保障生产和消费的作用，配送中心通常都建有现代化的仓储设施，如仓库、堆场等，以储存一定数量的商品，形成对配送的资源保证。

3. 组配功能

由于每个客户（企业）对货物的品种、规格、型号、数量、质量、送达时间和地点等的要求不同，配送中心必须按客户的要求对商品进行分拣和组配。配送中心的这一功能是其与传统仓储企业的明显区别之一。

4. 分拣功能

分拣是指按照订货要求或配送中心的送货计划，迅速、准确地将货物从储存库或其他区域拣取出来，并按照一定的方式进行分类、集中，等待配装送货的作业过程。为了满足不同客户的不同要求，配送中心必须对货物进行分拣。因此，分拣作业是配送作业各环节中非常重要的一环，是完善送货、支持送货的准备性工作。

5. 集散功能

配送中心是重要的物流节点，它可以凭借其特殊的地位和拥有的各种先进设备、完善的物流管理系统，将分散在各个企业的货物集中起来，再通过分拣、配货、配装等环节向多个客户发送。同时，配送中心也可以把各个客户所需要的多种货物有效地组合或配装在一起，形成经济、合理的批量，以实现高效率、低成本的货物流通。

6. 衔接功能

通过开展货物配送活动，配送中心能够把各种生产资料和生活资料直接送到客户手中，从而起到了衔接生产和消费的作用。另外，配送中心通过储存和货物的发送，又起到了调节市场需求、平衡供求关系的作用。配送中心通过不断地进货、送货、快速周转，能够有效地解决产销不平衡的矛盾，缓解供需矛盾。配送中心通过发挥储存和发散货物的功能，能够实现供需、产销双方的衔接。

7. 流通加工功能

配送中，流通加工的存在可以大大提高客户的满意度，配送中心应该注意提高其配送加工能力，保证有能力按照客户的要求进行配送加工，以提高物流效率和客户满意度。配送中的流通加工除了满足客户要求外，有时还能够方便进行配送作业，以提高物流效率。销售型配送中心有时也会根据市场需求进行简单的流通加工。

8. 信息处理功能

配送中心作为衔接供应方和需求方的重要枢纽，需要同双方保持信息上的及时沟通。随着现代物流配送效率的提高，以及库存产品资金占用的增加，配送对信息处理速度和传输效率的要求也越来越高，因此配送中心必须有高效的信息处理和传递系统。另外，配送中心内部作业的高效率也离不开信息系统的支持。

配送中心的功能如图1-1所示。

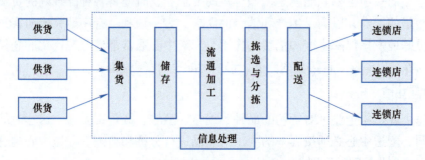

图1-1　配送中心功能示意图

三、配送中心的作用

配送中心的主要作用表现在以下几个方面：

（1）使供货适应市场需求变化。

（2）经济高效地组织储运。

（3）提供优质的保管、包装、加工、配送、信息服务。

（4）促进地区经济的快速增长。

（5）是连锁店经营活动必要的保证。

四、配送中心的业务模式

配送中心的业务模式是指配送中心这一经济实体的各基本要素的标准运作形式。它不是凭人们的主观愿望随意设计的，而是根据社会经济发展的需要和国内外配送中心运作的实际情况，经过总结提炼而来的。配送中心的业务模式有以下两种：

1. 商物一体化配送模式

商物一体化配送模式又称为配销模式，其结构如图1-2所示。商物一体化配送模式的主要经营行为是商品销售，配送是实现其营销策略的具体实施手段，主要目的是通过提供高水平的配送服务来促进商品销售和提高市场占有率。配送的主体通常是销售企业或生产企业，也可以是生产企业的专门物流机构。商物一体化配送模式的特点如下：

（1）有利于组织者扩大其业务范围和服务对象。
（2）便于配送主体为客户或生产者提供特殊的服务，如配套（成套）供应服务。
（3）投入的资金、人力和设备比较多。
（4）常常受到销售的制约。

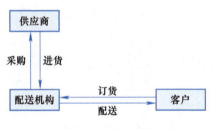

图1-2 商物一体化配送模式结构

商物一体化配送模式多为实力雄厚、规模较大的集团公司采用，有代表性的是连锁企业的配送，如沃尔玛公司、国美家电连锁公司等。

2. 商物分离配送模式

商物分离配送模式又称为物流模式，其结构如图1-3所示。在这种配送模式下，配送的组织者不直接参与商品交易活动，即不参与商流过程，它只是专门为客户提供货物的入库、保管、加工、分拣、配送等物流服务，其业务实质上属于"物流代理"。商物分离配送模式的特点如下：

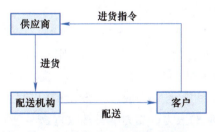

图1-3 商物分离配送模式结构

（1）配送企业的业务活动比较单一，也比较专一。
（2）配送活动属于代理性质的活动，收益主要来自服务费，其经营风险比较小。
（3）由于占用的资金较少，配送企业容易扩大服务范围和经营规模。
（4）配送企业不直接掌握货源，其调节和调度能力较差。

商物分离配送模式的关键是选择配送业务广、现代化程度高、科技水平高、按照现代物流理念经营的专业化物流配送公司进行合作。运用该配送模式的企业可节省大量的建设资金和管理费用，并可以把主要人力、物力放在提高企业的核心竞争力上。

五、配送中心作业流程

（一）配送中心的基本作业流程

配送中心的作业以配送服务需要的基本环节和工作流程为基础。配送中心的特性或规模不同，其作业流程和作业环节会有所区别，但都是在基本流程的基础上对相应的作业环节进行调整。配送中心的基本作业流程如图1-4所示。

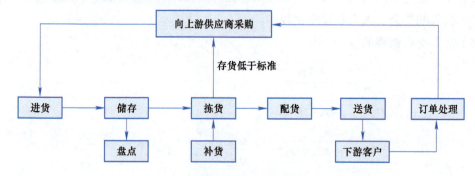

图1-4 配送中心的基本作业流程

1. 订单处理

配送中心的最终目标是满足客户需求，因此，配送中心的工作是从接受客户订单开始的。订单处理涉及配送中心作业的全过程，是从接到客户订单开始到着手准备拣货之间的作业阶段，包括有关客户和订单的资料确认、存货查询和单据处理等内容。

2. 进货

在配送中心的基本作业流程中，进货作业是指对货物做实体上的领取，包括从车上将货物卸下、开箱、检查其数量和质量，以及将有关信息书面化等工作。进货作业可以划分为订货、接货、验收入库三个环节。

（1）订货。配送中心收到客户和汇总客户的订单后，首先要确定货物的种类和数量，然后通过信息系统查询货物库存情况：如有现货，则转入拣货作业；如没有现货或库存不足或库存低于安全库存，则要及时向供应商发出订单，提出订货。

（2）接货。当供应商接到配送中心或客户发出的订单后，会根据订单的要求组织供货，配送中心则需要组织相应的人力、物力准备接收货物。

（3）验收入库。货物送达配送中心后，由配送中心组织检验人员对到货进行验收，验收的内容包括货物的质量、数量和包装的完好性。验收的依据主要是合同条款的要求和有关质量标准。验收合格无误的货物办理入账、信息采集和货物入库手续；验收时若发现有货物不符合合同条款要求，配送中心将详细登记差错情况，按有关规定或合同中双方的事先约定处理，或拒收货物。

3. 储存

配送中心为保证货源供应，通常都会保持一定数量的库存（安全库存）。另外，对于商流、物流一体化的配送中心来说，一次性集中采购、储备一定数量的货物，可享受供应商提供的价格折扣优惠。储存作业的主要内容就是随时掌握货物的库存动态，使库存货物保持质量完好、数量准确。

4. 拣货

拣货是指拣货人员依据业务部门按照客户订单要求下达的拣货单，从储存的货物中拣出一定品质和数量的货物。从地位和作用上来说，拣货作业是配送中心整个作业流程的关键环节，是配送活动的实质所在。

5. 补货

补货是指在拣货区的存货低于设定标准的情况下，将货物从仓库保管区域搬运到拣货区。补货的目的是将正确的货物在正确的时间和正确的地点以正确的数量和最有效的方式送到指定的拣货区。

6. 配货

配货是指将拣取分类好的货品做好配货检查，装入适当的容器，并做好标记，根据车辆调度安排的趟次等，将货品搬运到出货待运区，待装车后发送。

7. 送货

送货是配送中心末端的作业环节，即利用车辆把客户订购的货物从配送中心送到客户手中。

（二）配送中心的特殊作业流程

1. 储存型配送中心的作业流程

储存型配送中心对理货、分类、配货、配装功能要求较高，很少有流通加工的功能。这种配送中心的作业流程如图1-5所示。这种作业流程也是配送中心的典型流程，其主要特点是有较大的储存、分拣、配货场所，作业装备也较大。

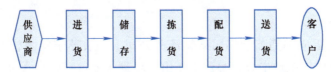

图1-5　储存型配送中心作业流程

2. 流通型配送中心的作业流程

流通型配送中心的特点是专一配送职能。流通型配送中心只有货物暂存区，没有专门的储存区，只有为一时配送备货的暂时存货，没有大量库存。它的主要场所都用于理货和配货。这种配送中心的作业流程如图1-6所示。

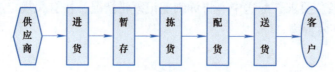

图1-6　流通型配送中心作业流程

3. 加工型配送中心的作业流程

加工型配送中心的作业流程有多个模式，随加工方式不同而有所区别。典型的加工型配送中心的作业流程如图1-7所示。在这种流程中，货物按少品种或单一品种、大批量方式进货，货物品种很少而无须分类存放。加工一般是按客户的要求进行，加工后便直接按客户的要求配货。因此，加工型配送中心一般不单独设分货、配货或拣选环节，而加工部分及加工后分放部分是主要作业内容，占较多空间。

图1-7　加工型配送中心作业流程

4. 批量转换型配送中心的作业流程

在批量转换型配送中心，货物以单一品种、大批量方式进货，在配送中心转换成小批量后进行配送。批量转换型配送中心的作业流程如图1-8所示。这种配送中心的作业流程十分简单，基本上不存在分类、拣选、分货、配货、配装等工序。但是，由于是大批量进货，因此要求配送中心的储存能力较强，储存及装货作业最为重要。

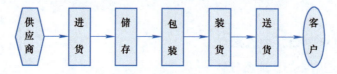

图1-8　批量转换型配送中心作业流程

能力训练

1. 训练情景

毕业生小张最近应聘到苏宁集团某物流分公司。随着苏宁集团新零售业务的快速发展，公司决定筹建区域配送中心，筹建工作由王经理主要负责，小张协助完成。王经理要求小张首先要掌握公司配送业务特点，并根据业务特点设计配送作业流程。

2．训练注意事项

配送作为一种特殊的物流活动方式，几乎涵盖了物流的所有功能要素，是在某一范围内物流全部活动的体现。随着新零售业务的飞快发展，配送业务的需求极速扩大，配送中心的定位是否准确、工作流程是否合理直接影响工作效率和劳动成本，因此，需要做大量的实际调研工作，再根据公司业务特点具体设计配送业务工作流程。

3. 训练过程

序号	步骤	操作方法及说明	质量标准
1	配送业务信息收集整理	通过调研考察或查询资料，分析公司配送业务的各功能要素，收集整理供应商供货情况、客户订货情况、货物包装情况、出库频率、货物运输保管特点等资料。了解公司经营目标、主营业务内容、主要客户特点等	详细收集整理配送业务信息资料
2	配送业务特点归纳分析	用自己的语言归纳描述公司主要配送业务的特点、存在的问题及未来配送中心的业务目标	能归纳出至少三个配送业务特点
3	配送中心功能要素分析	分析公司配送中心主要功能要素，分析该配送中心的主要作用	能归纳出该配送中心的主要功能要素和作用
4	配送中心模式分析	根据公司配送中心业务特点明确公司配送业务模式	能清晰描述公司配送中心的业务模式
5	配送中心业务流程设计	根据公司配送业务模式设计作业流程	能画出作业流程图

问题分析

1. 现代配送和传统送货有什么区别？

配送是传统送货在现代经济社会中的发展、延伸和创新。两者之间不能等同，可以将配送理解为现代送货形式。现代配送和传统送货的区别表现在以下几方面：

（1）传统送货可以偶然而为，配送却是市场经济的一种体制形式。

（2）传统送货服务完全被动，配送则有组织形式、有计划。

（3）配送由现代生产力、科技进步支撑。

2. 配送和物流活动之间是什么关系？

配送作为一种特殊的物流活动方式，几乎涵盖了物流中所有的要素和功能，是物流的一个缩影或某一范围内物流全部活动的体现。配送与物流的关系包括以下几方面：

（1）配送不同于一般的物流要素。

（2）配送的区域与物流区域存在着较大的差异。

（3）从与客户关系的要素来看，配送与客户的关系更紧密，是"最终配置"。

3. 配送和运输的区别体现在哪里？

从生产厂家到配送中心之间的物品的空间移动称为运输，从配送中心到客户之间的物品的空间移动称为配送。配送与运输的区别如表1-1所示。

表1-1 配送和运输的区别

运输	配送
长距离大量货物的移动	短距离少量货物的移动
物流据点间的移动	企业送交客户
地区间货物的移动	地区内部货物的移动
一次向一地单独运送	一次向多处运送，每处只获少量货物

4. 海尔配送中心可以做到中心城市6~8小时配送到位，区域销售店4小时配送到位。该配送中心从事货物的大批量进货、存储、保管、分拣和小批量多批次的运送活动，它属于商物分离配送模式吗？

虽然海尔配送中心独立从事货物的大批量进货、存储、保管、分拣和小批量多批次的运送活动，但这些活动只是产品销售活动的延伸，其实质是企业的一种营销手段或营销策略。就这类配送中心的运作而言，在流通实践中，它们既参与商品交易活动，向客户让渡其产品的所有权；又向客户提供货物分拣、加工、配货和送达等一系列的后勤服务。这里的商品销售和配送是合二为一的，所以这是一种商流、物流合为一体的配送模式，主要围绕着促进企业的产品销售、增加市场份额的根本目的而展开。

训练评价

序号	评价内容	评价标准	评价结果（是/否）
1	配送业务信息收集整理情况	能详细收集整理配送业务信息资料	
2	配送中心功能要素分析情况	能归纳出该配送中心的业务特点、功能要素和主要用途	
3	配送中心模式分析情况	能根据公司配送业务特点，明确公司配送业务模式	
4	配送业务流程设计情况	能比较不同类型配送中心关键工作流程的不同处，设计的配送中心工作流程符合企业实际情况	

职业能力1.1.2　根据配送中心业务特点进行配送中心定位

学习目标

掌握配送中心的分类，能根据配送中心业务特点进行配送中心定位。

基本知识

配送中心定位是以配送服务需要的基本环节和工艺流程为基础的。配送中心的业务特点或规模不同，其作业过程和作业环节会有所区别，但都是在基本流程基础上对相应的作业环节进行调整。

一、配送中心分类

（一）按配送中心的经济功能分类

1. 供应型配送中心

供应型配送中心以向客户供应商品、提供后勤保障为主要特点。这种配送中心大多向大型生产企业或大型连锁零售企业供应原材料、零配件和其他商品，并与这些生产企业或零售企业建立紧密稳定的合作关系。

2. 销售型配送中心

销售型配送中心主要以销售商品为目的，借助配送这一手段来开展经营活动。这类配送中心大多是商品生产者或销售者为了促进商品销售，降低物流成本，以高效甚至是免费的物流配送服务吸引客户，由此而采用各种物流技术、设施设备，运用现代配送理念来组织配送活动而形成的配送中心。

3. 储存型配送中心

储存型配送中心充分强化配送中心的储备和储存功能，在充分发挥储存作用的基础上开展配送活动。这种配送中心通常需要有较大规模的仓库和储存场地，在资源紧缺的条件下，能形成储备丰富的资源优势。

4. 流通型配送中心

流通型配送中心包括通过型配送中心和转运型配送中心，它们基本上没有长期储存的功能，仅以暂存或随进随出的方式进行配货、送货，通常用来向客户提供库存补充。流通型配送中心的典型作业方式为：大量货物整批进入，然后按一定批量零出。

5. 加工型配送中心

加工型配送中心以配送加工为主要业务，其主要功能是对货物进行清洗、下料、分解、集装等加工活动，以流通加工为核心展开配送活动。因此，在加工型配送中心的配送作业流程中，储存作业和加工作业居主导地位。在我国的生产和生活资料配送活动中，有许多加工型配送中心。

（二）按配送中心的辐射范围分类

1. 城市配送中心

城市配送中心只向城市范围内的众多客户提供配送服务。城市范围内货物的配送距离一般较短，运输距离一般都处在汽车的经济里程内，因此，城市配送中心在送货时，一般用汽车送货，具有机动性强、供应快、门到门运输等特点。城市配送中心的服务对象多为城市范围内的零售商、连锁店或生产企业，所以其辐射范围一般不是很广，在实践中多与区域配送中心相结合。

2. 区域配送中心

区域配送中心是一种辐射范围广，活动范围大，可以跨省市，在全国乃至国际范围内对客户进行配送的配送中心，其经营规模较大，配送批量也较大，服务对象往往是下一级的城市配送中心、零售商或生产企业客户。区域配送中心虽然也进行零星配送，但零星配送不是其主要配送方式。

（三）按配送中心的配送对象分类

1. 生产资料配送中心

生产资料配送中心主要负责向生产企业配送能源、原材料、零部件等物品，是专门为生产企业组织供应的配送中心。

2. 生活资料配送中心

生活资料配送中心所采用的配送模式属于配销模式，即其配送功能是作为促进产品销售的主要手段而存在的。例如，生产企业为产品的直接销售而建立的配送中心，商品批发企业为促进商品的分销而建立的配送中心等，其目的都是扩大市场的销售规模。

3. 特殊商品配送中心

特殊商品配送中心的主要功能是配送特殊商品，如易燃、易爆、有毒、生鲜易腐、贵重商品等。特殊商品配送中心为了保护特殊商品，在设施与设备的设计上通常采用较特殊的设计，因此其初期建设费用较高；在商品的储存及进出库作业上，也要采用特殊商品所要求的作业方法，因此其配送成本也较高。另外，剧毒、易燃易爆等商品的配送中心在选址时，应远离人群居住区。

（四）按配送中心的经营主体分类

1. 制造商型配送中心

制造商型配送中心是生产企业为把自身产品销售给客户所建的配送中心。这种配送中心配送的货物是由自己生产制造的，用以降低流通费用、提高售后服务质量和及时将预先配齐的成组元器件运送到规定的加工和装配工位。其特点是物料供应、生产流程、成品包装和条码粘贴较容易控制，大多设计为现代化、自动化的配送中心，但一般不具备社会化的要求。

2. 批发商型配送中心

批发是货物从制造商到消费者手中的传统流通环节之一。批发商型配送中心一般是由批发商按部门或货物类别的不同，把每个制造商的货物集中起来，然后以单一品种或搭配向消费地的零售商进行配送。这种配送中心所进行的一项重要活动是对来自各制造商的货物进行汇总和再销售，而它的全部进货和出货都是采用社会配送，社会化程度高。

3. 零售商型配送中心

零售商型配送中心是由零售商向上整合成立的、以零售业为主体的配送中心。零售商发展到一定规模以后，就可以考虑建立自己的配送中心，面向终端客户或连锁门店开展配送业务，其社会化程度介于前两者之间。

4. 专业配送中心

专业配送中心的主体是第三方物流企业，包括传统的仓储企业和运输企业。这种配送中心有很强的配送能力，地理位置优越，可迅速将到达的货物配送给客户。它只是为制造商或供应商提供仓储管理和配送服务，配送中心的货物仍属于制造商或供应商。这种配送中心的现代化程度往往较高。

二、配送中心定位

1. 层次定位

配送中心在整个物流系统中，如果定位为流通中心，则是一个商流、物流、信息流、资金流的综合汇集体，具有非常完善的功能，是最高层次。如果定位为物流中心，则是一个物流、信息流、资金流的综合设施，其涵盖面较流通中心窄，属于第二个层次。如果定位为配送中心，若同时具有商流职能，则属于流通中心的一个类型；若只有物流职能，则属于物流中心的一个类型，所以配送中心可以被流通中心或物流中心所覆盖，属于第三个层次。

2. 横向定位

从横向来看，和配送中心作用大体相当的物流设施有仓库、货栈、货运站等。这些设施都可以处于末端物流的位置，实现资源的最终配置。所不同的是：配送中心有实行配送的专用设备；其他物流设施可以实行取货、一般送货，而不是按照配送要求有完善组织和设备的专业化流通设施。

3. 纵向定位

如果将物流过程按纵向顺序划分为物流准备过程、首端物流过程、干线物流过程、末端物流过程，配送中心是处于末端物流过程的起点。其所处的位置是直接面向用户的位置，因此，它不仅承担直接为用户服务的职能，而且根据用户的需求，起着引导物流服务全过程的作用。

4. 系统定位

在整个物流系统中，配送中心的作用是提高整个系统的运行水平。多品种、小批量、多批次的货物是传统物流系统难以提高物流效率的对象，配送中心作为末端物流的节点设施很好地解决了这些货物的运送。因此，在包含着配送中心的物流系统中，配送中心对整个系统的效率提高起着决定性的作用。

5. 功能定位

配送中心的功能，是通过配货和送货完成资源的最终配置。配送中心的各项功能是围绕配货和送货而确定的，有关的信息活动、交易活动、结算活动等虽然也是配送中心不可或缺的功能，但是它们必然服务和服从于配货和送货这两项主要的功能。

能力训练

1. 训练情景

小张经过对公司配送业务的信息收集和分析，已经掌握了配送中心的一般工作流程和功能特点，现在公司王经理要求小张根据公司配送业务特点，分析公司配送中心目标定位。

2. 训练注意事项

配送中心合理定位是配送中心筹建的第一步，关系到后续的规划设计和未来的业务方向，也关系到未来配送中心的选址、布局及功能设置，需要认真研究对待，做充分的调研和分析。

3. 训练过程

序号	步骤	操作方法及说明	质量标准
1	本配送中心经济功能分析	根据公司经济功能特点,确认本公司配送中心经济功能	能正确分析本公司配送中心经济功能
2	本配送中心辐射范围分析	确认本公司配送中心辐射范围	能正确确认本公司配送中心辐射范围
3	本配送中心配送对象分析	确认本公司配送中心配送具体对象	能正确分析本配送中心具体对象
4	本配送中心经营主体分析	确认本公司经营主体类型	能正确分析本公司经营主体类型
5	配送中心整体定位	根据配送中心具体特点,进行配送中心定位	能根据各项分析结果,对配送中心合理定位

问题分析

配送中心能不能经营商品？

配送中心能经营的商品是有限的，因为处理不同的商品需要有一些专用的设施。配送中心不需要也没必要拥有处理各种商品的设施和设备。配送中心确定要经营的商品主要从两方面考虑：一是配送中心的功能定位；二是配送中心所服务的市场需求定位。对于一般的连锁企业来说，通常配备经营一般消费品的设施设备，配送中心负责连锁体系内大部分商品的配送，以形成规模效应；由传统批发企业改组成的专业型配送中心，以批发经营的商品为主，开展配送业务，品种较单一，批量较大。此外，根据需求产生的提供配送服务的服装配送中心、电器配送中心、食品配送中心等，都有明确的经营商品选择。因此，配送中心必须在市场有需求的前提下，通过对市场需求的调查与分析，明确自身的经营目标，确定本企业在市场竞争中适合经营的商品。

训练评价

序号	评价内容	评价标准	评价结果（是/否）
1	配送中心类型确认	能确认配送中心特点和类型	
2	配送中心定位	能根据要实现的功能，进行合理定位	

任务总结

本任务主要介绍了配送和配送中心的特点、作用及意义，分析了配送中心基本功能要素和作业流程，并根据配送中心要实现的功能进行合理定位，为后面配送中心的选址规划和内部设计奠定基础。其中需要注意的是，配送不是简单的送货，而是"配"和"送"的有机结合，是一项特殊的物流活动。配送几乎涵盖了物流中所有的要素和功能，是物流的一个缩影或某一范围内物流全部活动的体现。配送中心也不是简单的仓库，它把接货验收、储存保管、装卸搬运、拣选、分拣、流通加工、配送、结算、信息处理甚至订货等作业有机地结合起来，是一种多功能、集约化的物流节点。

工作领域一　现代配送中心选址规划

拓展训练

实例分析：上海联华生鲜食品加工配送中心物流配送运作分析（扫码阅读"上海联华生鲜食品加工配送中心案例"）。

上海联华生鲜食品加工配送中心案例

工作任务1.2　配送中心选址规划

职业能力1.2.1　根据选址影响因素进行配送中心选址规划

学习目标

能根据规划目标、设计原则、影响因素进行配送中心的规划设计，能综合考虑配送中心选址的各种环境因素，使总体效益达到最佳。

基本知识

一、配送中心选址

配送中心选址，是指在一个具有若干供应点及若干需求点的经济区域内，选择合适的地址设置配送中心的规划过程。较佳的配送中心选址方案是配送商品通过配送中心汇集、中转、分发及输送到需求点全过程的总体效益达到最佳。

二、配送中心的规划设计

（一）配送中心的规划目标

配送中心的规划目标是使整个配送中心的人力、财力、物力，以及人流、物流、信息流得到合理、经济、有效的配置和安排。配送中心的规划目标具体有以下几点：

（1）有效地利用空间、设备、人员和能源。

（2）最大限度地减少物料搬运。

（3）简化作业流程。

（4）缩短作业周期。

（5）力求投资最低。

（6）为工作人员提供方便、舒适、安全和卫生的工作环境。

这些目标实际上不可能同时达到最优，有时甚至相互矛盾，要用恰当的指标对每一个

15

方案进行综合评价,达到总体目标最佳。

(二) 配送中心规划设计原则

配送中心的规划设计包括配送中心类型和规模的确定、选址、功能设计、信息系统设计、运营管理模式选择等,其内容是非常复杂的。而且配送中心一旦建成就很难再改变,因此,在规划设计时必须遵循以下原则:

1. 系统工程的原则

规划一个合理的配送中心,必须统筹兼顾,全面安排,既要做微观的分析,又要做宏观的考虑,把定性分析、定量分析与经验相结合,使整体最优。配送中心的选址规划应与国家或地区的经济发展方针、政策相适应,与我国物流资源分布和需求分布相适应,与国民经济和社会发展相适应。

2. 价值工程的原则

规划设计配送中心的每一阶段,都要体现价值工程的原则,减少或消除不必要的作业流程,缩短作业周期,以最有效的空间利用、最经济的成本投入使配送中心发挥最大功效。

3. 战略性动态发展的原则

在规划设计配送中心时,应具有战略眼光。一是要考虑全局,二是要考虑长远。局部要服从全局,眼前利益要服从长远利益,既要考虑目前的实际需要,又要考虑日后发展的可能。以动态发展的观点贯穿规划始终,使配送中心的人流、物流、信息流合理化。规划设计过程也是一个从宏观(总体方案)到微观(各区域、部门),又从微观到宏观循环往复的过程。

4. 可持续发展的原则

配送中心的规划设计应在详细分析现状及根据企业战略规划对未来变化做出预测的基础上进行,而且要有相当的柔性和较强的应变能力,以在一定范围内能适应数量、功能、成本等多方面的变化。还应充分考虑地理和生态环境,做出有吸引力的设计并为以后的发展留有余地。

5. 以人为本的原则

重视人的因素,创造安全、方便、舒适的工作环境。

(三) 物流配送中心选址规划所考虑的因素

1. 经济环境因素

(1) 货流量的大小。配送中心设立的根本目的是降低社会物流成本,如果没有足够的货流量,配送中心的规模效益便不能发挥。所以配送中心的建设一定要以足够的货流量为条件。

(2) 客户的分布。配送中心选址时首先要考虑的就是所服务客户的分布。为了提高服务水准及降低配送成本,物流配送中心多建在城市边缘接近客户分布的地区。

（3）供应商的分布。供应商的分布地区也是配送中心选址应该考虑的重要因素。如果物流配送中心接近供应商，则其商品的安全库存可以控制在较低的水平上。

（4）城市的扩张与发展。配送中心选址时既要考虑城市扩张的速度和方向，又要考虑节省分拨费用和减少装卸次数。配送中心也是随着城市的发展而发展的。

（5）交通条件。交通条件是影响物流配送成本及效率的重要因素之一，交通运输不便将直接影响配送中心的运营。因此，配送中心选址时必须考虑交通运输条件，以及未来交通与邻近地区的发展状况等因素。

（6）经济规模的要求。一般认为物资年吞吐量小于30万吨，设置铁路专用线是不经济的。若物流配送中心仓库位于铁路编组站附近，就能有较好的车源供应。若配送中心距铁路编组站在2 000米以内，不仅基建费用少，而且管理营运费用也少，营运方便。

（7）人力资源条件。在仓储配送作业中，人力资源是重要的资源需求。由于一般物流作业仍属劳动力密集型的作业形态，在物流配送中心内部必须要有足够的作业人力，因此在决定物流配送中心位置时必须考虑员工的来源、技术水准、工作习惯、工资水准等因素。

2. 自然环境因素

（1）地理因素。配送中心选址时应充分考虑地理因素。配送中心规模大小应该与市镇的规模相适应。地形对仓库基建投资的影响也很大，坡度应在1%～4%，仓库在外形上可选择长方形，不宜选择狭长或不规则的形状；库区设置在地势高的地段，容易保持物资干燥，减少物资保管费用；临近河海地区，必须注意当地水位，不得有地下水上溢的情况；土壤承载力要高，避免地面以下存有淤泥层、流沙层、松土层等不良地质条件，以免受压地段造成沉陷、翻浆等严重后果。另外，由于配送中心作业比较繁忙，容易产生噪声，因此配送中心应远离闹市或居民区。配送中心周边不应有产生腐蚀性气体、粉尘和辐射热的工厂，如果实在不能避免，配送中心应处于这些企业的上风向。配送中心还应与易发生火灾的单位保持一定的安全距离，如油库、加油站、化工厂等。

（2）自然条件因素。配送中心在选址时，自然条件也是必须考虑的，事先了解当地自然环境有助于降低建设的风险。自然环境中主要有湿度、盐分、降雨量、风向、风力等因素。例如，有的地方靠近山边，则湿度比较高；有的地方靠近海边，则盐分比较高。这些都会影响商品的储存品质，尤其是服饰产品或电子产品等对湿度及盐分都非常敏感的货物。另外，洪水、台风、地震、泥石流等自然灾害对配送中心的影响也非常大，必须特别留意并且避免被侵害。选址时要避开风口，因为在风口建设会加速露天堆放货物的老化。

3. 政策环境因素

政策环境条件也是配送中心选址评估的重点之一，如果有政府政策的支持，则更有助于配送中心的发展。政策环境条件包括企业优惠措施（土地提供、减税）、城市规划（土地开发、道路建设计划）、地区产业政策等。另外，还要考虑土地大小与地价，在考虑现有地价及未来增值的情况下，结合未来可能扩充的需求程度，决定最合适的用地面积。

（四）物流配送中心选址规划中的注意事项

大中型城市配送中心应采取集中与分散相结合的方式选址；在中小城镇中，因配送中心的数目有限且不宜过于分散，故宜选择独立地段；在河道（江）较多的城镇，商品集散大多利用船运，故配送中心可选择沿河（江）地段。应当引起注意的是，在城镇中，要防止将那些占地面积大的综合性配送中心放在城镇中心地带，否则会带来交通不便等诸多不良后果。

能力训练

1. 训练情景

公司配送中心筹建组在对未来的配送中心进行定位后，需要进行选址规划，王经理要求小张对配送中心的影响因素进行分析，为配送中心选址规划做准备。

2. 训练注意事项

进行配送中心选址规划时，要考虑经济环境、自然环境和政策环境三大因素，要对公司所在城市进行考察和选址规划，外出考察应注意安全。

3. 训练过程

序号	步骤	操作方法及说明	质量标准
1	配送中心经济环境因素分析	从货流量大小、客户分布情况、供应商分布情况、城市的扩张与发展情况、交通条件、经济规模情况、人力资源条件这七个方面进行分析	有具体的分析数据和依据
2	配送中心自然环境因素分析	从地理因素、自然条件因素两个方面进行分析	有具体的分析依据
3	配送中心政策环境因素分析	从企业优惠措施（土地提供、减税）、城市规划（土地开发、道路建设计划）、地区产业政策等方面进行分析	有具体的政策依据
4	撰写选址规划初步方案	综合以上分析情况，撰写配送中心选址规划初步方案	方案里有数据，有依据，层次清楚，内容比较完整，分析到位

问题分析

不同类型的物流配送中心选址时各有什么特点和偏向性？

（1）转运型配送中心。这类配送中心大多经营倒装、转载或短期储存的周转类商品，而且大都使用多式联运方式，因此一般应选择在城市边缘地区的交通便利地段，以方便转运和减少短途运输。

（2）储备型配送中心。这类配送中心主要经营国家或所在地区的中、长期储备物品，一般应设置在城镇边缘或城市郊区的平整地段，且应具备直接而方便的水陆运输条件。

（3）综合型配送中心。这类配送中心经营的商品种类繁多，可根据商品类别和物流量，选择设置在不同的地段。例如，与居民生活关系密切的生活型物流配送中心，若物流量不大又没有环境污染问题，可选择紧靠服务对象的地段，但应具备方便的交通运输条件。

训练评价

序 号	评价内容	评 价 标 准	评价结果（是/否）
1	配送中心经济环境因素分析	有具体的数据支撑	
2	配送中心自然环境因素分析	有具体的分析依据和考察结果	
3	配送中心政策环境因素分析	有具体的政策依据	
4	撰写选址规划初步方案	方案内容比较完整，层次清晰，分析到位	

职业能力1.2.2 采用定量分析法进行选址估算

学习目标

整体了解配送中心选址流程，掌握选址的方法，能采用定量分析法进行简单的选址估算。

基本知识

一、配送中心选址流程

1. 确定选址任务

新设置一个配送中心应该符合组织的发展目标和生产运作战略，能为企业带来效益，这是配送中心选址工作的前提。

2. 分析影响选址的因素

选址规划时，首先要明确建立配送中心的必要性、目的和意义。然后根据物流系统的现状进行分析，制订物流系统的基本计划，确定所需要了解的基本条件，以便大大缩小选址的范围。

（1）客户分布条件。主要分析配送中心的服务对象目前的分布情况以及未来可能的分布情况，分析货物作业量的增长率、货物的流向以及配送的区域范围。

（2）运输条件。配送中心应靠近交通主干道等交通便利的区域，如靠近铁路货运站、港口码头和公交转运站等运输据点，同时也应靠近运输者的办公地点。

（3）配送服务条件。配送中心选址应满足的服务条件为：能及时、准确地通知客户商品配送时间、订货发货周期、配送频率和配送距离等。

（4）用地条件。配送中心选址时关于用地条件应考虑的问题有：是否需要重新购地，地价是否在可接受范围之内，地形分布是否适合建设配送中心等。

（5）法律制度条件。配送中心选址时关于法律制度条件应考虑的问题有：根据选址地的法律规定，哪些地域是允许建设配送中心的，哪些地域是有特殊规定不允许建设配送中心的，地区有无物流企业入驻的优惠政策等。

（6）流通功能条件。配送中心选址时关于流通功能条件应考虑的问题有：配送的商流与物流是否需要分开，该配送中心是否要附有流通加工、信息处理的功能，是否要规定配送中心的辐射范围与经营范围等。

（7）其他。不同的物流配送中心有不同的选址要求，如货物的冷冻或保温保管、危险品的保管等，对选址都有特殊要求。

3. 收集整理资料

（1）掌握业务量。配送中心选址时，应掌握的业务量主要包括：工厂到物流配送中心的运输量、向客户配送的货物量、配送中心保管的货物量和配送路线上的业务量等。由于这些数量在不同时期会有种种波动，因此，要对所采用的数据进行研究。除了对现状的各项数据进行分析外，还必须确定配送中心运行后的预测数据。

（2）掌握费用。配送中心选址时，应掌握的费用主要包括：从工厂运到配送中心的运输费，从配送中心送达客户的配送费，与设施、土地有关的费用及人工费、业务费等。由于运输费和配送费会随业务量和运送距离的变化而变动，所以必须对每吨千米的费用（成本）进行分析。

（3）其他。用地图表示客户的位置、现有设施的位置和工厂的位置，并整理各候选地址的配送路线及距离等资料；与成本分析结合起来，综合考虑必备车辆数、作业人员数、装卸方式、装卸费用等。

4. 地址筛选

在对所取得的上述资料进行充分的整理和分析，考虑各种因素的影响并对需求进行预测后，就可以初步确定选址范围，即确定初始候选地点。

5. 定量分析

针对不同情况运用运筹学的原理，选用不同的模型进行计算，得出结果。如果对单一物流配送中心进行选址，可以采用重心法等；如果对多个物流配送中心进行选址，可采用鲍摩-瓦尔夫模型、CFLP法等。

6. 结果评价

结合市场适应性、购置土地条件、服务质量等，对计算所得结果进行评价，看其是否具有现实意义及可行性。

7. 复查

分析其他影响因素对计算结果的相对影响程度，分别赋予它们一定的权重，采用加权法对计算结果进行复查。如果复查通过，则原计算结果即为最终结果；如果复查发现原计算结果不适用，则返回地址筛选阶段，重新分析，直至得到最终结果为止。

8. 确定选址结果

在用加权法复查通过后，计算所得的结果即可作为最终的选址结果。但是所得解不一定为最优解，可能只是符合条件的满意解。

二、配送中心选址的方法

影响配送中心选址的因素很多,关系复杂,这就必须对拟选地址进行仔细评估。在选址过程中,定性分析和定量分析都是必要的,但定性分析是定量分析的前提。其主要任务是提出影响选址的各种因素,并根据企业的需求,分清主次,明确关键因素,在此基础上确定各因素的权重,找出最佳选址方案。

(一)定性分析法

定性分析法主要是根据选址影响因素和选址原则,依靠专家或管理人员丰富的经验、知识及其综合分析能力,确定配送中心的具体地址。

(二)定量分析法

定量分析法指的是在进行配送中心选址过程中,通过采集物流系统中的需求点和资源点的距离等数量资料,代入相应的公式进行计算,从而得到地址的一种选址方法。

1. 单个配送中心选址估算方法

如果一个配送中心为多个客户配送货物,配送中心应该采用重心法进行选址。重心法是研究单个配送中心选址的常用方法,这种方法将物流系统中的需求点和资源点看成是分布在某一平面范围内的物流系统,各点的需求量和资源量分别看成是物体的重量,物流系统的重心是物流网点的最佳设置点。单个配送中心选址问题中,存储费用与运输费用相比已不是主要因素,运输费用是主要考虑的因素。配送中心到客户的运输费用等于货物运输量与两点之间运输距离以及运输费率的乘积。

假设有 n 个配送网点(或客户),需要建设一个配送中心,各配送网点(或客户)在平面坐标系中的坐标是已知或可求的,它们各自的坐标是 (x_i, y_i)($i=1,2,3,\cdots,n$),配送中心的坐标是 (x_0, y_0),则重心法公式可表示为

$$x_0 = \frac{\sum_{i=1}^{n} x_i \, q_i \, a_i}{\sum_{i=1}^{n} q_i \, a_i}$$

$$y_0 = \frac{\sum_{i=1}^{n} y_i \, q_i \, a_i}{\sum_{i=1}^{n} q_i \, a_i}$$

式中,q_i 为配送中心到客户 i 的配送量;a_i 为配送中心到客户 i 的运输费率。

2. 多个配送中心选址估算方法

如果配送范围分布广,用一个配送中心无法满足需求,就需要考虑设立两个或多个配送中心。实际上,几乎所有大公司的物流系统都有一个以上的配送中心。由于这些配送中心经济上不是相互独立的,且可能的选址布局方案很多,因此问题比较复杂。多个配送中心选址之前需要考虑以下几个问题:

(1)需要建立多少个配送中心?

(2)每个配送中心建立在什么地方?

（3）每个配送中心应该有多大规模？

多个配送中心选址是一个非常复杂的问题，现在国内外许多专家学者都对配送中心选址问题进行了研究，并提出了许多不同的方法，如线性规划法、动态规划法、遗传算法等。

能力训练

1. 训练情景

经过前期的考察和业务分析，本配送中心将成为一个区域型配送中心，为苏宁集团在苏南地区5个连锁店进行物流配送，5个连锁店的地理坐标、运输费率和每月的运输量已经测出，具体见表1-2。

表1-2　连锁店的地理坐标、运输费率和月运输量

连锁店	地理坐标	运输费率	月运输量（t）
连锁店1	4，3	1	15
连锁店2	7，12	2	25
连锁店3	3，1	3	45
连锁店4	4，6	3	10
连锁店5	2，2	2	20

2. 训练注意事项

测量出的连锁店地理坐标是一种相对距离，要考虑实际路况进行一定的修正。

3. 训练过程

序号	步骤	操作方法及说明	质量标准
1	确定公司配送中心选址任务	明确公司配送中心的任务、定位等政策	明确定位
2	分析影响选址的因素	分析客户分布条件、运输条件、配送服务条件、用地条件、法律制度条件、流通功能条件等因素	了解各项影响因素
3	收集整理相关资料	掌握业务量、各项费用情况、各客户距离情况、各候选地址的配送路线及距离等资料；与成本分析结合起来，综合考虑必备车辆数、作业人员数、装卸方式、装卸费用等	详细收集资料
4	地址筛选，整理各配送网点的地址坐标	见表1-2	准确采集数据
5	利用重心法进行选址计算	（1）将数据代入重心法公式： $$x_0 = \frac{4\times1\times15 + 7\times25\times2 + 3\times45\times3 + 4\times10\times3 + 2\times20\times2}{15\times1 + 25\times2 + 45\times3 + 10\times3 + 20\times2}$$ $$y_0 = \frac{3\times1\times15 + 12\times25\times2 + 1\times45\times3 + 6\times10\times3 + 2\times20\times2}{15\times1 + 25\times2 + 45\times3 + 10\times3 + 20\times2}$$ （2）计算结果： 所求配送中心的理论位置在原坐标系里为（3.76，3.85）	正确计算
6	结果评价和配送中心地址确认	根据实际情况，确定选用该地址的可行性，做一定的调整后确认配送中心的地址	适当调整

工作领域一 现代配送中心选址规划

问题分析

重心法有哪些优缺点？

重心法的优点包括：计算简单，数据容易搜集，易于理解，由于通常不需要对物流系统进行整体评估，所以在单一设施定位时应用解析方法简便易行。

重心法的缺点包括：该方法假设运费随距离呈线性变化，而在实际情况中，运费是随距离增大而递减的。另外，该方法也没有考虑配送中心的现实地理条件，比如，选出的最佳地点可能正好位于一片水域，所以，解析法往往不是用于确定最佳位置，而是用于剔除一些不合适的备选方案。

训练评价

序 号	评价内容	评价标准	评价结果（是/否）
1	配送中心选址相关影响因素了解情况	是否了解配送中心选址的相关影响因素	
2	重心法应用情况	是否能正确应用重心法计算配送中心地址	
3	计算结果验证	是否能根据实际情况对计算结果进行调整和校验	

任务总结

本任务主要介绍了配送中心选址的过程、步骤和方法，并介绍了用定性分析和定量分析两种类型的方法进行选址，重点训练了应用定量分析法——重心法进行配送中心选址。各种方法都有一定的优缺点，在实际应用中，可以采用定性法和定量法相结合的方法来进行配送中心选址定位，进行最优方案的设计。

拓展训练

J卖场配送中心选址

根据经典零售学理论，一个大卖场的选址需要经过几个方面的测算：第一，商业圈里的人口消费能力。需要对这些地区进行进一步的细化，了解这片区域内各个小区详尽的人口规模和特征，分析不同区域内人口的数量和密度、年龄分布、文化水平、职业分布、人均可支配收入等指标。例如，设在上海的J卖场根据所覆盖小区的远近程度和居民可支配收入，来划定重要的销售区域和普通的销售区域。第二，需要研究这片区域内的城市交通和周边的商业圈的竞争情况。例如，J卖场古北店周围的公交线路不多，J卖场就自己租用公共汽车，在一些固定的小区穿行，方便那些离得较远的小区居民来卖场一次性购齐一周的生活用品。

当然，未来潜在的销售区域会受到很多竞争对手的挤压，所以J卖场也会将未来所有的竞争对手计算进去。

J卖场的一份资料指出，在其客户群体中，60%在34岁以下，70%是女性，有28%的人步行、45%的人通过公共汽车而来。所以很明显，大卖场可以依据这些目标客户的信息来微调自己的货物线。能体现J卖场用心的是，其在上海的每家门店都有不同之处：在虹桥店，因为周围的高收入群体和外国侨民比较多，其中外国侨民占到了J卖场消费群体的40%，所以虹桥店里的外国货物特别多；南方商城店因为周围的居住小区比较分散，在商场里开了一家电影院和麦当劳，增加吸引较远的人群的力度。而青岛的J卖场做得更到位：因其15%的客户是韩国人，所以干脆做了许多韩文招牌。

问题：
按仓库所起的作用分类，J卖场属于何种仓库？

工作任务1.3　配送中心设计

职业能力1.3.1　根据配送中心业务特点进行规模设计

学习目标

能根据配送中心业务特点进行规模设计，以达到降低物流成本、提高工作效率的目标。

京东无人化仓储视频

基本知识

配送中心的规模设计包括三层内容：一是配送中心的总规模设计，即配送中心总面积需要多少平方米；二是配送中心数量设计，即需要建立几个配送中心，这些配送中心如何布局；三是单个配送中心的规模设计。

一、配送中心总规模设计

配送中心是为客户提供商品配送服务的，因此，配送中心的总规模大小与其服务能力存在一定的内在联系。通常情况下，配送中心规模越大，其服务能力越强；但规模越大，投资成本也将会增加。配送中心总规模设计的基本原则就是在服务与成本之间寻求最佳平衡点。在一定的配送规模范围内，随着配送规模的不断扩大，单位配送成本随之不断降低。而当规模扩大到一定程度时，单位配送成本则会开始随着规模的扩大而上升，按经济学的原理，规模不经济性开始发挥作用。因此，配送中心的经营规模并不是越大越好。

理论上，最佳的配送中心规模是在服务能力与单位配送成本上升阶段的交点上，这样才可能在最佳规模范围内获得较低的配送成本和较高的服务能力与服务水平。

确定配送中心总规模时，要考虑以下因素：

1. **配送及储存商品总量**

配送中心的配送量和商品储存量直接受连锁企业各店铺商品经营总量的影响。商品经营量越大，所需要的配送中心规模就越大。而商品经营量又与店铺面积呈正相关，所以连锁店铺总面积与配送中心总规模也呈正相关；且必须充分地考虑企业自身的特征，以确保决策无误。此外，在测定商品配送及储存商品总量的同时，还需要掌握配送、储存的具体品种及相应的数量和包装情况等。

2. 平均配送量及商品周转速度

此处平均配送量既包括平均吨千米数，也包括平均储存量。平均吨千米数决定运输规模，平均储存量决定仓储规模。由于商品周转速度直接影响商品在配送中心停留的时间，速度慢就意味着占据配送中心空间的时间长，需要配送中心的规模就大；反之，则需要相对小的配送中心。同时，从厂商直达商铺的商品越多，要求配送中心仓库面积也越小。所以，在推算平均配送量时，还应考虑商品平均周转速度。

商品周转率是指商品从入库到售出所经过的时间和效率。衡量商品周转水平的主要指标是周转次数和周转天数。周转次数指一年中库存能够周转几次，计算公式为

$$周转次数 = 销售额 / 平均库存$$

$$平均库存 = （期初库存 + 期末库存）/ 2$$

周转天数表示库存周转一次所需的天数，计算公式为

$$周转天数 = 365 / 周转次数$$

3. 仓库储存面积

在储存空间一定的条件下，储存面积的大小取决于仓库允许商品的堆码高度。影响仓库堆码高度的因素有商品性能、包装、仓库建筑构造和设备的配备等。应根据仓库存放商品的特点和仓库设计等方面的条件，合理地确定堆码高度、仓库的储存面积，从而确定仓库规模。

4. 仓库实际面积

为了保证商品储存的安全和适应库内作业的要求，仓库需要留有一定的辅助面积，包括墙间距、垛间距、运输通道、作业通道、检查通道、收发料区等。在规划时应考虑仓库各区域面积的分配，尽可能提高仓库面积利用率，增加储存面积。这取决于商品保管要求、仓库建筑结构、仓储机械化水平、库房布置和仓库管理水平等多种因素。应根据新建仓库的具体条件，确定仓库面积利用系数，并以此为根据对仓库面积做最后的调整。

5. 物资储存空间

仓库规模大小还受物资储存空间的影响。不同商品的体积及包装不同，因而在储存过程中所占仓库的空间也不同，储存的商品与其占用的空间之间的关系可用仓容利用率来表示。仓容利用率是指单位重量或金额商品所占空间的比例，规划时应根据该比例的大小而定。

二、配送中心数量设计

配送中心的数量取决于经营商品的类别和连锁店的分布状态。一般来说，配送中心要求连锁店铺分布有相对的集中性，一个配送中心至少要能满足几家店铺的需要，它的作用才能发挥出来，确定配送中心数量的方法有两种，即商品功能法和适当比例法。

1. 商品功能法

即按照商品类别来设立配送中心，有利于根据商品的自然属性来安排储存和运输。

2. 适当比例法

这种方法是按连锁店铺分布状态或空间特性设立配送中心，有利于配送距离及效益达到理想状态。

事实上，许多连锁企业通常综合上述两种方法进行配送中心的设置，既按分类划分配送中心，又按店铺分布来安排位置。

三、单个配送中心的规模设计

在连锁企业发展过程中，配送中心常常是逐个建立的，配送中心总规模是全部单个配送中心积累的结果，而不是先确立总规模，然后向各个配送中心进行分配。单个配送中心的规模，应根据该中心周转量等因素分析而定，在设计上类似于配送中心总规模的设计思路。

（1）如果仓库货物多为大批量出货，采用借助托盘在地面上平置堆码的储存方式，如图1-9、图1-10所示，则计算存货空间需考虑货物尺寸及数量、托盘尺寸。

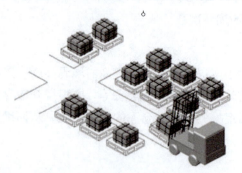
图1-9　地面平置堆码示意图

图1-10　使用托盘货架存储实景图

设托盘尺寸为$A \times A$（m^2），则由货物尺寸及托盘尺寸算出每托盘平均可堆码N箱货物。如果仓库平均存货量约为Q，则存货空间需求D为

$$D = \frac{\text{平均存货量}}{\text{平均每托盘堆码货物箱数}} \times \text{托盘尺寸} = \frac{Q}{N}(A \times A)$$

（2）如果仓库使用货架来储存货物，则计算存货空间需考虑货物尺寸、数量、托盘尺寸、货架型号及层数。

设托盘尺寸为$A \times A$（m^2），货架层数为L，则配合货架负载能力及货物尺寸，估计每托盘可堆码N箱货物。如果仓库平均存货量为Q，则存货空间需求D为

$$D = (\text{平均存货量} \times \text{托盘尺寸})/(\text{平均每托盘堆码箱数} \times \text{货架层数}) = \frac{Q}{L \times N}(A \times A)$$

（3）如果库存货物尺寸不大，且属于少量多品种出货，则可以采用中小型货架，以箱为单位储存，如图1-11所示。此时需要考虑的因素有货物的尺寸及数量、货架型号及层数、货架储位空间大小。

图1-11 中小型货架无托盘存放示意图

设选用货架高度为n层,而每一储位平面空间为$a \times b$(单位:m^2),则配合货架负载能力及货物尺寸,估计每储位可堆放N箱货物。如果仓库平均存货量为Q,则存货空间需求D为

$$D = (平均存货量 \times 每储位尺寸) / (平均每储位堆放货物箱数 \times 货架层数) = \frac{Q}{n \times N}(a \times b)$$

能力训练

1. 训练情景

小张在王经理的指导下,已完成公司配送中心的选址工作,确定将公司配送中心的地址选在高新区空港产业园区域内,现在要进行配送中心的规模设计。

2. 训练注意事项

对配送中心进行规模设计,要明确公司经营目标,了解配送中心客户、供应商发货送货的总体情况,测算物流的配送量和储存量,根据货物特性采用不同的存放方式,对多种因素进行综合考虑。

3. 训练过程

序号	步骤	操作方法及说明	质量标准
1	物流业务量测算	测算目前的物流配送业务量,包括每月入库量、商品在库时间、每月出库量等,由此来概算物流中的平均储存量和最大储存量,并计算平均配送量	以备齐商品的品种作为前提,A类商品齐备率为100%,B类商品齐备率为95%,C类商品为90%
2	物资储存区面积估算(平面堆放)	货物所占用空间的大小,必须依据货物尺寸及数量、堆码方式、托盘尺寸、货架储位空间等因素来确定。现在经测算平均库存量为3 000个单位,每个托盘可放10个单位货物,托盘尺寸为1.2m×1.0m,通道面积约占储区总面积的35%,如果采用平面放置,存储区的总面积M估算如下: $D=(3\ 000/10)(1.2 \times 1.0)=360$m^2 $M=D+M \times 35\%$ $M=360/(1-35\%)=554$m^2	根据货物属性不同采用不同的储存方式

（续）

序号	步骤	操作方法及说明	质量标准
3	物资储存区面积估算（货架托盘存放）	如果采用货架托盘方式存放，经测算平均库存量仍为3 000个单位，每个托盘可放10个单位货物，托盘尺寸为1.2m×1.0m，托盘可堆叠层数为4层，通道面积约占存储总面积的40%，估算存储区的总面积M如下： $D=[3\,000/(10×4)]×(1.2×1.0)=90m^2$ $M=D/(1-40\%)=150m^2$	采用货架储存货物，通道比平面堆放的通道要宽，但货物可以上架占用立体空间，总体面积减少
4	物资储存区面积估算（中小型货架无托盘存放）	如果采用中小型货架无托盘存放，平均存货单位仍为3 000，每层货架的存储数量为4，货架层数为5层，单位货架尺寸为2.5m×2.2m，通道宽度为1.5m，存储区总面积M估算如下： $D=[3\,000/(4×5)]×(2.5×2.2)=825m^2$ 通道面积/存货区面积=通道宽度/货架宽度 通道面积=825×(1.5/2.2)=562.5 m² $M=825+562.5=1\,387.5m^2$	根据货物实际情况，采用中小型货架的货物比较小和零散，不便于用托盘存放
5	估算其他区域面积	其他区域包括收发货区域、理货区、加工区、配装区等功能区域；员工休息室、卫生间、设备存放区、办公室等辅助功能区域 辅助生产建筑面积为：配送中心建筑面积的5%～8% 办公、生活建筑面积为：配送中心建筑面积的5%左右	要保证一定的满仓率
6	未来物流量需求分析	还要考虑各种商品的年增长率，以及配送中心的中长期规划	要留有一定的可扩展空间
7	汇总计算总面积	通过对储存区、其他功能区及辅助功能区面积的估算，通过汇总各个面积，就可以估算出配送中心的大体规模	确保一定的满仓率，合理利用空间

问题分析

配送中心辐射范围的决定因素是什么？

对于连锁企业来说，配送中心的辐射范围主要由两个因素决定：一是连锁企业或店铺的辐射范围；二是每个配送中心要辐射的范围。店铺布局决定着配送中心的辐射范围，配送中心必须保证每一个店铺能及时、准确地得到商品，配送中心的辐射范围必须与连锁店铺分布相一致。同时，对于大型连锁企业来说，店铺数量大，分布相当分散，需要建立的配送中心不止一家，还需要确定每一个配送中心承担的配送任务，依次确定配送中心的位置、规模和数量。

不论何种形式的配送中心，其配送区域的确定，都是以其服务对象形成的区域为基本前提，在一定商圈范围内进行选址。建设规模越大，经营能力越强，其辐射范围越大。

训练评价

序号	评价内容	评价标准	评价结果（是/否）
1	物流量测算	数据完整，能备齐大部分商品	
2	物资储存空间测算	会根据货物特性选择不同存放方式并计算存储面积	
3	其他空间测算和总面积估算	适当的其他空间估算，整体规模考虑了中长期的发展趋势	

职业能力1.3.2　根据配送中心功能进行布局设计

> **学习目标**
>
> 能根据配送中心业务功能进行布局设计，包括宏观布局、内部布局和区域布置方法。

基本知识

一、配送中心的宏观布局

配送中心的宏观布局有以下几种：

1. 轴心辐射型

轴心辐射型是指配送中心位于众多客户之中，货物由配送中心向四周配送，形成辐射状，如图1-12所示。这种布局的配送中心适应以下条件：

（1）配送中心附近是客户相对集中的经济区域。

（2）配送中心靠近主要运输干线，利用干线运输将货物运达配送中心，然后由配送中心配送到各个客户。

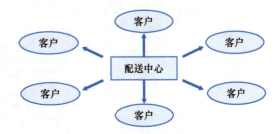

图1-12　轴心辐射型配送中心

2. 扇形辐射型

扇形辐射型是指货物从配送中心向一个方向配送，形成扇形，如图1-13所示。这种布局的配送中心适应以下条件：

（1）货物有一定的流向。

（2）配送中心位于主要运输干线的中途或终端。

（3）配送中心的货物配送方向与干线运输方向一致或在运输干线侧面。

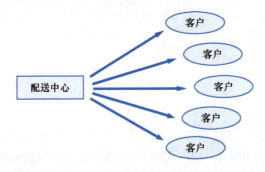

图1-13　扇形辐射型配送中心

3. 双向辐射型

双向辐射型是指配送中心位于客户中间，货物从配送中心向两个相反的方向配送，如图1-14所示。这种布局的配送中心适应以下条件：

（1）配送中心要靠近主要运输干线。

（2）配送中心的货物向运输干线两侧配送。

图1-14　双向辐射型配送中心

二、配送中心的内部布局

配送中心的内部布局主要包括物流作业区、非物流作业区和通道，如图1-15所示。

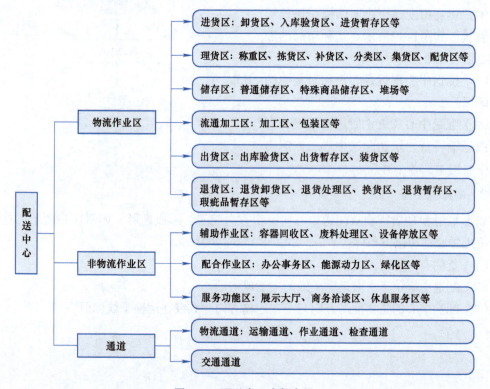

图1-15　配送中心内部布局

1. 物流作业区

（1）进货区。进货区主要是完成货物从运达到入库所要进行的相关作业（包括车辆到达、卸货、验收等操作）的场所。各种操作对应的功能子区包括卸货区、入库验货区、进货暂存区等。

（2）理货区。理货区主要完成理货、拣货、补货、货物分类、集货、验货、配货等作业，进行货物运达配送中心后进入后续流程的先期处理，以及货物离开配送中心之前的先期处理。因此理货区分为两类，即进货理货区与出货理货区。理货区又可细分为称重区、拣货区、补货区、分类区、集货区、配货区等。

（3）储存区。储存区是指进行仓储保管工作的场所。根据所储存货物的性质，储存区包括普通储存区、特殊商品储存区及堆场等。

（4）流通加工区。流通加工区主要包括针对一些初级产品进行的二次加工，或零配件重新组装成产品等加工作业，以及产品包装、运输包装、流通包装、打印条码等作业。流通加工区包括加工区、包装区等。

（5）出货区。出货区是指完成将集中待发的货品经过检验至装车起运全过程的相关作业的场所。从布局和结构看，出货区与进货区类似。各种操作对应的功能子区包括出库验货区、出货暂存区、装货区等。

（6）退货区。退货区是指配送中心对退货、瑕疵品及废品等进行处理及存储的作业区域，包括退货卸货区、退货处理区、换货区、退货暂存区、瑕疵品暂存区等。

2. 非物流作业区

（1）辅助作业区。辅助作业区是指辅助物流作业的场所，包括容器回收区、废料处理区、设备停放区、设备维修区、停车场等。

（2）配合作业区。配合作业区是指为配合配送中心正常运营所必需的业务管理，提供安全、消防、绿化及车辆通行等区域，包括办公事务区、消防系统、能源动力区（配电室、空调机房等）、绿化区等。

（3）服务功能区。服务功能区是指提供增值服务及生活服务的场所，包括展示大厅、商务洽谈区、配套服务区、车辆检修中心、休息服务区等。

3. 通道

配送中心的通道可分为物流功能区内的物流通道和场区内的交通通道。

（1）物流通道。物流通道主要影响配送中心的物流作业能力和效率，一般在规划布置厂房时，首先应结合功能区的布置来设计通道的位置和宽度。根据通道的重要性，物流通道可分为以下三类：

1）运输通道（主通道）。运输通道是指连接场区进出口与各作业区，供装卸运输设备在场区内运行的通道，其宽度主要取决于装卸运输设备的类型、外形尺寸和单元装载的大小。

2）作业通道（副通道）。作业通道指连接主通道与各作业区域，供作业人员存取、搬运货物的行走通道，一般平行或垂直于主通道，其宽度取决于作业方式和货物大小。

3）检查通道。检查通道是指供仓库作业人员检查库存货物时的行走通道，其宽度只要能使检查人员通过即可。

（2）交通通道。配送中心内的交通通道连接着场内与外界及场内各功能区，将影响车辆、人员的进出，车辆回转和上下货等动线。尤其是大型、综合型配送中心，其车流量很大，交通通道的影响更为显著。场区内通道的布置需解决以下三个问题：

1）通道的走向和位置。通道的走向和位置应根据场内货流和人流的组织分配特点，结合出入口数量与位置等情况，因地制宜、恰当布设。大中型配送中心应考虑设置两个以上的出入口，一般采用"单向行驶、分门出入"的原则。

2）通道的宽度。通道的宽度应根据场内进出车辆所需的路面宽度设计，路面宽度通常为4车道甚至6车道。主要车道的最小转弯半径一般采用9～12m；若考虑大型集装箱车进出，最小转弯半径不宜小于15m。一般配送中心的运输车辆包括普通卡车、双轮拖车和重型卡车。大中型配送中心的道路荷载一般可按汽车-20级计算，行驶大型集装箱车和载重6t以上卡车的道路，还应加强路面的强度。在非物流功能区，人员活动较为频繁，可根据需要考虑增加人行道宽度。

3）停车场的设置。停车场地是配送中心的主要设施，其目的是提供足够的空间、便利的位置和方便的进出。根据使用对象的不同，配送中心的停车场可分为以下两种：

①客户与员工停车场。

②运输车辆停车场。

某配送中心的内部布局设计如图1-16所示。

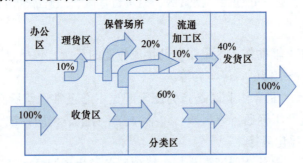

图1-16　某配送中心内部布局设计图

三、配送中心区域布置方法

配送中心区域布置方法有两种，即流程性布置法和相关性布置法。流程性布置法适用于物流作业区域的布置，是将物流移动路线作为布置的主要依据；相关性布置法则一般用于整个配送中心或辅助性区域的布置，是根据各区域的活动相关性进行区域布置。在规划区域布置时应按各作业区域性质决定其配置方法。

1. 作业区域间的物流路线类型

作业区域间的物流路线类型介绍见表1-3。

表1-3　作业区域间的物流路线类型介绍

作业区域间的物流路线类型	作业区域间的物流路线表示形式	作业区域间的物流路线具体描述
直线式		适用于出入口在配送中心厂房两侧，作业流程简单、规模较小的物流作业，无论订单大小与拣货品项多少，均需通过配送中心全程
双直线式		适用于出入口在配送中心两侧，作业流程相似但有两种不同进出货形态或作业需求的物流作业（如整箱区与零星区）

（续）

作业区域间的物流路线类型	作业区域间的物流路线表示形式	作业区域间的物流路线具体描述
锯齿形或S形		适用于多排并列的库存货架区内
U形		适用于出入口在配送中心厂房同侧的物流作业，可依进出货频率大小安排接近进出口端的储区，可缩短拣货搬运路线
分流式		适用于因批量拣取而做分流作业的情形
集中式		适用于因储区特性将订单分割，在不同区域拣取后再进行集货作业的情形

2. 某配送中心布局设计实例分析

某配送中心制订了仓库内部布局设计原则：

（1）内部必须保证通风。

（2）货物堆积不宜过厚，能分层尽量分层。

（3）货物分类码放，中间要有隔离带。

（4）必须留有消防通道。

（5）条件允许应设有前、中、后三个门。

（6）在仓库外围布置消防栓、粉剂灭火器、消防沙袋。必要时要有铲车随时调用。

（7）仓库远离火源。

（8）仓库内尽可能装设温度、湿度、气体监控系统。

（9）库内电源布置要合理，照明灯等要使用防爆设备。

设计公司为配送中心设计了内部布局图初稿，如图1-17所示。

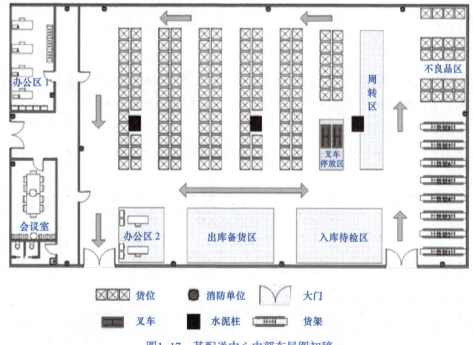

图1-17 某配送中心内部布局图初稿

经过公司运营部门和业务部门共同研究，认为初稿存在一些不合理的地方，重新设计如图1-18所示。改变了货架的方向，节省了日常拣货理货的操作距离，出库备货区改成了周转区域，布局更合理，操作更流畅。

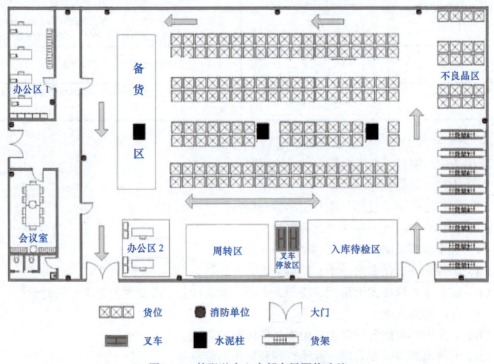

图1-18 某配送中心内部布局图修改稿

能力训练

1. 训练情景

小张委托设计院帮助公司进行配送中心设计，但配送中心的设计思路须由公司提出，小张研究了公司配送业务作业特色，对内部作业区域进行划分和布局设计。

2. 训练注意事项

配送中心的内部布局是否合理直接关系到能否有效提高工作效率，降低物流成本。

3. 训练过程

序号	步骤	操作方法及说明	质量标准
1	内部作业区域划分	根据公司日常配送管理实际需求划分内部区域，三个基本要求：一是要满足日常作业过程要求，二是要有利于提高配送中心效益，三是有利于保证安全和员工健康	空间有限，确实需要的才设置
2	内部作业区域布置设计	模拟日常操作过程，设计操作路线，进行区域布置，估算各个区域面积	符合企业实际情况，达到基本要求
3	布局图设计	与设计单位共同进行设计图设计	完成基本布局图
4	仿真模拟试验	用仿真软件进行模拟试验	模拟实际进出库需求量
5	修改确认	经过多部门共同研讨，确认布局图设计方案	运营部门共同确认

工作领域一　现代配送中心选址规划

问题分析

对于货架仓库，地面荷载有什么要求？

对于货架仓库，库房地面荷载应达到$30kN/m^2$，具体荷载还要根据货物的平均重量和堆放层高而定，配送中心地面应考虑行驶叉车，一般采用混凝土地面，要求经久耐磨、耐冲击和不起砂。对清洁要求较高的配送中心，通常采用铁屑无砂混凝土面层，保证平滑、清洁无尘。

训练评价

序号	评价内容	评价标准	评价结果（是/否）
1	内部区域划分	达到三个基本要求	
2	布局设计	布局合理，操作效率较高	
3	仿真试验	运行通畅，能满足最大进出量操作要求	

任务总结

本任务主要介绍了配送中心的设计，包括规模设计和布局设计，学习了不同类型货物采用不同储存方式，所需要的储存面积测算的方法，通过实例学习了配送中心内部布局的主要方法。在实际工作中，应根据企业货物特点，进出货物频率、种类、包装特点等灵活进行存储方式的设计和内部布置。

拓展训练

配送中心选址与布局拓展实训项目

【实训情景】

本地某蔬菜基地与本地所有高校达成协议，由该基地统一提供高校食堂所需的蔬菜。该蔬菜基地为完成这一任务，需要建立一个配送中心，请同学们根据调研结果并结合工作任务1.3的方法进行该配送中心的选址与布局。

【实训目标】

通过对本地所有高校的地理位置、蔬菜基地地理位置和各节点的交通状况及运输费用等多方面的全面调查，能对蔬菜基地配送中心进行合理的选址与布局。

【实训准备】

配送中心选址的流程、注意事项及方法，以及配送中心布局的内容。

【实训步骤】

（1）将学生进行分组，每组5～6人。

（2）各组对高校的地理位置、蔬菜基地地理位置和各节点的交通状况进行市场调研。

（3）各组进行配送中心选址，并列出选址采用的方法和理由。

（4）各组根据搜集的资料确定配送中心的规模，为该配送中心进行布局。

【实训评价】

教师和学生共同对各组设计方案做出综合评价。

小组序号：			学生姓名：		
小组成绩：			个人最终成绩：		
考核内容	满分	得分	考核内容	满分	得分
资料搜集、整理、分析	15		小组分解得分	70	
配送中心选址	15		个人角色与执行	20	
配送中心规模设计	10				
配送中心布局设计	20		团队合作	10	
组织与分工合理性	10				
合　计	70		合　计	100	
评定人：			评定时间：		

工作任务1.4　配送中心设施设备配置

职业能力1.4.1　根据配送中心货物情况进行设施设备配置

学习目标

了解配送中心主要设施、设备，掌握配送中心设备配置原则，能根据配送中心货物情况进行配送中心设施设备配置。

基本知识

配送中心内的主要作业活动，基本上都与物流仓储、搬运、拣取等作业有关，因此在进行系统规划的过程中，对于物流设施与设备的规划设计与选用等程序，即成为规划过程的重心。选用不同功能的物流设备，可能会影响配送中心内部布置与面积需求，因此必须按实际需求决定适合的设备。配送中心主要的设备组成如图1-19所示。

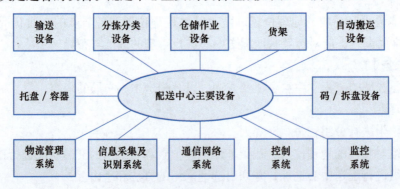

图1-19　配送中心主要设备组成

一、配送中心主要设施

配送中心设施主要包括主体建筑、辅助建筑和辅助设施。

1. 主体建筑

（1）库房。库房是配送中心用于储存货物的主要建筑，多采用封闭式。库房可以提供良好的储存和养护条件，一般用于储存怕风吹、雨淋、日晒以及对保管条件要求较高的货物。库房主要由库房基础、地坪、墙壁、库门、库窗、支柱、站台、雨棚等建筑结构组成。

（2）货棚。货棚是一种简易的仓库，为半封闭式建筑，适宜储存对温度、湿度要求不高，出入库频繁的货物，以及怕雨淋但不怕风吹日晒的货物。货棚的建筑形式分为有墙和无墙两种。前者只有顶棚和支柱，没有围墙；后者除有顶棚和支柱外，还在货棚两端或三面筑有围墙。货棚的保管条件不如封闭式仓库，但出入库作业比较方便，且建造成本较低。

（3）露天货场。露天货场也称货场，是用于存放货物的露天场地，适宜存放经得起风吹、雨淋、日晒，经过苫垫堆垛的货物或散装货物。货场装卸作业方便，建造成本低廉，但储存货物的品种有一定的局限性。

2. 辅助建筑

配送中心建筑除了主体建筑，一般还有辅助建筑。辅助建筑是指办公室、车库、修理间、装卸工人休息间、装卸工具储存间等建筑物。这些建筑一般设在生活区，并与存货区保持一定的安全距离。

3. 辅助设施

配送中心辅助设施主要有通风设施、照明设施、取暖设施、提升设施（电梯等）、地磅（车辆衡、轨道衡）以及避雷设施等。

二、配送中心主要设备

1. 容器设备

容器设备包括搬运用容器、储存用容器、拣取用容器及配送用容器等，如纸箱、托盘、铁箱、塑料箱等。在各项作业流程及储运单位的规划完成后，可先对容器设备进行规划。部分以单品出货为主的出货类型，如果货物品类多而体积、长度、外形等差异很大，可考虑利用储运箱等容器将储运单位统一化，达到单元负载的原则，以简化储运作业。

2. 储存设备

仓储设备包括自动仓储设备（如单元负载式、水平旋转式、垂直旋转式、轻负荷式）、大型储存设备（如一般重型钢架、直立式钢架、移动式钢架、重力型流动货架）、多种小型储存设备（如轻型料架、轻型流动货架、移动式储柜）等。可根据仓储区使用的储运单位、容器式样及仓储需求量，来选择适用的储存设备及数量。

3. 订单拣取设备

订单拣取设备包括一般订单拣取设备、计算机辅助拣取设备（如CAPS、计算机辅助拣货台车）、自动化订单拣取设备（如A-frame系统）等。可根据拣货区使用的拣取单位、容器式样及拣货需求量，来选择适用的订单拣取设备及数量。

4. 装卸搬运设备

装卸搬运设备包括自动化配合搬运设备（如无人搬运车、轴驱动搬运台车）、机械化搬运设备（如叉车、油压拖板车）、输送带设备、分类输送设备、拆码盘设备、垂直搬运设备等。应配合上述仓储及拣取设备，估算每日进出货搬运、拣货、补货等次数，选择适用的搬运设备。

5. 流通加工设备

流通加工设备包括裹包集包设备、外包装配合设备、条码标签印贴设备、拆箱设备、称重设备等。为了配合目前配送中心服务项目的多元化及满足下游经营者的需求，配送中心进行次包装、裹包或贴标签等加工作业也逐渐增多。

6. 物流外围辅助设备

物流外围辅助设备包括楼层流通设备、装卸货平台、装卸载设备、容器暂存设备、废料处理设施等，需视配送中心经营者需求、特性而定。

三、配送中心设备配置原则

配送中心设备配置是否合理，直接影响着整个配送中心的作业效率和服务水平。为了配送中心运转的高效、经济，在进行设备配置时应考虑以下原则。

1. 适用性与先进性相结合原则

配送作业的类型、作业环境、作业量、搬运距离、货物本身的物理、化学性质等决定了配送设备的类型、额定作业能力和数量。配送设备的配置，必须以能够适应作业的需求为基本原则。配送的作业量大、作业频繁时，需要配备作业能力较强的大型专用机械设备；作业量小、作业不频繁时，只要根据作业量的平均水平，配备构造简单、造价低廉而又能保持相当作业能力的中小型通用机械设备即可。

2. 经济性原则

经济性是衡量物流系统的重要指标。配送中心的设备投入一般都比较大，设备的购置成本和使用及维修保养成本直接影响了存储环节的经济效益。设备配置的目标就是在满足作业需求和合理的技术先进性的前提下，实现设备在整个购置、安装、运行、维修、改造、更新直至报废的全过程内的总成本最小，即设备的全寿命周期成本（Life Cycle Cost，LCC）最小。

3. 系统化原则

配送中心设备的配套，是保证前后作业相互衔接、相互协调，保证配送工作连续稳定进行的重要条件。因此，在进行设备配置时，还要对整个配送系统进行流程分析，充分考虑各个作业工序之间的衔接，以使配置的设备相互适应，减少作业等待时间，提高作业效率。在新建配送中心时，应将搬运设备的配置与配送中心的布局、设施的规划设计同时考虑，使配送设备与场地条件、周边辅助设备相匹配，这样才能够实现配送作业的整体最优。

能力训练

1. 训练情景

小张在王经理指导下初步完成了配送中心的选址和布局设计,现在要为配送中心配置合适的设施和设备。王经理让小张根据配送中心业务特点,配置合适的设施设备。

2. 训练注意事项

配送中心的建设耗资巨大,存在一定的投资风险,若设计方案不当就要重新调整,重新配置设施设备,会造成巨大的人力、物力、财力和时间的浪费。配送中心的设施设备是否合理,直接影响配送中心的作业效率和服务水平。设备合理配置指的是在成本和效益之间能达到比较好的平衡。

3. 训练过程

序号	步骤	操作方法及说明	质量标准
1	配送中心设计方案研究	配送中心设施设备的配置方案在配送中心的总体规划与设计中已基本确定。在配置设备前,要对设计方案仔细研究,另外,要了解设备的基本情况,如:形状、尺寸、重量、使用方法、作业能力、占地面积、价格等	了解储配需求情况和设备需求情况
2	配送中心常用储配设备配置	设备配置的环节主要是权衡各种设备的性能。需要充分掌握各设备制造商的技术特长,从各种技术观点综合评价,选择最满意的、值得信任的设备生产商,得到质量高、成本低的配送设备。常用储配设备包括:堆高机、叉车、货架、手动托盘搬运车、拣选设备、条码打印机、运输车辆等	能根据货物操作需求合理配置设备,符合适用性、经济性、系统化原则
3	配送中心智慧储配设备配置	根据公司经营目标,适用性和先进性相结合的原则,适当选配一些智慧物流配送设备,如自动化立体货架、电子播种墙、AGV无人搬运车、智能穿戴设备、自动化分拣设备、无人车、无人机等	能根据公司经营目标需求,进行合理配置,符合先进性原则
4	配送中心设施设备使用手册制作	设施设备配置完成后,要制订相应的操作手册,按照设备操作和保养要求做好日常维修保养,并做好记录	会根据设备操作要求设计日常操作和保养记录表

问题分析

1. 配送中心车辆种类如何选择比较合适?

多数企业(60%)在选择车型时,主要是看配送所需要的条件是否和车辆制造商提供的商品说明书所要求的条件规格相近。为了选择合乎使用条件的车辆种类,需要全面了解市场上车辆的基本情况和样式范围。配送中心所选车型以小型货车(2~3t)和普通货车(4~12t)为主。在选择车辆的种类和款式时,还要重点考察一些具体项目,如车厢底板的尺寸、车厢底板的高度、载重量、发动机的性能(主要是功率)、车厢板等重要部件的结构等。这些项目直接影响后续装车和送货的实际应用,可根据送货实际需求情况进行配置。

2. 配送中心配置多少车辆合适?

由于配送量每天都有变动,不能做到完全准确估计。应该根据平均配送量合理安排好车辆,拥有车辆过少,当配送量多时,容易出现车辆不足的现象,要从别处租车;相反,拥有车辆过多,当配送量少时,又会出现车辆闲置现象,造成浪费。所以,对配送中心来讲，配置多少汽车是极为重要的决策。除了必要的自有车辆外，还应有一两家合作企业或者供应商可以提供配送服务。

3. 装卸搬运设备怎样配置才能提高装卸搬运效率？

在配送中心中，装卸搬运是比较繁重的工作内容，装卸货平台的合理设计与应用可以降低物流成本，提高工作效率。比如，以小批量、多品种作业为主时，设计成高平台较合理；以大批量、少品种作业为主时，设计成低平台较合理。不管是高平台还是低平台，货物尽量用托盘装载，采用叉车进行机械化装卸搬运作业。装卸搬运设备应选用符合国际标准的具有较高安全性的设备。

训练评价

序号	评价内容	评价标准	评价结果（是/否）
1	配送中心设计方案研究	储配需求情况和设备需求情况分析，有数据和依据	
2	配送中心常用储配设备配置	能根据货物操作需求合理选配常用设备，明确设备名称、数量、品牌等	
3	配送中心智慧储配设备配置	能根据公司经营目标要求，合理选配智慧储配设备，明确设备名称、数量、品牌等	
4	配送中心设施设备使用手册制作	会根据设备操作要求设计日常操作和保养记录表	

职业能力1.4.2　完成常用储配设备操作

学习目标

能按照操作要求完成常用储配设备（电动叉车、手动液压托盘搬运车、半自动堆高车）操作。

基本知识

物流储配设备是现代化配送企业的主要作业工具之一，是组织仓储配送业务活动的物质基础，体现了企业物流能力的大小。伴随着物流服务水平的发展与进步，物流储配设备不断提升与发展。许多新的设备不断涌现，如四方托盘、高架叉车、自动分拣设备、AGV无人搬运车等，极大地减轻了人们的劳动强度，提高了仓储配送业务运作效率和服务质量，降低了物流成本，促进了仓储配送业务的快速发展。

一、常用装卸搬运设备

根据《物流术语》（GB/T 18354—2006）的规定，装卸是指货物在指定地点以人力或机械装入运输设备或从运输设备卸下的活动，搬运则是指在同一场所内将货物进行水平移动为主的物流作业。

配送中心的装卸搬运活动是配送作业中不可缺少的物流环节。装卸搬运活动是否合理不仅影响配送中心配装和出货操作的运作效率，而且影响整个配送系统的运作效率。因此，在配送中心建设规划时，选择高效、柔性的装卸搬运设备，对于配送中心进行装卸搬运组织，加快进出库速度，提高作业效率是十分必要的。

常用装卸搬运设备主要有叉车、手动液压托盘搬运车、半自动堆高车、输送机等。

1. 叉车

叉车在仓储作业过程中是比较常用的装卸设备，有"万能装卸机械"之称，其种类很多，如图1-20所示。叉车是指具有各种叉具，能够对货物进行升降、移动及装卸作业的搬运车辆。它具有灵活性高、机动性强、转弯半径小、结构紧凑、成本低廉等优点。叉车的类型很多：按照其动力种类不同可分为电动叉车和内燃机叉车两大类（内燃机的燃料又分为汽油、柴油和天然气三种）；按其基本构造不同，又可分为平衡重式叉车、前移式叉车、侧叉式叉车等。使用内燃机叉车对仓库环境有一定的污染，配送中心有一些货物对存储环境有较高要求，因此，配送中心大多使用电动叉车。

叉车功能介绍视频

图1-20 叉车

电动叉车是以电力驱动进行作业的叉车，主要以蓄电池为动力，对成件托盘货物进行装卸、堆垛和短距离运输作业，其承载能力一般为1.0～4.8t，作业通道宽度一般为3.5～5.0m。电动叉车尤其适用库内作业，是常见的仓库装卸搬运作业设备。

2. 手动液压托盘搬运车

手动液压托盘搬运车是一种主要用于搬运托盘的物流设备，又称为地牛，主要适用于低频率的小型货物堆垛场合，如图1-21所示。同其他机动叉车种类相比，手动液压托盘搬运车具有结构简单、使用轻便、价格便宜等优点。在使用时，将货叉插入托盘孔内，由人力驱动液压系统来实现托盘货物的起升和下降，并由人力拖拉完成搬运作业。其承载能力一般为1.0～1.5t，作业通道宽度一般为2.3～2.8m。

图1-21 手动液压托盘搬运车

3. 半自动堆高车

半电动堆高车是用于托盘货物的装卸、堆高、堆垛和短距离运输作业的搬运车辆，如图1-22所示。它适用于狭窄通道和有限空间内的作业，是高架仓库、车间装卸托盘化的常用设备，可进入车厢、集装箱内进行托盘货物的装卸、堆码和搬运作业。

图1-22　半自动堆高车

4. 输送机

输送机是一种连续搬运货物的机械，在工作时可连续不断地沿同一方向输送散料或重量不大的单件货物，装卸过程无须停车，如图1-23所示。其优点是生产率高、设备简单、操作简便；缺点是一定类型的连续输送机只适合输送一定种类的货物，不适合搬运很热的物料或者形状不规则的单件货物，且只能沿一定线路定向输送，因而在使用上具有一定的局限性。

图1-23　输送机

根据用途和所处理的货物形状的不同，输送机可分为带式输送机、辊子输送机、链式输送机、重力式辊子输送机、伸缩式辊子输送机、振动输送机、液体输送机等。此外，还有移动式输送机和固定式输送机、重力式输送机和电驱动式输送机等多种分类。

能力训练

1. 训练情景

小张在王经理的指导下为配送中心配置了一批常用的设施和设备，在正式投入使用前，要对员工进行培训，使员工了解设施设备的使用要求，掌握常用设施设备的操作。

配送中心工作人员经常要使用装卸搬运设备进行操作，叉车操作人员上岗前需进行专业培训，拿到叉车驾驶证才可以上岗，其他装卸搬运设备虽然没有持证上岗的要求，但物流设备操作不当不仅会造成客户货物损坏，还会影响企业形象，因此也需要进行上岗前的培训。常用装卸搬运设备的操作训练中，使用者不仅要了解设备的性能和操作要求，还要学会做好日常维护和保养。

2. 训练注意事项

配送中心的设施设备使用不当可能会造成财产损失、人员伤亡，一定要严格遵守公司设施设备的使用规定。对于新型设备，要先研究操作说明，并请相关专家培训后才能使用。

（1）叉车使用注意事项：

①叉车运行前要检查刹车系统有效性和电池电量是否充足，如发现缺陷，应在运行前处理完善再操作。

②叉车搬运货物时，不允许使用单个货叉运转货物或用货叉尖端挑货，必须将货叉全部插入货物底部并使其均匀地放在货叉上。

③叉车运行时，需平稳起步，转向前先减速，正常行驶速度不能过快，平稳制动停车。

④叉车运行时，不允许货叉上站人或载人。

⑤叉车运行时，对于尺寸较大的货物需小心搬运。

⑥定期检查电解液，禁止使用明火照明来检查电池电解液。

⑦叉车停车不用前，要将货叉下降着地并将叉车摆放整齐，停车并断开电源。

⑧叉车电源电量不足时，叉车的电量保护装置自动开启，货叉拒绝上升操作，禁止继续载货使用，此时应该空车行驶到充电机位置给叉车充电。

⑨叉车充电时，先断开叉车工作系统与电池的连接，再将电池与充电机连接，最后将充电机与电源插座相连，开启充电机。

（2）手动液压托盘搬运车使用注意事项：

①手动液压托盘搬运车严禁载人，在货物搬运过程中，旁边不得有人。

②手动液压托盘搬运车在装载时，严禁超载/偏载（单叉作业）使用，所载物品重量必须在搬运车允许负载范围内。使用时，必须注意通道及环境，不能撞及他人、商品和货架。

③手动液压托盘搬运车不允许长期静置重载货物。

④手动液压托盘搬运车空载时，不能载人或在滑坡上自由下滑。

⑤手动液压托盘搬运车有相对转动或滑动的零件应定期加注润滑油。

⑥严禁操作人员将手脚伸入手动液压托盘搬运车货叉承载的重物下面。

⑦严禁在斜面或陡坡上操作手动液压托盘搬运车。

⑧严禁将货物从高处落到手动液压托盘搬运车上。

⑨手动液压托盘搬运车出现故障时不得继续使用，应及时维修或报废。

⑩移动手动液压托盘搬运车时需慢行，注意脚轮压脚，多人操作时统一指挥。

（3）半自动堆高车使用注意事项：

①操作员在车辆行驶过程中，禁止急刹车、急转弯，禁止按上升或下降按钮。

②操作员严禁快速频繁地切换上升或下降按钮。

③堆高车在行驶过程中,货叉需离地面10~20mm。

④严禁将货物长时间置于堆高车货叉上,不允许超载使用。

⑤严禁任何人将身体任何部位置于货叉下方。

3. 训练过程

(1)叉车操作训练(可扫码观看电动叉车操作视频):

电动叉车操作视频

序号	步骤	操作方法及说明	质量标准
1	叉车起步	①起步前,观察四周,确认无妨碍行车安全的障碍后,先鸣笛、后起步 ②叉车在载物起步时,驾驶员应先确认所载货物是否平稳可靠	叉车操作安全第一,注意人员安全和货物安全,遵守操作要求 叉车运行前要检查刹车系统有效性和电池电量是否充足,如发现缺陷,应在运行前处理完善再操作
2	行驶	①行驶时,货叉底端距地高度应保持在300~400mm,门架后倾 ②行驶时不得将货叉升得太高。进出作业现场或行驶途中,要注意上空有无障碍物刮碰 ③转弯时,如附近有行人或车辆,应先发出行驶信号,禁止高速急转弯,高速急转弯会导致车辆失去横向稳定而倾翻	叉车运行时,需平稳起步,转向前先减速,正常行驶速度不能过快,平稳制动停车 叉车运行时,不允许货叉上站人或载人 叉车运行时,对于尺寸较大的货物需小心搬运
3	装卸搬运	①叉载物品时,应按需调整货叉间距,保证负荷均衡,不得偏斜,物品的一面应贴靠挡物架 ②禁止单叉作业或用叉顶物、拉物。特殊情况拉物必须设立安全警示牌 ③用货叉叉货时,货叉应尽可能叉入托盘底部,禁用货叉尖端挑货,需注意叉尖部不能触碰其他货物或物件 ④叉车作业时,禁止人员站在货叉周围,以免货物倒塌伤人	叉车装卸搬运货物的要求主要是稳和准,卸货后应先降落货叉至正常行驶位置,然后再行驶 禁止操作人员在货叉上物品悬空时离开叉车,离开叉车前须卸下货物或降下货叉 禁止超载,禁止用货叉举升人员从事高空作业,以免发生高空坠落事故

（续）

序号	步骤	操作方法及说明	质量标准
4	停车	①停车时制动手柄需拉死或压下手刹开关 ②发动机熄火，断电 ③拔下钥匙	叉车停车不用前，要将货叉下降着地并将叉车摆放整齐，停车并断开电源
5	充电	①叉车运行前要检查刹车系统有效性和电池电量是否充足，叉车电源电量不足时，叉车的电量保护装置自动开启，货叉拒绝上升操作，禁止继续载货使用，此时应该空车行驶到充电机位置给叉车充电 ②叉车充电时，先断开叉车工作系统与电池的连接，再将电池与充电机连接，最后将充电机与电源插座相连，开启充电机	定期检查电解液，禁止使用明火照明来检查电池电解液

（2）手动液压托盘搬运车（可扫码观看手动液压车操作视频）：

手动液压车操作视频

序号	步骤	操作方法及说明	质量标准
1	码货	将运载货物码放至托盘上	货物整齐码放在托盘上
2	进叉	将货叉完全插入托盘下面	货叉尽可能叉入托盘底部
3	举叉	将货物叉升至适当高度，将货物托盘托举离开地面	保持货物平稳

（续）

序号	步骤	操作方法及说明	质量标准
4	拉货	推拉控制舵柄进行运输。手动液压托盘搬运车空载时，不能载人或在滑坡上自由下滑	平稳拉动货物
5	卸货	将货物拉至目的地后停止，将货叉降至合适位置，完成卸货	货物平稳摆放

（3）半自动堆高车（可扫码观看半自动堆高车操作视频）：

半自动堆高车操作视频

序号	步骤	操作方法及说明	质量标准
1	检查	车辆行驶前，应检查刹车和泵站的工作状况，并确保蓄电池电量充足，且指示灯亮	符合使用要求
2	启动	将钥匙插入电锁中，顺时针旋转，提起启停开关，以启动堆高车	顺利启动，电量充足，指示灯亮

（续）

序号	步骤	操作方法及说明	质量标准
3	行驶	将堆高车的控制手柄扳向操作员一面，向下摆动一个适当的角度，之后用拇指转动两个旋钮开关：若开关向前转，则堆高车前进；若将开关向后转，则堆高车后退。前进或后退的速度由旋钮开关的转动角度大小来控制，在启动时或周围空间较小时，为保证安全，转动角度应控制得小一点，以减缓行驶速度	能够缓慢行驶，能控制行驶速度和方向
4	叉载货物	在货叉低位的情况下与货架保持垂直，小心接近货架并将货叉叉入托盘底部	叉载货物时，货叉应尽可能叉入托盘底部，禁止用货叉尖端挑货，需注意货叉尖部不能触碰其他货物或物件
5	搬运货物上架	提升货物到货架平面的上方。叉载物品时，应按需调整货叉间距，使其负荷均衡，不得偏斜，物品的一面应贴靠挡物架。堆高车作业时，禁止人员站在货叉周围，以免货物倒塌伤人；禁止超载，禁止用货叉举升人员从事高空作业，以免发生高空坠落事故；卸货后应先降落货叉至正常行驶位置，然后再行驶	装卸搬运货物遵守操作要求；禁止单叉作业或用叉顶物、拉物，特殊情况拉物必须设立安全警示牌
6	完成卸货	慢慢向前移动，当货物处在货架上方时停止，降下货叉，完成卸货。按下控制手柄上画有上升标志的按钮，则货叉上升；按下有下降标志的按钮，则货叉下降；放开后则立即停止升降	能够完成货叉升降操作，货物摆放稳固

（续）

序号	步骤	操作方法及说明	质量标准
7	回退堆高车	回退堆高车，小心地将货叉移出货架，并将货叉放低到可以行驶的位置	小心不要碰到货架和货物，以免造成损坏；货叉缓缓下落，不野蛮操作
8	到指定位置停车	将堆高车停到指定位置，停车时可以用手刹制动或脚刹。常规停车时，将拇指松开，旋转开关将自动复位，此时控制器产生反向电流，堆高车运动极小距离后平稳停车。需紧急停车时，可将手柄迅速上抬至竖直位置或下压至水平位置，电磁刹车锁止，堆高车将紧急停车	会平稳停车和紧急停车，将堆高车停到指定位置

二、常用储配设备

配送中心的常用储配设备主要包括储存货架、托盘、容器和分拣设备等，托盘和容器一般都已有标准或系列，可以根据货物的特性和数量大小进行选择。

1. 货架

（1）货架的概念。根据《物流术语》（GB/T 18354—2006）的规定，货架是指用立柱、隔板或横梁等组成的立体储存货物的设施，也是专门用来存放成件货物的保管设备。货架既能够有效保护货物，方便货物的存取与进出业务，又能够提高仓库空间的利用率，是仓储面积的扩大和延伸。

（2）常用的货架类型。

1）层架。层架由立柱、横梁和层板构成，层架用于存放货物，如图1-24所示。层架结构简单，适用范围非常广泛，还可以根据需要制作成层格架、抽屉式和橱柜式等形式，以便于存放规格复杂多样的小件货物或较贵重、怕尘土、怕潮湿的小件货物。

2）托盘式货架。托盘式货架是以托盘单元货物的方式来保管货物的货架，是机械化、自动化货架仓库的主要组成部分，其基本形式与层架相似，如图1-25所示。托盘式货架使用广泛、通用性强，其出入库不受先后顺序的影响，一般的叉车都可使用。

图1-24　层架

图1-25　托盘式货架

3）重力式货架。重力式货架又叫自重力货架，属于重型货架，是由托盘式货架演变而来的，适用于少品种、大批量同类货物的储存，空间利用率极高，如图1-26所示。重力式货架的深度及层数可按需要而定。

4）悬臂式货架。悬臂式货架由3～4个塔形悬臂和纵梁相连而成，如图1-27所示。悬臂的尺寸根据所存放货物的外形确定。这种货架在储存长形货物的仓库中广泛运用。

图1-26　重力式货架

图1-27　悬臂式货架

5）移动式货架。移动式货架的底部装有滚轮，开启控制装置，滑轮可以沿轨道滑动，如图1-28所示。移动式货架平时可以密集相连排列，存取货物时通过手动或电动控制装置驱动货架沿轨道滑动，形成通道，从而大幅度减少通道面积，仓库面积利用率可以达到80%，但由于成本较高，主要在档案等重要或贵重货物的保管中使用。

6）旋转式货架。旋转式货架设有电力驱动装置，如图1-29所示。货架沿着由两个直线段和两个曲线段组成的环形轨道运行，由开关或计算机操纵。存取货物时，把货物所在货格的编号通过控制盘或按钮输入，该货格则以最近的距离自动旋转至拣货点停止。通过货架旋转改变货物的位置来代替拣选人员在仓库内的移动，能够大幅度降低拣选作业的劳动强度，而且货架旋转选择了最短路径，所以，采用旋转式货架可以大大提高拣货效率。

图1-28　移动式货架

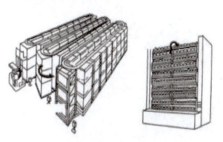
图1-29　旋转式货架

7）自动货柜。自动货柜通过计算机、条码识别器等智能工具进行管理，使用非常方便，只要按动按键，自动货柜内的货物即被运到进出平台，可自动统计、自动查找货物，特别适用于体积小、价值高的货物的储存管理，也适用于多品种、小批量的货物管理。自动货柜是集声、光、电及计算机管理为一体的高度自动化的全封闭储存设备。它充分利用垂直空间，最大限度地优化储存管理。

2. 集装单元设备

集装是指以高质有效实现货物搬运为基本原则，把若干个货物（包装货物或者零散货物）恰当地组合包装，使之适合装卸、存放、搬运以及机械操作。集装单元化就是以集装单元为基础，组织装卸、搬运、储存和运输的物流活动方式。托盘和集装箱是最基本的两种集装单元设备。

（1）托盘。

1）托盘的概念。根据《物流术语》（GB/T 18354—2006）的规定，托盘是指在运输、搬运和存储过程中，将物品规整为货物单元时，作为承载面并包括承载面上辅助结构件的装置。为了能有效地装卸、运输、保管货物，可将其按一定数量组合后放置托盘上，托盘有供叉车从下部叉入并将其托起的叉入口。

2）托盘的特点。托盘是集装单元最基本的器具，其主要特点是自重小、返空容易、装盘容易，其装载量虽较集装箱小，但以托盘为运输单位时，货运件数变少，体积和重量变大，而且每个托盘所装货物数量相等，既便于点数、理货交接，又可以减少货差事故。

3）托盘的分类。

①按结构不同，托盘可分为平式托盘、箱式托盘、柱式托盘、轮式托盘。

②按材质不同，托盘可分为木制托盘（见图1-30）、钢托盘、塑料托盘（见图1-31）、纸质托盘、铝托盘、胶合板托盘、冷冻托盘及复合托盘等。

③按适用性不同，托盘可分为通用托盘和专用托盘。

4）托盘标准化。托盘标准化是实现托盘联运的前提，是实现物流机械化和设施标准化的基础，是实现产品包装标准化的依据。

国际标准化组织（International Organization for Standardization，ISO）制定的四种托盘国际规格是：1 200mm×800mm（欧洲规格）；1 200mm×1 000mm（欧洲部分地区、加拿大、墨西哥规格）；1 219mm×1 016mm（美国规格）；1 100mm×1 100mm（亚洲部分地区规格）。我国目前托盘规格主要有三种尺寸：800mm×1 000mm、800mm×1 200mm、1 000mm×1 200mm。

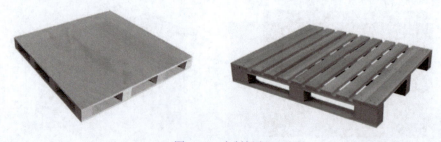

图1-30　木制托盘

工作领域一　现代配送中心选址规划

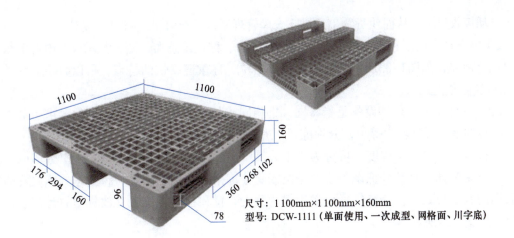

尺寸：1 100mm×1 100mm×160mm
型号：DCW-1111（单面使用、一次成型、网格面、川字底）

图1-31　塑料托盘

（2）集装箱。

1）集装箱的概念。集装箱是指具有一定强度、刚度和规格，专供周转使用的大型装货容器，如图1-32所示。使用集装箱转运货物，可直接在发货人的仓库装货，运到收货人的仓库卸货，中途更换车、船时，无须将货物从箱内取出换装。

2）集装箱的特点。

①能长期反复使用，具有足够的强度。

②途中转运不用移动箱内货物，可以直接换装。

③可以进行快速装载和卸载。

④货物的装满和卸空很方便。

⑤容积大，装的货物多。

⑥规格标准，在港口和船上可以层叠摆放，节省大量空间。

图1-32　集装箱

3. 计量和分拣设备

（1）计量设备。计量设备是用于货物进出时的计量、点数，以及存货期间对货物的盘点、检查等的设备，如地磅、轨道秤、电子秤、电子计数器、流量仪、皮带秤、天平仪及较原始的磅秤、卷尺等。随着仓储管理现代化水平的提高，现代化的自动计量设备将会更多地得到应用。

1）电子收货系统。当货物到达仓库时，管理员持扫描仪扫描托盘或包装箱上的条码，

51

系统自动接收订单,从而使货物信息进入仓库管理系统,与订单进行电子核对。

2)电子秤。电子秤是一种由承重和传力机构、称重传感器、测量显示仪及电源等组成的现代化衡器,如图1-33所示。它具有操作简单、称重速度快的特点,可以数字显示并自动记录称重结果。

(2)分拣设备。分拣设备是指将同一批相同或不同的货物,按照不同的要求(品种、发运的目的地、要货客户等),分别拣开,进行配送或发运的机械。

分拣设备按自动化程度,可分为人工分拣设备和自动分拣设备两种。人工分拣以人力为主,设备为辅;自动分拣设备主要是由接受分拣指令的控制装置、将到达分拣位置的货物取出的搬运装置、在分拣位置分送货物的分支装置和在分拣位置存放货物的暂存装置等构成,如图1-34所示。

图1-33 电子秤

图1-34 自动分拣设备

(3)计算机辅助拣选工具——电子标签拣选系统(DPS)。电子标签拣选系统是一套被安装在货物储位上的电子装置,借助灯号与数字显示引导拣货人员快速、准确、轻松地完成拣货工作,可以提高拣选作业的效率,如图1-35所示。应用电子标签拣选系统后,只要把客户的订单输入操作台的计算机,存放各种物品的货架上的货位指示灯和品种显示器会立刻显示出拣选物品在货架上的具体位置及所需数量,作业人员便可从对应的货位中取出物品,放入输送带上的周转箱,然后按下按钮,货位指示灯和品种显示器熄灭,配齐订单物品的周转箱由输送带送入自动分拣系统。电子标签拣选系统能够自动引导拣货员进行拣货作业,任何人不需特别训练即能立即上岗作业,从而大大提高了物品处理速度,减轻了作业强度,降低了差错率。

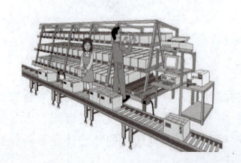

图1-35 电子标签拣选系统

4. 识读设备和识读技术

（1）条码技术。条码是条形码的简称，是由一组规则排列的条、空及对应的字符组成的图形标识符。条码中的"条"是对光线反射率较低的部分，"空"是对光线反射率较高的部分，这些条和空组成的图形能表达一定的信息，并能够被特定的设备识读，转换成与计算机兼容的二进制和十进制信息。条码技术通过条码识读设备扫描条码符号，实现信息的快速录入和自动识别。条码技术包括一维条码和二维条码，如图1-36所示。

图1-36 条码分类图
a）一维条码 b）二维条码

一维条码和二维条码使用都包括以下两个步骤：

1）编码。编码即赋予商品身份证号码，需要流通的商品，必须有一个通行证，这也是商品信息的数字化过程。无论是物联网，还是大数据、云计算，都会涉及数字化的问题以及编码问题。按照国际通用的分类编码技术，商品条码一般是一串13位的数字字符，其中，前3位是国际编码组织分配给每个国家（或地区）的产品原产地的国别（或地区）代码，（690～699都是国际组织统一分配给中国的代码），4～6位是国家或地区分配给自己区域内每个企业的厂商识别代码，5～7位是企业分给每个商品的商品识别代码，最后1位是商品校验码。每个商品只能有一个代码，每个代码只能对应一种商品，从而构成商品的唯一标识，形成商品流通全球的通行证。

2）解码。通过专门的条码识读设备扫描，将条码符号转换成二进制的字符串，再将其转换成数字符号，完成条码符号向物品信息的转换。

（2）射频识别技术。射频识别（RFID）技术是一种非接触式的自动识别技术，基于电磁感应、无线电波或微波进行非接触双向通信，达到识别和交换数据的目的。识别工作无须人工干预，可工作于各种恶劣环境。

射频识别技术的性能特点：①快速扫描。RFID辨识器可同时辨识并读取多个RFID标签。②体积小、形状多样。射频识别读取不受尺寸大小与形状的限制。③抗污染能力和耐久性。RFID标签对水、油和化学药品等物质具有很强的抵抗性，且RFID标签数据存于芯片中，可免受污损。④可重复使用。RFID标签内储存的数据可重复新增、修改、删除，方便信息的更新。⑤穿透性和无屏障阅读。在被覆盖的情况下，RFID也能穿透纸张、木材、塑料等非金属或非透明的材质，并能进行穿透性通信。⑥数据的记忆容量大，安全性高，RFID标签承载的是电子信息，其数据内容经密码保护，不易被伪造及变造。

（3）常用条码识读设备。条码识读设备（条码阅读器）是用来读取条码所包含信息的设备。条码阅读器的结构通常包括光源、接收装置、光电转换部件、译码电路、计算机接口等组成部分。

1）普通的条码识读设备从技术上通常分为光笔扫描器、光耦合装置（CCD）扫描器、激光扫描器三种，它们都有各自的优缺点，没有一种条码识读器能够在所有方面都具有优势。

①光笔扫描器。光笔扫描器是最原始的扫描方式，需要手动移动光笔，还要与要识别的条码接触。

②CCD扫描器。CCD扫描器是以电荷耦合器件（CCD）作为光电转换器，以发光二极管（LED）作为发光光源的扫描器。CCD扫描器在一定范围内可以实现自动扫描，并且可以阅读各种材料、不平表面上的条码，成本较低。但是与激光扫描器相比，扫描距离较短。

③激光扫描器。激光扫描器是以激光作为发光光源的扫描器，又可分为线型激光扫描器、全角度激光扫描器等。

2）条码识读设备从形式上可以分为手持式扫描器（见图1-37）、平台式扫描器（见图1-38）和小滚筒式扫描器（见图1-39）等。

图1-37　手持式扫描器

图1-38　平台式扫描器

图1-39　小滚筒式扫描器

①手持式扫描器。手持式扫描器绝大多数采用非接触式传感器（CIS）技术，光学分辨率为200dpi，有黑白、灰度、彩色多种类型，其中彩色类型一般为18位彩色。

②平台式扫描器。平台式扫描器又称平板式扫描器、台式扫描器，市面上的大部分扫描器都属于平台式扫描器。这类扫描器光学分辨率在300～8 000dpi之间，色彩位数从24位到48位，扫描幅面一般为A4或者A3。

③小滚筒式扫描器。小滚筒式扫描器是手持式扫描器和平台式扫描器的中间产品，这种产品绝大多数采用CIS技术，光学分辨率为300dpi，有彩色和灰度两种，彩色型号一般为24位彩色。小滚筒式扫描器的操作方法是将扫描器的镜头固定，而移动要扫描的物件通过镜头来扫描，运作时就像打印机那样，要扫描的物件必须穿过机器再送出，因此，被扫描的物体不可以太厚。

其他的还有大幅面扫描用的大幅面扫描器、底片扫描器（不是平台扫描器加透扫）、实物扫描器（不是有实物扫描能力的平台扫描器，有点类似于数码相机），还有主要用于印刷排版领域的滚筒式扫描器等。

5. 包装设备

配送中心常用的包装设备包括主要包装设备和辅助包装设备。完成裹包、灌装、充填等包装工序的包装设备称为主要包装设备；完成洗涤、烘干、检测、盖印、计量、输送和堆垛工作的包装设备称为辅助包装设备。

6. 运输设备

配送中心常用的运输设备包括厢式货车、集装箱牵引车与挂车、半挂牵引车与半挂车等。厢式货车具备全封闭的厢式车身和便于装卸作业的车门，使货物免受风吹、日晒、雨淋，能防止货物散失、丢失，如图1-40所示。厢式货车的安全性好，能较好地实现"门到门"的运输。牵引车指的是一辆汽车与一辆以上挂车的组合，主车一般是汽车或列车的驱动车节，如图1-41所示；挂车是指被主车牵引的从动车节。

图1-40　厢式货车

图1-41　牵引车

能力训练

1. 训练情景

配送中心配备电子标签拣选系统，配送中心的货物品种繁多，批量不大，对订单实行单一分拣，即采用"摘果式"分拣。公司配有配送管理信息系统，和电子标签货架配套使用，可以完成货物的拣选。

2. 训练注意事项

电子标签拣选系统使用中，要根据货架上提示的物品数量进行拣选，选完后要按下按钮，货位指示灯和品种显示器熄灭才意味着拣选动作完成。

配送中心的设施设备使用不当会造成财产损失、人员伤亡，一定要严格遵守公司设施设备的使用规定。对于新型设备，要先研究操作说明，并请相关专家培训后才能使用。

3. 训练过程（可扫码观看电子标签拣选操作视频）

电子标签拣选
操作视频

序号	步骤	操作方法及说明	质量标准
1	输入客户订单	操作配送管理系统，输入客户订单，发出出货指令	完成指令输出
2	货位指示灯和品种显示器亮	货架过道的警示灯亮，电子标签上有一小灯，灯亮表示该储位的商品是待拣商品。同时标签显示拣货的确切数目	电子标签灯亮
3	拣货，灭灯	拣货，将商品放进拣货箱，按下电子标签按钮，灭灯	完成拣选并按下按钮确认
4	货物传输	将拣好的货物放上传输装置，运送到出货处	货物输送到出货处

问题分析

物流条码和商品条码的区别有哪些？

物流条码是在物流过程中以商品为对象，以集合包装为单位使用的条码，主要用于商品装卸、仓储、运输和配送过程中产品种类及数量的识别,也可用于仓储批发业的扫描结账,通常印在外包装上。

物流条码和商品条码的区别见表1-4。

表1-4 物流条码和商品条码的区别表

条码类别	应用对象	包装形状	应用领域
物流条码	物流过程中的商品	集体包装	运输、仓储等物流环节
商品条码	向消费者销售的商品	单个商品包装	POS系统、补货、订货管理

训练评价

序 号	评价内容	评价标准	评价结果(是/否)
1	正确输入客户订单,发出出货指令	系统操作正确,正确发出出货指令	
2	货位指示灯和品种显示器亮	相应通道警示灯和电子标签灯亮	
3	拣取货物	跟随指示,拣取相应数量和品种的货物,按标签旁按钮确认拣货结束,灭灯	
4	输送出货	一张订单的货物拣选后放在同一个箱子里,拣选完成后,由输送设备传输到出货处,拣选清单随货一起	

职业能力1.4.3 熟悉智慧储配设备操作

学习目标

能熟悉智慧储配设备(智能拣选设备、立体货架、智能读取设备、无人仓、无人快递机等)操作。

基本知识

智慧物流是指通过智能硬件、物联网、大数据等智慧化技术与手段,提高物流系统分析决策和智能执行的能力,提升整个物流系统的智能化、自动化水平。智慧物流集多种服务功能于一体,体现了现代经济运作特点的需求,强调信息流与物流快速、高效、通畅地运转,从而实现降低社会成本、提高生产效率、整合社会资源的目的。智慧储配设备指的是具有智慧物流技术的储配设备,如自动化立体仓库、可穿戴设备、机器人与自动化分拣设备、无人驾驶叉车、AGV无人搬运车、无人仓、无人快递车、无人快递机等。

一、自动化立体仓库

仓库的储存方式自平面储存向高层化立体储存发展,自动化立体仓库是当前仓储技术水平较高的形式。自动化立体仓库利用立体仓库设备可实现仓库高层合理化、存取自动化、操作简便化,由高层货架、巷道式堆垛机、出入库输送系统、自动控制系统、仓储管理系统以及周边设备组成,如图1-42所示。

自动化立体仓库介绍视频

图1-42 自动化立体仓库

1. 设备组成

(1)高层货架。自动化立体仓库通过立体货架实现货物存储,利用立体空间充分储存货物。

(2)巷道式堆垛机。巷道式堆垛机是自动化立体仓库的核心起重及运输设备,在高层货架巷道内沿轨道运行,实现取送货物的功能。

(3)出入库输送系统。巷道式堆垛机只能在巷道内进行作业,而货物存储单元在巷道外的出入库需要通过出入库输送系统完成。常见的输送系统有传输带、穿梭车、自动导引车、叉车、拆码垛机器人等,输送系统与巷道式堆垛机对接,配合堆垛机完成货物的搬运、运输等作业。

(4)自动控制系统。自动控制系统是整个自动化立体仓库系统设备执行的控制核心,向上连接物流系统的调度计算机,接受物料的输送指令;向下连接输送设备,实现底层输送设备的驱动、输送物料的检测与识别。该系统能够完成物料输送及过程控制信息的传递,实现设备监控、数据采集、通信网络、控制接口的一体化控制和管理。

(5)仓储管理系统。通过该系统可对订单、需求、出入库、货位、不合格品、库存状态等各类仓储管理信息进行分析和管理。

2. 主要功能

(1)收货。自动化立体仓库将对货物信息进行读取,并反馈给仓储管理系统,构成管理信息数据,由自动控制系统对入库货物进行自动化操作。

(2)存货。仓储管理系统向自动化系统传输货物存储方案,包括货物数量、库存位置、运输方式等信息,自动化设备执行仓储作业。

(3)盘点。利用仓库的自动化系统,读取库存信息,与系统内部的货物信息进行核对,及时更新数据信息,保证对库存信息的实时监控。

(4)取货。仓储管理系统向自动化系统发送指令(含货物名称、坐标、数量、取货原则等),自动化设备进行取货作业。

（5）发货。仓储管理系统向自动化系统发送指令，自动化立体仓库的取货搬运机器人和货物传输设备进行出库发货作业。

（6）信息处理。自动化立体仓库采用扫描技术、条码技术、射频技术等，使得数据采集、处理和交换可以及时地在搬运工具和仓储管理系统之间传输和反馈，从而提高自动化立体仓库的柔性，提高自动化运作水平。

二、智能拣选设备

1. 电子播种墙

电子播种墙是按客户订单分拣货物的设备，能保证准确、快速地将客户订单中的商品分拣到指定播种位，进行打包配送。物流信息系统会将客户的订单进行合并，把货物一次性从多种仓储设施中拣选出来，再通过手持式扫描器扫码确认，通过电子播种墙将每个订单货物分拣打包，最后通过物流配送优化管理系统进行配送线路规划，保证客户订单商品准确、快速地送达指定地点。电子播种墙多应用于小批量、多频次、订单量大的情况，如图1-43所示。

电子播种墙的货位上设有读卡器，可实现货位与货框自动绑定，快速录入订单信息。电子播种墙有亮灯提示，通过亮灯闪烁，屏幕显示播种数量，辅助人工拣货。在播种放货时，每个货位带有红外传感器，如操作正确，则亮灯自动熄灭；如未操作或操作错误，则继续亮灯。

图1-43　电子播种墙

2. 自动化分拣设备

自动化分拣设备将随机的、不同类别的、不同去向的物品，按产品类别或产品目的地，从产品仓库或货架，经过拣选后按自动分拣系统要求的路径送至仓库出货装车位置，如图1-44所示。自动分拣系统是把分拣作业的前后作业连接起来，从而使分拣作业实现自动化的系统，具有拣选效率高、正确率高、适应性强和劳动强度低的特点。

图1-44　自动化分拣设备

（1）自动分拣系统的作业流程：

① 将接收的各种物品卸下并按物品种类、货主、储位或发送地点进行快速、准确的分类，再将这些物品运到指定地点。

② 通知发货时，从高层货架存储系统中快速、准确地找到出库物品的所在位置，并按所需数量出库，将从不同储位上取出的物品按配送地点运送到对应的理货区域或配送站台集中，以便装车配送。

（2）自动分拣系统的组成：

为了达到自动分拣的目的，自动分拣系统通常由供件系统、分拣系统、下件系统、控制系统四个部分组成，在控制系统的协调作用下，实现物件从供件系统进入分拣系统进行分拣，最后由下件系统完成物件的物理位置的分类，从而达到物件分拣的目的。

在实践中，自动分拣系统种类繁多，但一般由收货输送机、喂料输送机、分拣指令设定装置、合流装置、分拣输送机、分拣卸货道口、计算机控制器等装置组成。

（3）自动分拣系统的特点：

① 能连续、大批量地分拣货物。自动分拣系统不受气候、时间、人的体力等因素的限制，可以连续运行，因此自动分拣系统的分拣能力具有人力分拣系统无可比拟的优势。

② 分拣误差率极低。自动分拣系统的分拣误差率主要取决于所输入的分拣信息的准确性，而输入的分拣信息的准确性又取决于分拣信息的输入机制。如采用条码扫描输入，除非条码印刷本身有差错，否则不会出错。自动分拣系统主要采用条码技术来识别货物。

③ 分拣作业基本实现无人化。自动分拣系统能够最大限度地减少人员的使用，并基本做到无人化，从而减轻员工的劳动强度，提高工作效率。

三、智慧物流设备

1. 智能穿戴设备

可穿戴式的手持终端替代笨重的传统手持，可大大减轻工作人员的负担，减少操作步骤。智能穿戴设备将条码扫描单元和处理显示单元一分为二，分别使用手套和腕带的方式将设备穿戴在手背和手腕上。两者之间只用无线通信技术相连，使用时只需将戴有条码扫描单元的手握拳对准条码，并按下食指的扫描触发按钮即可扫描条码，扫描后相关信息以声音提示和画面的形式在处理显示单元呈现出来，如图1-45所示。整个过程不必像使用传统手持一样将手中的物品放下再拿起手持操作，大大简化了仓储使用手持的流程，节约了扫描条码等相关操作的时间，可大大减轻操作人员的工作负重，缩短扫描条码的耗时。

图1-45 智能穿戴设备——手套、手表

2. 智能分拣机器人（可扫码观看自动拣货机器人操作视频）

智能分拣机器人具备传感器、物镜和电子光学系统，可以快速进行货物分拣，如图1-46所示。分拣机器人的投资小、效率高、扩展性强、占地面积小，主要用于仓库分拣中心的中小件货物的分拣。通常情况下，一个分拣机器人每小时可分拣1 800件商品。

自动拣货机器人
操作视频

图1-46 智能分拣机器人

3. 自动贴标机

自动贴标机是将标签粘贴在规定的包装容器或产品上，如图1-47所示。仓内自动贴标机则是将带有订单信息的标签贴于打包纸箱上。一般标签背面自带粘胶并有规律地排列在光滑的底纸上，贴标机上的剥标装置可将其自动剥离。

4. 视觉识别设备（可扫码观看操作视频，码1-10视觉识别设备）

视觉识别设备可实现机器人、传送带与周围环境的主动交互，为机器人与传送带匹配2D视觉识别、3D视觉识别等功能，应用于无人仓的入库、存储、包装、分拣等多个环节，通过扫描货物上的条码、标签，识别货物类别、信息，如图1-48所示。

视觉识别设备
操作视频

图1-47 自动贴标机　　　图1-48 2D视觉识别系统

5. AGV无人搬运车（可扫码观看AGV小车操作视频）

AGV无人搬运车也称AGV小车，指备有电磁或光学等自动导引装置，能沿规定的导引路径行驶，具有安全保护及各种移载功能的运输车，用可充电的蓄电池作为动力来源，如图1-49所示。一般可通过计算机来控制其行进路线及行为，或利用电磁轨道来设立其行进路线。

AGV小车操作
视频

图1-49　AGV无人搬运车

整套AGV系统由机器人、料架、拣货工作站、充电桩、二维码地图、调度系统等组成，机器人具有识别定位、激光避障、顶升料架等功能。

6. 无人快递车

无人快递车可实现无人操作送快递，如图1-50所示。小型无人快递车有5个格子，可以放5件快递，每天能配送10～20单，一次充电续航20公里；大型无人快递车一次性能送6件快递，一次充电续航80公里。如果30分钟内未取货，快递车会自动放弃本次送货。

图1-50　京东无人快递车效果图

7. 无人快递机

无人机快递指的是利用无线电遥控设备和自备的程序控制装置操纵无人驾驶的低空飞行器运载着包裹，自动送达目的地。无人机快递可解决偏远地区的配送问题，提高配送效率，同时减少人力成本；但在恶劣天气下无人机送货无力，且在飞行过程中无法避免人为破坏等。无人机快递一般由无人机、自主快递柜、快递盒、快递集散点、快递集散基地、区域调度中心等部分组成，如图1-51所示。

图1-51　京东无人快递机效果图

工作领域一　现代配送中心选址规划

能力训练

1. 训练情景

智慧储配设备投资较大，小张建议公司分批引进智慧物流设备。由于智能穿戴设备相对投资较少，智能穿戴仓储作业软件和智能穿戴设备搭配使用，可操作库存管理的登录、入库管理、库存管理、出库管理（普通出库、摘果式扫描、播种式扫描）等主要业务。智慧储配设备可以有效地提高仓储管理中主要作业环节的效率，并在此基础上保证作业数据的准确性，同时智能穿戴设备的便携性可以确保随时随地获取库存的真实数据。因此首先配置智能穿戴设备，并引进智能穿戴仓储作业软件。使用前需要对员工进行培训，使员工熟悉操作方法，其他一些智慧储配设备也需要先让员工熟悉工作原理和操作要求，后续再分批引进使用。

2. 训练注意事项

智能穿戴设备需要有智能穿戴仓储作业软件支持才能使用，手套可以读取一维条码、二维条码或RFID电子标签，可以将数据进行预处理并上传到智能手表等移动显示终端。

使用智能设备前，一定要仔细研究产品说明书，并请相关专家培训后才能使用。

智能穿戴设备入库组托操作视频

3. 训练过程

（1）用智能穿戴设备完成入库货物组托操作（可扫码观看智能穿戴设备入库组托操作视频）：

序号	步骤	操作方法及说明	质量标准
1	登录	扫描账号与密码生成的条码（或二维码）登录App，例如：1001&&&1001，这是账号与密码，账号与密码间隔三个"&"，直接扫描这个格式生成的二维码即可，调用二维码扫描，解析角色登录系统	完成登录
2	打开菜单界面	打开功能菜单，获取入库任务	成功获取入库任务

63

（续）

序号	步骤	操作方法及说明	质量标准
3	入库作业	单击入库作业按钮，打开入库任务列表	选择待组托任务
4	选择组托任务	选择一组待组托的入库单，点击"待组托"按钮，出现录入界面	打开录入界面
5	扫描托盘条码和商品条码	将戴有条码扫描单元的手握拳对准托盘条码，并按下食指的扫描触发按钮即可扫描条码，再扫一下商品条码	顺利读取条码信息
6	录入商品数量	托盘条码和商品条码自动对应发射到手表显示器上，录入组托货物数量，录入时会有读音，录完后按确认，并保存组托信息	正确录入数量信息

（续）

序号	步骤	操作方法及说明	质量标准
7	保存	根据任务清单，将要组托的货物一一扫码完成，同一托同一类的货物扫描完成后，按"确认"，将货物放到要组托的托盘上，再对其他需要组托的货物重复以上动作，直到组托完成	组托货物全部读取完毕
8	提交	组托完成后，要按"发送"，并确认	组托完毕
9	待上架	选择已组托的入库单，点击"待上架"，进入入库任务列表界面	选择待上架
10	进入上架界面	进入上架明细界面，点击托盘旁边感叹号可查看要上架的托盘信息，点击仓位旁边的感叹号可查看仓位信息	熟悉上架界面

（续）

序号	步骤	操作方法及说明	质量标准
11	扫描托盘、仓位	扫描托盘、仓位	完成扫描
12	提交	提交上架信息	完成提交确认

（2）用智能穿戴设备完成出库货物播种式拣选操作（可扫码观看智能穿戴设备出库播种式拣选操作视频）：

智能穿戴设备出库
播种式拣选操作视频

序号	步骤	操作方法及说明	质量标准
1	登录	动态调用二维码扫描，解析角色登录系统	完成登录

（续）

序号	步骤	操作方法及说明	质量标准
2	打开菜单界面	打开功能菜单，获取出库任务	找到出库菜单
3	打开出库作业任务	选择出库作业，打开任务列表，选择待拣货任务	准确选择待拣货任务
4	选择拣货任务	选择拣货任务，出现出库拣货界面	进入拣货界面
5	扫描货位条码和商品条码	将戴有条码扫描单元的手握拳对准货位条码，并按下食指的扫描触发按钮即可扫描条码，再扫一下商品条码	成功扫描并读取拣选货物货位和货物信息

（续）

序号	步骤	操作方法及说明	质量标准
6	录入拣选商品数量	托盘条码和商品条码自动对应发射到手表显示器上，录入拣选货物数量，录入时会有读音，录完后按"确认"，并保存	正确录入拣选货物数量
7	货物拣选完成	通过依次扫描拣选单号、货物编号等，完成播种式货物出库作业。根据任务清单，将要拣选的货物扫码完成后，将货物放到拣选箱里，再对其他需要拣选的货物重复以上动作，直到拣选完成	完成拣选任务清单上所有货物的拣选作业
8	完成后按提交	拣选完成后，要按"提交"，并确认	确认拣选完成
9	完成摘果式拣选	穿戴设备边工作边采集现场数据，不需要边查看纸质拣货单边拣选货物，也不需要手持设备对包装箱的条码/标签进行数据扫描，比较方便	整理货物，进行下一步操作，做好现场5S管理

问题分析

1. 无人快递车通过什么方法避开障碍物？

在配送过程中，无人快递车通过车顶的感应系统自动检测前方路况，如果前方3米内有障碍物，感应系统将指挥快递车调整方向避开障碍物。

2. 智慧物流最后1公里技术包括哪些？

智慧物流最后1公里技术包括无人机技术和快递机器人、3D打印技术。无人机和快递机器人估计在未来会成为特定区域末端配送重要方式。未来的产品生产至消费的模式将是"城市内3D打印+同城配送"，甚至是"社区3D打印+社区配送"的模式。

训练评价

序 号	评价内容	评价标准	评价结果（是/否）
1	智能穿戴设备入库组托	操作正确，能按入库任务清单完成对所有组托货物的扫码和确认	
2	智能穿戴设备播种式出库拣选	操作正确，能完成对出库货物的拣选	
3	智能拣选台车等智慧物流设备操作了解	通过观看视频和相关资料，了解无人搬运车、无人机、智能拣选台车、自动化立体货架等设备的操作要求	

任务总结

本任务主要介绍了配送中心设施设备配置，学习了如何配备配送中心设施设备，重点介绍了常用储配设备的基本构成、操作步骤、操作要求等，以及学习了部分智慧储配设备的功能、基本构成和操作要求等。对常用手动液压托盘搬运车、半自动堆高车、电子标签拣选货架、智能穿戴设备的使用进行了训练，为后面的配送入库和出库操作做准备。

拓展训练

智能识读设备应用实训项目

【实训目标】

（1）了解手持和固定射频识读设备的原理、安装方法和指标。

（2）了解固定式和便携式射频读写设备的不同。

（3）掌握射频识读设备的操作方法。

（4）能综合应用条码技术、射频技术。

【实训准备】

物流储配综合实训基地：

（1）高频桌面读写设备、手持终端、智能穿戴设备。

（2）电子标签卡。

（3）射频读写器软件。

（4）计算机、条码打印机等辅助设备。

【实训步骤】

（1）将学生进行分组，每组5~6人。

（2）通过读写软件生成RFID标签。

（3）通过条码设计软件设计商品条码。

（4）完成商品条码的打印。

（5）利用条码、可穿戴手持设备、RFID技术完成货物的入库或出库操作。

【实训评价】

教师和学生共同对各组完成情况做出综合评价。

小组序号：				学生姓名：		
小组成绩：				个人最终成绩：		
考核内容	满分	得分		考核内容	满分	得分
手持和固定射频设备使用情况	15			小组分解得分	70	
RFID标签识读情况	15			个人角色与执行	20	
商品条码设计和打印	15					
可穿戴设备进行拣选货物出库	15			团队合作	10	
组织与分工合理性	10					
合　　计	70			合　　计	100	
评定人：				评定时间：		

工作领域小结

本项目以为××物流公司新建一个配送中心仓库为背景，先进行配送中心规划和设计，再进行选址，然后进行内部布局，最后配备相应的设施设备。总任务可分解为四个分任务：认识配送和配送中心、配送中心规划与设计、配送中心选址、配送中心设备配置。通过对任务的实施，引领学生掌握配送和配送中心的概念、分类、功能、操作流程、设计原则、内部布局原则、布局方法、设施设备的分类、保管和使用要求等。

补充笔记插页

课后练习

工作领域一
课后练习

工作领域二

现代配送中心备货和储存

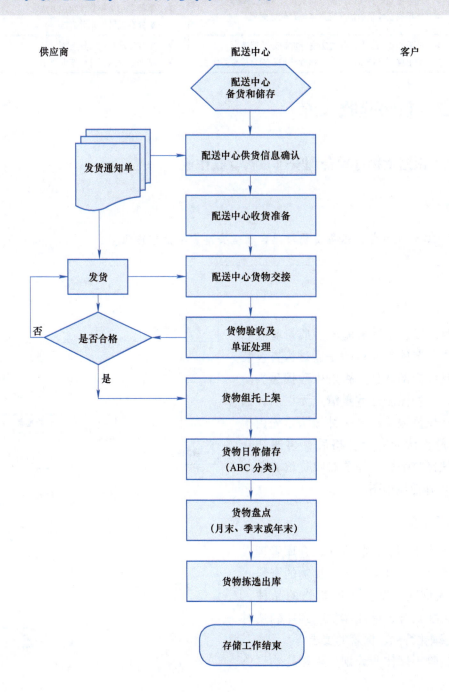

现代配送中心备货和储存工作任务和职业能力分析

工作任务	职业能力要求	知识素养要求
货物验收入库	➤ 能根据货物订单合理安排货物验收作业 ➤ 能完成收货相关单证填制及交接手续	➤ 掌握货物验收的原则和方法 ➤ 掌握收货单证填制的基本要求 ➤ 掌握货物验收的操作流程
货物组托上架	➤ 能完成货物组托设计及组托作业 ➤ 能根据仓库货架区情况安排货位并完成上架作业 ➤ 能根据仓库平面情况完成堆码存储区规划	➤ 了解国际通用物流条码编码规则 ➤ 掌握货物组托方法和示意图画法 ➤ 掌握常用货架货位定位方法 ➤ 掌握存储区域划分方法
货物储存	➤ 能采用物动量ABC分类法进行货物分类管理 ➤ 能根据货物特点进行仓库保管养护、安全检查等作业	➤ 掌握物动量ABC分类法 ➤ 掌握货物储存管理作业要求

工作任务2.1 货物验收入库

职业能力2.1.1 根据货物订单合理安排货物验收作业

学习目标

能做好入库作业准备，根据货物订单合理地安排货物验收作业。

基本知识

货物的验收主要包括数量验收、质量验收和包装验收，其中包装验收的目的是通过检查包装的异常状况来判断内部商品是否发生破损丢失。在实际工作时，一种做法是数量清点无误后，通知检验部门进行质量检验；另一种做法是先由检验部门检查质量，认为完全合格后，再通知仓库作业部门办理接收手续，并填写收货检验单。图2-1是货物入库作业流程图。

一、入库作业准备

（1）熟悉入库货物。在收货前，仓库管理人员应根据订单情况，认真查阅入库货物的资料，必要时向存货人询问，掌握入库货物的品种、规格、数量、包装状态、单件体积、到库确切时间、储存期限、理化特性、保管的要求等。

（2）编制货物入库作业计划。根据货物订单

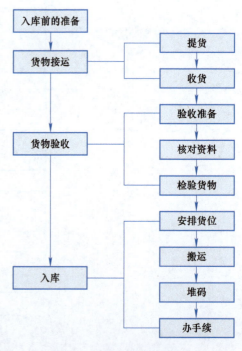

图2-1 货物入库作业流程

即采购计划来编制入库计划；仓储部门根据货物采购计划，结合仓库本身的储存能力、设备条件、劳动力情况和各种仓库业务操作过程所需耗用的时间，来确定仓库的入库作业计划。

（3）妥善安排仓库货位。掌握仓库库场和库位情况；精确、妥善地安排、准备库场；了解货物入库期间、保管期间仓库的库容、设备、人员的变动情况，以便安排工作；必要时对仓库进行清查，清理归位，以便腾出库容。

仓库相关部门应根据入库货物的性能、数量、类别，结合仓库分区分类保管的要求，核算货位大小，妥善安排货位、验收场地，确定堆垛方法、苫垫方案。

（4）准备苫垫材料、作业用具。在货物入库前，根据已经确定的苫垫方案，准备相应的材料，并组织衬垫铺设作业；对入库作业所需的用具要准备妥当，以便能及时使用。

（5）做好验收准备。仓库理货人员根据货物情况和仓库管理制度，确定验收方法，准备验收所需的用于点数、称量、测试、开箱、装箱、丈量、移动照明等的工具、用具。

（6）制定卸车搬运工艺。根据货物、货位、设备条件、人员等情况，合理、科学地制定卸车搬运工艺，保证作业效率。

（7）准备好文件单证。仓库管理人员对货物入库所需的各种报表、单证、记录簿（如入库记录、理货检验单、物料卡、残损单）等整理、填写妥善，以备使用。

由于不同仓库、不同货物的性质不同，入库前的准备工作会有所差别，需要根据具体实际情况和仓库制度做好充分准备。

二、货物验收作业

（一）货物验收的流程

货物验收是指仓库在货物正式入库前，按照一定的程序和手续，对到库货物进行数量和外观质量的检查，以验证货物是否符合订货合同规定的一项工作。货物验收的主要目的是明确供货单位、承运单位和保管单位的质量责任。货物验收的一般流程如图2-2所示。

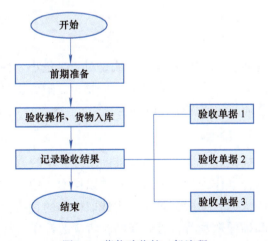

图2-2 货物验收的一般流程

（二）货物验收的依据

货物验收的依据主要是货主的入库通知单、订货合同、调拨通知单或采购计划。在这些资料中，主要依据是货主的入库通知单，见表2-1。

表2-1 入库通知单

通知日期： 年 月 日

日期	到货日期		供货单位		收货人		
	入库日期		合同单号		储位		
	验收日期		运单号		入库单号		
货物入库详细信息							
货物编号	货物名称	计量单位	数量				质量	价格		说明
			交货	多交	短交	退货	实收		购入	基本	

（三）货物验收的准备

仓库管理人员接到到货通知后，应根据货物的性质和批量提前做好验收前的准备工作。验收前的准备工作大致包括验收人员准备、验收资料准备、验收设备准备、验收货位准备等。

（四）货物验收的标准

为了确保入库货物的质量，在验收前需要对验收的标准予以确认。通常根据以下几项标准进行检验：依据采购合同或订购单所规定的条件进行验收；以比价或议价时的合格样品作为验收的标准；以采购合同中的规格或图纸作为验收标准；以各种产品的国家质量标准作为验收标准。

（五）货物验收的方式

由于货物的种类、性质、价值等因素各不相同，在入库验收时可以结合需求选用全检或抽检的方式。

1. 全检

全检即全部检验，主要是针对数量验收，或是对于批量小、种类杂、型号多、价值高的货物所采用的验收方法。全检是一项耗费人力、物力、财力、时间的作业，在组织时要做好充分的准备，注意各环节的比例性和均衡性。

2. 抽检

抽检即抽样检验，是借助于统计学的原理，从总体中抽选出一定量的样本作为检验的对象，并以样本的检验结果作为评价总体质量水平的依据。抽检结果会受到选取样本的直接影响，因此在确定抽样方法和抽样数量时，首先要结合货物的性质、特点、价值、生产条件、包装情况、运输工具、气候条件等综合因素的具体情况，利用统计学

抽样检验介绍视频

假设检验的方法，确定在不同期望水平下抽取样本的数量和方法。

表2-2、表2-3给出部分货物的入库抽检比例作为参考。

表2-2 货物数量验收的抽检比例

序 号	验 收 对 象	抽 检 比 例
1	散装货物	检斤率为100%，不清点件数
2	有包装的货物	毛检斤率为100%，回皮率为5%～10%，清点件数为100%
3	定尺钢材	检尺率为10%～20%
4	非定尺钢材	检尺率为100%
5	贵重金属材料	检斤率为100%
6	有标量或标准定量的化工产品	按标量计算，核定总重量
7	同一包装、大批量、规格整齐的货物，或包装符合国家标准且有合格证的货物	抽检率为10%～20%

表2-3 货物质量验收的抽检比例

序 号	验 收 对 象	抽 检 比 例
1	带包装的金属材料	抽检5%～10%
2	无包装的金属材料	全部目测查验
3	10台以内的机电设备	验收率为100%
4	100台以内的机电设备	验收不少于10%
5	运输、起重设备	验收率为100%
6	仪器仪表外观缺陷	查验率为100%
7	易于发霉、变质、受潮、变色、污染、虫蛀、机械性损伤的货物	抽验率为5%～10%
8	外包装有质量缺陷的货物	检验率为100%
9	进口货物	检验率为100%

（六）货物验收的基本内容

货物验收的基本内容包括包装验收、数量验收和质量验收。

1. 包装验收

包装验收主要是对货物的外包装进行检验。货物包装验收在初验时进行，主要内容包括：检验包装有无被撬、开缝、污染、破损、水渍等不良情况；检查包装是否符合有关标准要求，包括选用的材料、规格、制作工艺、标志、打包方式等；检查包装材料的含水量。包装材料的含水量是影响货物保管质量的重要指标，一些包装物含水量高，表明货物已经受损害，需要进一步检验。几种包装物的安全含水量见表2-4。

表2-4 几种包装物的安全含水量

包装材料	含 水 量	说 明
木箱（外包装）	18%～20%	内装易霉、易锈货物
	18%～23%	内装一般货物
纸箱	12%～14%	五层瓦楞纸的外包装及纸板衬垫
	10%～12%	三层瓦楞纸的外包装及纸板衬垫
胶合板箱	15%～16%	—
布包	9%～10%	—

2. 数量验收

数量验收又称细数验收，是保证货物数量准确、货物不缺少的重要步骤，是在初验的基础上做的进一步的货物数量验收。按货物性质和包装情况，货物数量验收主要有计件、检斤、检尺等形式。在进行数量验收时，必须注意相同供货方的货物采取相同的计量方法。采取何种方式计数要在验收记录中做出记载，出库时也按同样的计量方式，避免出现误差。

数量检验——计件
动画视频

数量检验——检斤
动画视频

（1）计件。一般情况下，计件货物应逐一全部点清。固定包装的小件货物，如果外包装完好，打开包装不利于以后进行保管，通常情况下，国内货物只检查外包装，不拆包检查，而进口货物按合同或惯例办理。

（2）检斤。按重量供货或以重量为计量单位的货物，在数量验收时，有的采用检斤称重的方法，有的采用理论换算的方法。其中，按理论换算重量的货物（如金属材料中的板材、型材等），先通过检尺，然后按规定的换算方法换算成重量验收。对于进口货物，原则上应全部检斤，但如果订货合同规定按理论换算重量交货，则按合同规定办理。

（3）检尺。按体积供货或以体积为计量单位的货物，在数量验收时要先检尺，后求积，如木材、竹材、砂石等。

一般情况下，数量验收应全检。有时也可根据货物来源、包装好坏或有关部门规定，确定对到库货物是采取抽检方式还是全检方式。在确定验收比例时，一般应考虑货物的性质和特点、货物的价值、货物的生产技术条件、供货单位的信誉、货物的包装情况、运输工具、气候条件等因素。

另外，某些电子设备的验收需要在收货方技术人员的指导下，戴上防静电手套，在防尘、防静电的环境下，根据装箱单逐一登记序列号，点查件数。

3. 质量验收

质量验收是为了检验货物质量指标是否符合规定而进行的验收。仓储部门按照有关质量标准，检查入库货物的质量是否符合要求。仓库对到库货物进行质量验收是根据仓储合同的约定来实施的；合同没有约定的，按照货物的特性和惯例确定。由于新产品不断出现，不同货物具有不同的质量标准，仓库管理人员应认真研究各种检验方法，必要时可要求客户、货主提供检验方法和标准，或者要求收货人共同参与验收。

常用的货物质量验收方法主要包括以下几种：

（1）感官检验。在充足的光线下，用肉眼观察货物的形态、颜色、结构等表面状态，检查有无变形、破损、脱落、变色、结块等损害情况，以判定质量，同时检查货物标签、标志是否具备、完整、清晰等，标签、标志与货物是否一致；通过摇动、搬运、轻度敲击货物听声音；通过手感鉴定货物的细度、光滑度、黏度、柔软度等来判断货物有无结块、干涸、融化、受潮等；通过货物所特有的气味、滋味判定是否新鲜，有无变质。

（2）测试仪器检验。利用各种专用测试仪器进行货物性质测定，如含水量、密度、黏度、成分、光谱等测试。

（3）运行检验。对货物进行运行操作，如检验电器、车辆操作功能是否正常。

在货物验收过程中，如发现货物数量与入库凭证不符、质量不符合规定、包装出现异常等情况时，必须做出详细记录。同时将有问题的货物另行堆放，采取必要的措施，防止损失继续扩大，并立即通知业务部门或邀请有关单位现场察看，以便及时做出处理。

（七）验收结果的处理

1. 数量有问题的货物处理

（1）单货数量不符。如果经验收发现货物的实际数量与凭证上所列的数量不一致，应由收货人在凭证上做好详细记录，按实际数量签收，并及时通知送货人和发货方。

（2）货物包装有问题。在清点大件时发现包装有水渍、污染、损坏、变形等情况时，应进一步检查内部细数和质量，并由送货人开具包装异状记录，或在送货单上注明。同时，通知仓库保管员单独堆放，以便处理。

（3）货物串库。货物串库是指应该送往甲库的货物误送到乙库。若在初步检查时发现串库现象，应立即拒收；若在验收细数中发现串库货物，应及时通知送货人办理退货手续，同时更正单据。

（4）有货无单。有货无单是指货物先到达而有关凭证还未到达。对有货无单情况，应暂时安排场所存放货物，及时联系有关人员，待单证到齐后再验收入库。

（5）有单无货。有单无货是指存货单位先将单证提前送到仓库，但经过一段时间后，尚没有见到货。对有单无货的情况，应及时查明原因，将单证退回注销。

（6）货未到齐。往往由于运输方式的原因，同一批货物不能同时到达，对此，应分单签收。

2. 质量有问题的货物处理

在与运输部门初步验收时发现质量问题的，应会同承运方清查点验，并由承运方编制商务记录或出具证明书，作为索赔的依据。如确认责任不在承运方，也应做好记录，由承运者签字，以便作为向供货方联系处理的依据。在拆包进一步验收时发现的质量问题，应将有质量问题的货物单独堆放，并在入库单上分别签收，同时通知供货方，以划清责任。

（1）数量超额的处理。经验收，若发现交货数量超过"订购量"，原则上应将超量部分予以退回。但对于以重量或长度计算的货物，其超交量在3%以下时，可在验收单上备注栏内注明超交数量，经请示相关负责人同意后予以接收。

（2）数量短缺的处理。经验收，若发货数量未达到"订购量"，原则上应要求供应商予以补足，经采购部门负责人同意后，可采用财务方式解决。

对于验收不合格的货物，应在外包装上贴"不合格"标签，并在验收报告上注明不良原因，可报相关主管请示处理方法，妥善处置。一般可采取退货、维修或折扣的方式予以处理，为了方便迅速做出处理决定，可以参考表2-5进行决策。

表2-5　货品验收处理程序表

货物验收情况		a. 货物数量正确吗?	b. 质量检验合格吗?	c. 能够维修吗?	d. 供应商愿意付维修费吗?	e. 物流中心急需这批货吗?	决策的类别	f. 退回这批货物	g. 使用货物寻找新供应商	h. 维修缺陷并接收	i. 寻找紧急供应商
问题形态	1	○	○	○	○	○	决策选择			√	
	2	○	○	○	○	●				√	
	3	○	○	●	○	○		√			
	4	○	○	●	○	●		√			
	5	○	○	○	●	○				√	
	6	○	○	○	●	○		√			
	7	○	●	○	○	○		√			√
	8	○	●	○	○	●		√			
	9	●	○	○	○	○				√	
	10	●	○	○	○	●		√			
	11	●	●	●	●	○			√		
	12	○	○	●	●	●		√			
	13	○	●	●	●	○			√		
	14	●	●	●	●	●		√			

注：○=是；●=否；√=采取此项行动

3. 合格货物的处理

验收合格的货物，应在外包装上贴"合格"标签，以示区别，仓库业务人员可根据货物标识办理合格品入库定位手续，并在每日工作结束时，对处理的货物数量进行汇总记录。

能力训练

1. 训练情景

配送中心仓库2021年5月29日入库一批货物，小张作为仓库管理人员完成该批货物的入库收货与验收工作。货物订单信息见表2-6。

表2-6　入库货物采购订单基本信息表

序　号	商品名称	包装规格（长×宽×高）（mm×mm×mm）	单价（元/箱）	重量（kg/箱）	应收数量（箱）
1	兴华苦杏仁	345×285×180	60	5.6	44
2	顺心奶嘴	448×276×180	50	9.7	27
3	神奇松花蛋	305×195×200	60	11.5	40
4	婴儿湿巾	498×333×180	80	7	27
5	大王牌大豆酶解蛋白粉	270×210×240	100	11.8	76
6	休闲黑瓜子	320×160×260	80	8.2	42

2. 训练注意事项

要了解货物的属性，根据入库订单情况进行收货准备、收货和验收工作，需要提前做好配送中心的收货人员和仓库库位安排，严格按照货物验收要求，做好收货工作。

3. 训练过程

序号	步骤	操作方法及说明	质量标准
1	入库作业准备	① 熟悉入库货物 ② 编制货物入库作业计划 ③ 妥善安排仓库货位 ④ 准备苫垫材料、作业用具 ⑤ 做好验收准备 ⑥ 制定卸车搬运工艺 ⑦ 准备好文件单证	做好各项准备工作
2	货物验收作业	① 包装验收 ② 数量验收 ③ 质量验收	仔细验收，检查包装是否完好、数量是否一致、货物和单证是否一致等
3	对货物验收结果处理	① 合格品处理 ② 不合格品处理 ③ 其他情况处理	分别做好记录和做好标志

问题分析

如果收货时发现大王牌大豆酶解蛋白粉货物外箱有污渍，该如何处理？

首先检查该污渍是怎么造成的，其次检查该污渍是否会造成内部货物质量问题，并由送货人开具包装异状记录，或在送货单上注明。同时，通知仓库保管员单独堆放，以便处理。与供货商联系，由供货商决定最终的处理方式。

训练评价

序号	评价内容	评价标准	评价结果（是/否）
1	入库作业准备	准备是否充分	
2	货物验收作业	验收是否规范仔细	
3	对货物验收结果处理	处理是否合理	

职业能力2.1.2　完成收货相关单证填制及交接手续

学习目标

能掌握收货的基本流程，填制收货相关单证，办理交接手续，完成收货入库。

基本知识

验收合格的货物，应及时收货入库，建立各种资料档案。在收货过程中，要完成单证的填制并办理交接手续。办理交接手续时送货方要有送货单，双方交接完货物要填交接单，货物验收完入库要填入库单，货物入库或上架完成后要填货卡，入库完成后有关资料要录入仓储管理系统，生成货物明细账和货物档案。收货的基本流程包括办理交接手续、登账、立卡、建档等环节。

一、办理交接手续

办理交接手续是指仓库对收到的货物向送货人进行确认，表示已接收货物。办理完交接手续，意味着划清运输部门、送货部门和仓库的责任。完整的交接手续包括以下几个方面：

1. 接收货物

仓库通过理货、查验货物，将不良货物剔除、退回或者编制残损单证等明确责任，确定收到货物的确切数量、货物表面状态良好。

2. 接收文件

接收送货人送交的货物资料、运输的货运记录、普通记录等，以及随货在运输单证上注明的相应文件，如图纸、准运证等。

3. 签署单证

仓库与送货人或承运人共同在送货人交来的送货单（见表2-7）、货物交接清单（见表2-8）上签字，并留存相应单证。若送货单与货物交接清单不一致或货物、文件有差错，还应附上事故报告或说明，并由有关当事人签章，等待处理。

表2-7　送货单　　　　No._____

单位：　　　　　　　　　　　　　　　　　　　　日期：　年　月　日

品名	规格	单位	数量	单价	金额	备注

收货单位：（盖章）　　制单：　　送货单位：（盖章）　　经手人：

表2-8　货物交接清单

收货人	发站	发货人	品名	标记	单位	件数	重量	车号	运单号	货位	合同号

备注											

送货人：　　　　　　　收货人：　　　　　　　经办人：

货物入库交接验收时除了以上两种单证，还有一些常用单证（见表2-9～表2-13）。

表2-9　货物验收单

订单编号：　　　　　验收单编号：　　　　　填写日期：

货物编号	品名	订单数量	规格符合		单位	实收数量	单价	总金额
			是	否				

（续）

是否分批交货	□是 □否	检查	抽样__%不良 全数__不良__		验收结果	1. 2.		验收主管		验收员	
总经理		财务部					仓储部				
		主管		核算员			主管			收货员	

表2-10 入库检验表

编号：

货物名称			型号/规格	
供方			进货日期	
进货数量			验证数量	
验证方式				
验证项目	标准要求		验证结果	是否合格
检验结论	□合格 □不合格			
复检记录	1. 2.			
检验主管		检验员		日期
不合格品处置方法	□拒收 □让步接收 □全检			
	批准			日期
备注	对于客户的货品，其不合格品处置由客户批准			

表2-11 入库验收报告单

编号：　　　　　　　　　　　　　　　填写日期：　年　月　日

入库名称			数量	
验收部门			验收人员	
验收记录			验收结果	□合格 □不合格
入库记录	入库单位		入库部门	
	主管经办		验收主管	验收专员

入库手续：

表2-12 物品入库日报表

编号：　　　　　　　　　　　　　　　入库日期：　年　月　日

物品检验人			物品入库记录人			
物品名称	生产厂家	规格	入库数量	单价	总金额	仓库位置

表2-13 入库通知表

通知日期：　年　月　日

日期	到货日期		供货单位		收货人	
	入库日期		合同单号		储位	
	验收日期		运单号		入库单号	

(续)

物料编号	物料名称	计量单位	物料入库详细信息					质量	价格		说明
			数量								
			交货	多交	短交	退货	实收		购入	基本	

二、登账

登账是指货物入库，仓库应建立详细反映货物仓储的明细账，登记货物入库、出库、结转的详细情况，用以记录库存货物的动态，并为对账提供主要依据。登账的主要内容有：货物名称、货物规格、货物数量、货物件数、货物累计数或结存数、存货人或提货人、货物批次、货物金额，还需注明货位号或运输工具、接（发）货经办人，见表2-14。

表2-14 入库单　　　　　　　　　　　　　　　No._____

送货单位：　　　　　　　入库日期：　年　月　日　　　　储存位置：

货物编号	品名	规格	单位	数量	检验	实收数量	备注

会计：　　　　　　　仓库收货人：　　　　　　制单：

登账时应遵循以下原则：

（1）必须依据正式、合法的凭证，如入库单、出库单等。

（2）一律使用蓝色、黑色字表示登账，用红色字表示冲账。当发现登账错误时，不得刮擦、挖补、涂抹或用其他方法更改字迹，应在错处画一红线，表示注销，然后在其上方填上正确的文字或数字，并在更改处加盖更改者的印章，红线画过的原来的字迹必须仍可辨认。

（3）登账应连续、完整，依日期顺序，不能隔页、跳页，账页应依次编号，年末结存后转入新账，旧账应妥善保管。

（4）登账时，其数字书写应占空格的2/3空间，便于改错。

三、立卡

货物入库或上架后，将货物名称、规格、数量或出入库状态等内容填在料卡上，称为立卡。料卡（见表2-15）又称货卡、货牌，插放在货物下方的货架支架上或摆放在货垛正面明显位置。

表2-15　货物料卡

货物名称：　　　　　规格：　　　　　单位：　　　　　单价：

___年		摘要	收入数量	发出数量	结存数量
月	日				

经手人：

每次货物入库码垛时，即应按入库单所列内容填写料卡；发货时应按出库凭证随发随销料卡上的数字，以防事后漏记。料卡样式根据货物存放地点不同而不同。

（1）存放在库房内的货物一般挂纸卡或塑料卡。

（2）存放在露天场所的货物，为防止料卡丢失或损坏，通常装在塑料袋中或放在特制的盒子里，然后再挂在垛位上，也可用油漆写在铁牌上。

四、建档

仓库应对所接收的货物建立存货档案，以便货物管理和保持与客户联系，也为将来可能发生的争议保留凭据，同时有助于总结和积累仓库保管经验，研究仓储管理规律。

存货档案应一物一档设置，将货物入库、保管、交付的相应单证、报表、记录、作业安排、资料等的原件或附件、复制件存档。同时，存货档案应统一编号，妥善保管。

存货档案的内容主要包括以下几个方面：

（1）货物出厂时的各种凭证和技术资料，如技术证明、合格证、装箱单、发货明细表等。

（2）货物运输单据、普通记录或货运记录、公路运输交接单等。

（3）货物验收的入库通知单、验收记录、磅码单、技术检验报告。

（4）货物入库保管期间的检查、保养、损益、变动等情况的记录。

（5）仓库内外温度、湿度记载及对货物的影响情况。

（6）货物出库凭证、交接签单、进出货单、检查报告。

（7）其他有关该货物仓储保管的特别文件和报告记录。

> **能力训练**

1. 训练情景

配送中心仓储部门2021年5月29日入库一批货物，小张到达仓库，对货物进行查验，检查货物数量、外包装等，在收货检验过程中编制入库货物接运及验收单，并在表单上记录收货结果。送货单货物信息见表2-16。

表2-16 送货单

送货单编号：R2021052902　　　　　　　　　　　　　　　　计划入库时间：到货当日

序号	商品名称	包装规格（长×宽×高）（mm×mm×mm）	单价（元/箱）	重量（kg/箱）	数量（箱）
1	兴华苦杏仁	345×285×180	60	5.6	44
2	顺心奶嘴	448×276×180	50	9.7	27
3	神奇松花蛋	305×195×200	60	11.5	40
4	婴儿湿巾	498×333×180	80	7	27
5	大王牌大豆酶解蛋白粉	270×210×240	100	11.8	76
6	休闲黑瓜子	320×160×260	80	8.2	42

供应商：某商贸有限公司

2. 训练注意事项

由于现代企业仓储管理已基本实现了信息化，收货过程中传统的一些单证已逐渐被电子单证代替，但在办理交接手续时仍需要有签字确认的环节，有一些必要的纸质单证仍需保留。在对货物的管理中，料卡更是可视化仓储管理的基础，但是，如果企业信息技术水平较高，也可以采用电子屏实时显示各种货物的在库情况，从而取代纸质料卡。

3. 训练过程

序号	步骤	操作方法及说明	质量标准
1	制作入库任务单并完成签字确认	核对送货单资料信息，承运人和收货人共同签字确认，如有不合格品或其他不符情况，需要在送货单上注明，制作入库任务单给仓库 苏宁集团某分公司入库任务单　　　　No.1056 送货单位：南京某公司　入库时间：2021年5月29日　储存位置：A001 	货物编号	商品名称	包装规格（长×宽×高）(mm×mm×mm)	重量(kg/箱)	数量（箱）	备注
---	---	---	---	---	---
01000001	兴华苦杏仁	345×285×180	5.6	44	
01000002	顺心奶嘴	448×276×180	9.7	27	
01000003	神奇松花蛋	305×195×200	11.5	40	
01000004	婴儿湿巾	498×333×180	7	27	
01000005	大王牌大豆酶解蛋白粉	270×210×240	11.8	76	
01000006	休闲黑瓜子	320×160×260	8.2	42		 送货人：王五　　　仓库收货人：张三　　　　　制单：李四	入库任务单与送货单一致，有问题做好标注
2	制作入库单并完成签字确认	核对交接单信息，收货人和承运人在交接单上签署和批注，并留存相应单证 苏宁集团某分公司入库单　　　　No.2001 送货单位：南京某公司　入库时间：2021年5月29日　储存位置：A001 | 货物编号	商品名称	包装规格（长×宽×高）(mm×mm×mm)	重量(kg/箱)	数量（箱）	检验	实收（箱）	备注
---	---	---	---	---	---	---	---
01000001	兴华苦杏仁	345×285×180	5.6	44	44	44	
01000002	顺心奶嘴	448×276×180	9.7	27	27	27	
01000003	神奇松花蛋	305×195×200	11.5	40	40	40	
01000004	婴儿湿巾	498×333×180	7	27	27	27	
01000005	大王牌大豆酶解蛋白粉	270×210×240	11.8	76	76	76	
01000006	休闲黑瓜子	320×160×260	8.2	42	42	42		 会计：陈二　　　仓库收货人：张三　　　　　制单：李四	入库单需入库验收完毕，完成签字确认
3	完成登账工作	货物入库后建立"货物保管明细账"，记录货物品名、型号、规格、单价、出库、结存等详细情况。公司有仓储管理系统，将入库单信息录入后，系统可以自动生成明细账	账实相符
4	料卡制作	货物入库完成后，根据货物实际情况将货物验收明细卡（料卡）填制完成，料卡放在货垛上或挂于货架上，便于随时与实物核对	料卡与实物相符
5	建档工作	一物一档，做到对所有货物都有档案资料可循	档案建立完整

问题分析

现代物流企业基本都使用了仓储管理系统进行货物管理，是否还需要填制纸质单证？

虽然企业有仓储管理系统，但货物交接过程中，纸质单证可供双方共同签字确认并分别保存一联，可以保留原始凭证，方便办理交接手续，也便于档案管理，因此，目前部分单证仍需采用纸质形式填制。

训练评价

序 号	评价内容	评价标准	评价结果（是/否）
1	制作入库任务单，并完成送货单签字确认	送货单与实物一致，有问题做好标注	
2	制作入库单并完成签字确认	验收无误，入库确认	
3	完成登账工作	账实相符	
4	料卡制作	料卡与实物相符	
5	建档工作	档案建立完整	

任务总结

本任务主要介绍了配送中心收货检验的工作内容；分析了如何根据货物订单合理安排收货作业，如何根据货物特点进行货物检验；并介绍了收货相关单证的填制要求和交接手续。

拓展训练

货物入库作业单证填制实训项目

【实训情景】

2021年6月26日，B公司要求C运输公司送一批货物至A仓库，送货单见表2-17。验收时发现螺栓少5件，请完成入库作业，并编制相应的入库单证。

表2-17 送货单

单位： 日期：2021年6月26日 No.0312456

品　名	规　格	单　位	数　量	单价（元）	金额（元）	备　注
螺帽	20mm	个	1000	1.00	1000.00	
螺栓	20mm	个	1000	2.00	2000.00	
漏电保护器	3型	盒	200	10.00	2000.00	

收货单位：（盖章） 制单：张三 送货单位：（盖章） 经手人：李四

【实训目标】

通过项目的实训，使学生在熟知货物入库作业管理的主要内容、入库作业涉及的相关单证及其流转、入库作业中遇到问题的解决办法的基础上，合理、高效地完成货物的入库作业管理，为培养学生成为高素质的劳动者和管理者奠定基础。

【实训准备】

掌握货物入库作业管理的主要内容、入库作业涉及的相关单证及其流转、入库作业中遇到问题的解决办法。

【实训步骤】

（1）自由组合成小组，每组4~6人。

（2）熟悉货物入库作业管理的具体情况。

（3）参考其他类似货物出入库作业管理的成功案例，模拟情景。

（4）填写货物入库作业的相关单证。

（5）完成该批货物的入库作业管理。

【实训评价】

教师和学生共同对各组设计方案做出综合评价。

工作任务2.2　货物组托上架

职业能力2.2.1　完成货物组托设计及组托作业

学习目标

能掌握物流条码知识，进行条码设计，完成货物组托设计并完成组托作业。

基本知识

一、物流条码

物流条码的编制要求

物流条码是供应链中用以标识物流领域中具体实物的一种特殊代码，是整个供应链过程，包括生产厂家、配销业、运输业、消费者等环节的共享数据。它贯穿整个贸易过程，并通过物流条码数据的采集、反馈，提高整个物流系统的经济效益。目前现存的条码码制有多种，但国际上通用的和公认的物流条码只有三种：ITF-14条码、UCC/EAN-128条码和EAN-13条码。选用条码时，要根据货物的不同和商品包装的不同，采用不同的条码码制。单个大件商品，如电视机、电冰箱、洗衣机等商品等往往采用EAN-13条码。储运包装箱常采用ITF-14条码或UCC/EAN-128条码，包装箱内可以是单一商品，也可以是不同的商品或多件商品小包装。

二、货物组托

货物组托是为了提高托盘和仓库空间的利用率，方便装卸作业，以托盘为载体，把单件货物成组化或单元化的过程。合理的货物组托可以节省托盘和货位的使用量，是节约成本的重要途径之一。

三、货物组托的计算

1. 计算步骤

（1）计算托盘每层最大摆放数量。已知标准托盘尺寸1 000mm×1 200mm，货物尺寸L（mm）×W（mm）。

（2）计算托盘堆码的高度。已知货架高度H（mm），货物高度h（mm）。

（3）画出每层的摆放示意图。

（4）如果是整托，每层货物摆放数量一致；如果是散托，注意最后一层货物的摆放方式。

2. 示意图的类型

（1）主视图：指从正前方观察完成组托货物绘制的示意图。

（2）俯视图：指从上方观察完成组托货物绘制的示意图（注意最后一层的货物摆放）。

（3）奇数层俯视图：指第1、3、5等奇数层的货物摆放示意图。

（4）偶数层俯视图：指第2、4、6等偶数层的货物摆放示意图。

组托示意图范例如图2-3所示。

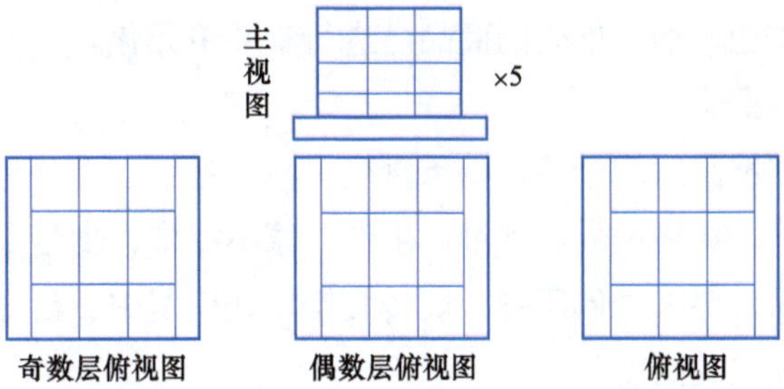

图2-3　组托示意图范例

3. 示意图的绘制步骤

（1）计算所需托盘总数、整托每托货物数量、散托货物数量，设计每层货物摆放方式。

（2）用文档工具或专业绘图工具绘制示意图，托盘尺寸和货物尺寸按比例绘制，并在图中标识。

（3）为示意图配上合适的文字说明。

能力训练

1. 训练情景

苏宁物流集团某分公司入库一批货物，具体情况见表2-18，请小张根据货物情况使用托盘存货，并进行托盘堆码，画出相应的组托示意图并完成组托。

表2-18 入库货物表

订单号：R2021052901

序 号	商品名称	包装规格（长×宽×高）（mm×mm×mm）	重量（kg/箱）	数量（箱）
1	兴华苦杏仁	345×285×180	5.6	44
2	顺心奶嘴	448×276×180	9.7	27
3	神奇松花蛋	305×195×200	11.5	40
4	婴儿湿巾	498×333×180	7	27
5	大王牌大豆酶解蛋白粉	270×210×240	11.8	76
6	休闲黑瓜子	320×160×260	8.2	42

2. 训练注意事项

（1）货物组托前的要求：

① 商品的名称、规格、数量、质量已全部查清。

② 商品已根据物流的需要进行编码。

③ 商品外包装完好、清洁、标志清楚。

④ 部分受潮、锈蚀以及发生质量变化的不合格商品，已加工恢复或已剔除。

⑤ 为便于机械化作业，准备堆码的商品已进行集装单元化。

（2）组托操作中的要求：

① 堆码整齐，货物堆码后四个角成一条直线。

② 货物品种不混堆，规格型号不混堆，生产厂家不混堆，批号不混堆。

③ 堆码合理、牢固，要求奇偶压缝、旋转交错、缺口留中、整齐牢固。

④ 不能超出货架规定的高度。

3. 训练过程

序号	步骤	操作方法及说明	质量标准
1	计算所需托盘总数、整托每托货物数量、散托货物数量，设计每层货物摆放方式	① 兴华苦杏仁：规格345mm×285mm×180mm，每箱5.6kg，一共44箱，经计算需要两个托盘，第一个托盘码放33箱，共三层，每层11箱，总重204.8kg；第二个托盘11箱，共一层，总重81.6kg ② 顺心奶嘴：规格448mm×276mm×180mm，每箱9.7kg，一共27箱，经计算需要一个托盘，码放三层，每层9箱，总重281.9kg ③ 神奇松花蛋：规格305mm×195mm×200mm，每箱11.5kg，一共40箱，经计算需要一个托盘，码放两层，每层20箱，总重480kg ④ 婴儿湿巾：规格498mm×333mm×180mm，每箱7kg，一共27箱，经计算需要一个托盘，码放四层，第一、二、三层各7箱，第四层6箱，总重209kg ⑤ 大王牌大豆酶解蛋白粉：规格270mm×210mm×240mm，每箱11.8kg，一共76箱，经计算需要两个托盘，每个托盘码放38箱，共两层，每层19箱，每个托盘总重468.4kg ⑥ 休闲黑瓜子：规格320mm×160mm×260mm，每箱8.2kg，一共42箱，经计算需要一个托盘，码放两层，每层21箱，总重364.4kg	负载托盘的重量和高度不得超出货架的限高和限重

（续）

序号	步骤	操作方法及说明	质量标准
2	用文档工具或专业绘图工具绘制示意图，托盘尺寸和货物尺寸按比例绘制，并在图中标识	在图上标出托盘的长、宽尺寸（以mm为单位） ① 兴华苦杏仁： ② 顺心奶嘴： ③ 神奇松花蛋： ④ 婴儿湿巾： ⑤ 大王牌大豆酶解蛋白粉： 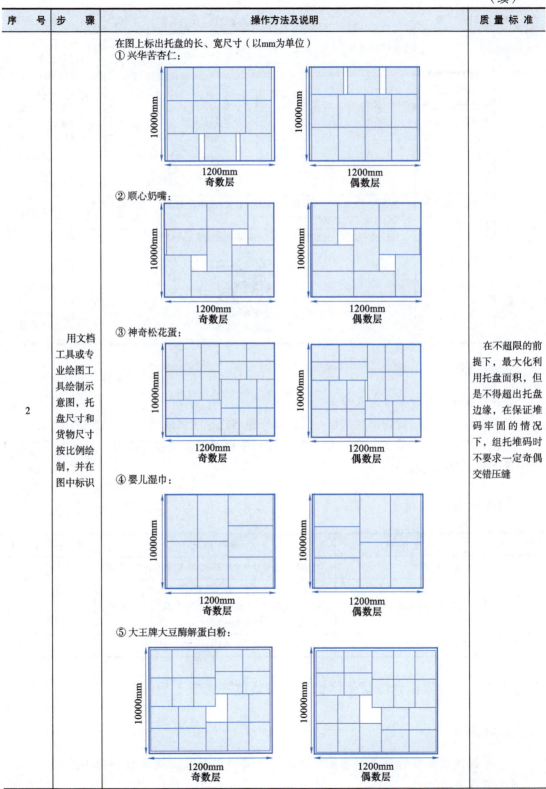	在不超限的前提下，最大化利用托盘面积，但是不得超出托盘边缘，在保证堆码牢固的情况下，组托堆码时不要求一定奇偶交错压缝

(续)

序号	步骤	操作方法及说明	质量标准
2	用文档工具或专业绘图工具绘制示意图，托盘尺寸和货物尺寸按比例绘制，并在图中标识	⑥休闲黑瓜子： 奇数层 10000mm × 1200mm　偶数层 10000mm × 1200mm	在不超限的前提下，最大化利用托盘面积，但是不得超出托盘边缘，在保证堆码牢固的情况下，组托堆码时不要求一定奇偶交错压缝
3	为示意图配上合适的文字说明	文字说明每批待入库货物的所需托盘数量、每托码盘层数、每层码盘箱数和每托总重量，物资堆码操作要求	标注规范
4	完成组托	进行组托操作，完成组托作业（扫码观看组托操作视频） 组托操作视频	组托合格

问题分析

整托或散托，摆放要注意点什么？

如果是整托，每层货物摆放数量一致；如果是散托，注意最后一层货物的摆放方式。

组托时要尽量节约资源，每一层货物摆放时注意可以横竖错开摆放，以最大限度地利用托盘面积，少用托盘。

训练评价

序号	评价内容	评价标准	评价结果（是/否）
1	计算托盘层数	负载托盘的重量和高度不得超出货架的限高和限重	
2	计算每层托盘摆放货物箱数	在不超限的前提下，最大化利用托盘面积，但是不得超出托盘边缘，在保证堆码牢固的情况下，组托堆码时不要求一定奇偶交错压缝	
3	组托示意图绘制	是否画出组托示意图并做好标注和说明	

职业能力2.2.2　根据仓库货架区情况安排货位并完成上架作业

学习目标

掌握储位管理的要求和原则，能根据仓库货架区情况进行货位安排并完成上架作业。

基本知识

一、储位管理的要求和原则

储位管理就是对货物存放的位置进行合理安排与设计，便于保管货物，能够明确显示所储存的位置，当商品的位置发生变化时能够准确记录，使管理者能够随时掌握商品的数量、位置以及去向。

1. 储位管理的要求

（1）充分、有效地利用空间。
（2）尽可能提高人力资源及设备的利用率。
（3）有效地保护好商品的质量和数量。
（4）维护良好的储存环境。
（5）使所有在储货物处于随存随取的状态。

2. 储位管理的原则

（1）储位明确化。在仓库中所储存的商品应有明确的存放位置。
（2）存放商品合理化。每一商品遵循一定的规则精细化存放。
（3）储位上商品存放状况明确化。当商品存放于储位后，商品的数量、品种、位置、拣取等变化情况都必须正确记录，仓库管理系统对商品的存放情况明确清晰。

二、储位规划要素

储位规划的基本要素主要包括储存空间管理、商品管理、人员管理三个方面。

1. 储存空间管理

侧重商品保管功能的仓库，主要考虑保管空间的储位分配。

侧重流通转运功能的仓库，主要考虑保管空间的储位如何能够提高拣货和出货的效率。

在储位配制规划时，需先确定储位空间，而储位空间的确定必须综合考虑空间大小、有效储存高度、通道、搬运机械的回旋半径等基本因素。

2. 商品管理

处于保管中的商品，由于不同的作业需求使其经常以不同的包装形态出现，包装单位不同，其设备和存放方式也不一样。商品保管的影响因素还有：

（1）供应商。商品由谁以什么方式供应，有无行业特点。
（2）商品特性。具体包括商品的品种、规格、体积、重量、包装、周转速度、季节分布、理化性能等因素。
（3）商品的进货时间及数量。具体包括商品采购时间，进货到达时间，商品的产量、进货量、库存量等。

3. 人员管理

仓库内人员包括保管、搬运、拣货作业人员等。

在储存管理中，由保管人员负责商品管理及盘点作业；拣货人员负责拣货、补货作业；搬运人员负责入库、出库、翻堆作业。

为了达到既提高作业效率又能省力的目的，首先，作业流程必须合理、精简且高效；其次，储位配置及标示必须简单、清楚；第三，表单应简要、统一且清晰。

4. 相关因素

（1）设备。储位管理中的设备主要包括储存设备、搬运与运输设备两大类。设备的选用必须综合考虑商品特性、辅助工具、作业方式、设备成本等基本条件，例如自动立体仓库的选用，高层货架、重力式货架的选用。此外，还必须注意其配套设施，例如电子辅助标签、无线传输设备及软件的配置等。

（2）辅助物品。辅助物品主要包括包装材料与容器、转运托盘等。贴标签、重新包装、组合包装等流通加工项目越多，对相应包装材料的需求就越大。随着流通设施通用性的增强，物流过程对托盘等运载工具的依赖性也就越强，因此，对托盘的管理也变得更加重要。对于废旧包装物这类辅助用品，需要规划一些特定的储位放置，按照类似商品保管要求来管理。

三、储位编号

储位编号就是对商品存放场所按照位置的排列，采用统一规则编上顺序号码，并做明显标记。储位编号就好比商品在仓库中的住址，必须符合"标志明显易找，编排循规有序"的原则。首先要对仓库编号，仓库编号是根据仓库建筑结构及其分布状况来进行的。把整个仓库（包括库房、货棚、货场）按各储存场所的地面位置排列的顺序编号，同时应有明显区别。比如，可在编号的末尾加注"棚"或"场"的字样。其次要对货场编号，货场编号有两种方法，一是以进入仓库正门的方向，左面单号、右面双号的顺序排列；二是以进入仓库正门的方向，按货场由远及近、自左而右的顺序排列。货棚、库房编号方法与货场编号基本相同。另外，对多层库房的编号，必须区别库房的楼层。在同一楼层有二间以上仓间时，楼层仓间的编号，一般以正楼梯上楼的方向，采取左单右双或自左而右的顺序编号方法。货场左单右双的编号方法如图2-4所示。

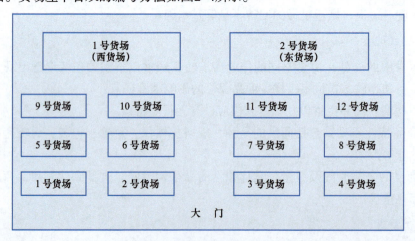

图2-4　左单右双的编号方法

1. 储位编号的作用

科学合理的储位编号在整个仓储管理中具有重要的作用，在商品保管过程中，根据储位编号可以对库存商品进行科学合理的养护，有利于对商品采取相应的保管措施；在商品收发作业过程中，按照储位编号可以迅速、准确、方便地进行查找，不仅可以提高作业效率，还能够减少差错。

2. 储位编号的方法

（1）区段式编号。把储存区分成几个区段，再对每个区段编号。这种方式是以区段为单位，每个号码代表的储区较大，区段式编号适用于单位化商品和量大而保管期短的商品。区域大小根据物流量大小而定。储区的区段式编号方法如图2-5所示。

```
A1×××××××    A2×××××××    A3×××××××    A4×××××××
           通                            道
B1×××××××    B2×××××××    B3×××××××    B4×××××××
```

图2-5 储区的区段式编号

（2）品项群式。把一些相关性强的商品集合后，分成几个品项群，再对每个品项群进行编号。这种方式适用于容易按商品群保管和品牌差异大的商品。

（3）地址式。利用保管区仓库、区段、排、行、层、格等进行编码。如在货架存放的仓库，可采用"四号定位法"进行定位，即采用四组数字来表示商品存放的位置，四组数字代表库房的编号、货架的编号、货架层数的编号和每一层中各格的编号。如H1-11-01-05编号的含义是：1号库房，第11排货架，第一层中的第五格，根据储位编号就可以迅速地确定某种商品具体存放的位置。

能力训练

1. 训练情景

苏宁集团某分公司现有一批货物（具体见表2-19）已经经过仓库储存管理人员的验收，现准备入库上架作业，请设计货物编码，并将货物合理安排货位，完成货物上架作业。目前仓库储位图如图2-6所示。

货位准备视频

表2-19　入库货物信息

入库任务单编号：2021052901　　　　　　　　　　　　　　　计划入库时间：2021.5.29

序号	商品名称	包装规格（长×宽×高）（mm×mm×mm）	重量（kg/箱）	数量（箱）	分类
1	兴华苦杏仁	345×285×180	5.6	44	A
2	顺心奶嘴	448×276×180	9.7	27	A
3	神奇松花蛋	305×195×200	11.5	40	B
4	婴儿湿巾	498×333×180	7	27	B
5	大王牌大豆酶解蛋白粉	270×210×240	11.8	76	A

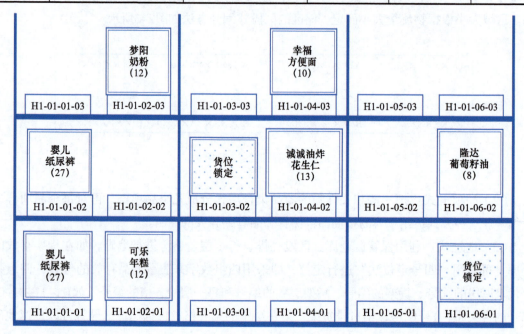

图2-6　仓库储位图

2. 训练注意事项

走道、支道不宜经常变更位置或变更编号，因为这样不仅会打乱原来的货位编号，而且会使保管员不能迅速收发货，另外，货物顶部与货架间距应不少于150mm。

3. 训练过程

序号	步骤	操作方法及说明	质量标准
1	进行仓库储位标识	采用"四号定位法"，用四组数字分别表示库房编号、货架编号、货架层数编号以及每一层中各格的编号，进行定位。标志设置要适宜；标志制作要规范；编号顺序要一致；段位间隔要恰当	完成货位号编制
2	货物ABC分类	A类货物放置于货架第一层，B类货物放置于货架第二层，C类货物放置于货架第三层；同一品名的商品应尽量同层相邻摆放；如果选定的货架层已无可用货位，则可在货架上任意选择一个可用的货位	完成货物分类

（续）

序号	步骤	操作方法及说明	质量标准
3	货物储位确认	根据现有储位货物及入库货物确定货物要存放的储位 休闲黑瓜子(42) H1-01-01-03 ｜ 梦阳奶粉(12) H1-01-02-03 ｜ ｜ 幸福方便面(10) H1-01-04-03 ｜ 婴儿湿巾(6) H1-01-05-03 ｜ 婴儿湿巾(21) H1-01-06-03 婴儿纸尿裤(27) H1-01-01-02 ｜ 神奇松花蛋(40) H1-01-02-02 ｜ 货位锁定 H1-01-03-02 ｜ 诚诚油炸花生仁(13) H1-01-04-02 ｜ 兴华苦杏仁(44) H1-01-05-02 ｜ 隆达葡萄籽油(8) H1-01-06-02 婴儿纸尿裤(27) H1-01-01-01 ｜ 可乐年糕(12) H1-01-02-01 ｜ 大王牌大豆酶解蛋白粉(38) H1-01-03-01 ｜ 大王牌大豆酶解蛋白粉(38) H1-01-04-01 ｜ 顺心奶嘴(27) H1-01-05-01 ｜ 货位锁定 H1-01-06-01	根据ABC分类结果以及节约路线的要求确定储位
4	将货物拉至货架处	利用手动液压车将货物放到相应的位置	货物平稳到达
5	利用自动堆高车把货物放入货位	根据货物存放规则将货物放到相应货位	安全放入货位

问题分析

货场货位编号如何编制？

货场货位编号的方法有两种：一种是在整个货场内先按排编上排号，然后再按各排货位顺序编上货位号；另一种是不分排号，直接按货位顺序编号。对于集装箱堆场，应对每个箱位进行编号，并画出箱门和四角位置标记。

训练评价

序号	评价内容	评价标准	评价结果（是/否）
1	货位编码设计情况	是否符合四号定位法规划要求	
2	货物组托情况	是否符合组托基本规划	
3	货物上架情况	是否正常上架，货物与货架之间是否有一定间隔	

职业能力2.2.3　根据仓库平面情况完成堆码存储区规划

学习目标

掌握货物堆码原则与要求，能运用存储区规划方法及商品存储策略，根据仓库平面情况完成堆码存储区规划工作。

基本知识

一、货物堆码

货物堆码是根据货物的特性、形状、规格、重量及包装质量等情况，同时综合考虑地面的负荷、储存的要求，将货物分别叠堆成各种码垛。

二、货物堆码原则与要求

堆码直接影响着物资保管的安全、清点数量的便利，以及仓库容量利用率的提高。托盘堆码是将货物码在托盘上，然后用叉车将托盘一层层堆码起来；对于怕挤压或者形状不规则的货物，可将货物装在货箱内或带立柱的托盘上。货箱堆码时，是由货箱或托盘立柱承受货垛的重量，托盘应具备较高的强度和硬度。

1. 货物堆码的原则

（1）分类存放。不同类别的物品分类存放，甚至分区分库存放；不同规格、批次的物品分位、分堆存放；残损物品要与原货分开；需要分拣的物品，在分拣之后应分类存放，不同流向、经营方式的商品分类存放。

（2）选择适当的搬运活性。为了减少作业时间、次数，提高仓库物流速度，应根据物品作业的要求，合理选择物品的搬运活性，对搬运活性高的入库存放物品也应注意摆放整齐，以免堵塞通道，浪费仓容。

（3）面向通道，不围不堵。一是所有物品的货垛、货位都有一面与通道相连，处在通道旁，以便能对物品进行直接作业；二是货垛以及存放物品的正面，尽可能面向通道，以便察看。

（4）尽可能地向高处码放，提高保管效率。有效利用库内容积，应尽量向高处码放，为防止破损、保证安全，应当尽可能使用货架等保管设备。

（5）注意上轻下重，确保稳固。当货物重叠堆码时，应将重的货物放在下面，轻的货物放在上面。

（6）根据出库频率选定位置。出货和进货频率高的货物应放在靠近出入口、易于作业的地方；流动性差的货物放在距离出入口稍远的地方；季节性货物则依其季节特性来选定放置的场所。

（7）同一品种在同一地方保管。为提高作业效率和保管效率，同一货物或类似货物应放在同一地方保管。员工对库内货物放置位置的熟悉程度直接影响着出入库的时间，将类似的货物放在邻近的地方也是提高效率的重要方法。

（8）便于识别原则。将不同颜色、标记、分类、规格、样式的商品分别存放。

（9）便于点数原则。每垛商品可按5或5的倍数存放，以便于清点计数。

（10）依据形状安排保管方法。依据物品形状来保管也是很重要的，如标准化的商品应放在托盘或货架上来保管。

2. 堆码操作要求

堆码场地可分为三种：库房内堆码场地、货棚内堆码场地和露天堆码场地。不同类型的堆码场地进行堆码作业时，会有不同的要求。

库房内堆码场地要求平坦、坚固、耐摩擦，一般要求$1m^2$的地面承载能力为5~10t。

货棚内堆码场地四周必须有良好的排水系统。

露天堆码场地，根据堆存货物对地面的承载要求，采用夯实水泥地、铺沙石、块石地或钢筋水泥地等。

货物在正式堆码前，须达到以下要求：

（1）货物的名称、规格、数量、质量已全部查清。

（2）货物已根据物流的需要进行编码。

（3）货物外包装完好、清洁、标志清楚。

（4）部分受潮、锈蚀以及发生质量变化的不合格货物，已加工恢复或已剔除。

（5）准备堆码的货物已进行集装单元化，以便于机械化作业。

3. 货物堆码"五距"

货物堆码要做到货堆之间，货垛与墙、柱之间保持一定距离，留有适宜的通道，以便商品搬运、检查和养护。要把商品保管好，"五距"很重要；五距是指顶距、灯距、墙距、柱距和垛距。

（1）顶距，是指货堆的顶部与仓库屋顶平面之间的距离。留顶距主要是为了通风，一般应在50cm以上。

（2）灯距，是指仓库内照明灯与商品之间的距离。留灯距主要是为了防止火灾，一般不应少于50cm。

（3）墙距，是指货垛与墙的距离。留墙距主要是为了防止渗水，便于通风散潮，一般不应少于50cm。

（4）柱距，是指货垛与屋柱之间的距离。留柱距是为了防止商品受潮和保护柱脚，一般留10~20cm。

（5）垛距，是指货垛与货垛之间的距离。留垛距是为便于通风和检查商品，一般留10cm即可。

三、存储区规划方法

在存储作业中，为有效对商品进行科学管理，必须根据仓库、存储商品的具体情况，实行仓库分区、商品分类和定位保管。仓库分区是根据库房、货场条件将仓库分为若干区域；商品分类是根据商品的不同属性将存储商品划分为若干大类；定位是在仓库分区、商品分类的基础上固定每种商品在仓库中具体存放的位置。

物品苫盖的方法介绍视频

1. 仓库分区

仓库分区是根据仓库建筑形式、面积大小、库房、货场和库内道路的分布情况，并结合考虑商品分类情况和各类商品的储存量，将仓库划分为若干区域，确定每类商品储存的区域。库区的划分一般在库房、货场的基础上进行，多层库房分区时也可按照楼层划分货区。

2. 储位确定

在储区规划时应充分考虑商品的特性、轻重、形状及周转率情况，根据一定的分配原则确定商品在仓库中具体存放的位置。

（1）根据商品周转率确定储位。将周转率大、出入库频繁的商品储存在接近出入口或专用线的位置，以加快作业速度和缩短搬运距离。周转率小的商品存放在远离出入口处，在同一段或同列内的商品则可以按照定位或分类储存法存放。

（2）根据商品相关性确定储位。部分库存商品具有很强的相关性，通常被同时采购或同时出仓，这类商品应尽可能规划在同一储区或相近储区，以缩短搬运路径和拣货时间。

（3）根据商品特性确定储位。为避免商品在储存过程中相互影响，性质相同或所要求保管条件相近的商品应集中存放，并相应安排在条件适宜的库房或货场。即同一种货物储存在同一保管位置，产品性能类似或互补的商品放在相邻位置。将相容性低，特别是互相影响其质量的商品分开存放。这样既能提高作业效率，又能防止商品在保管期间受到损失。

（4）根据商品体积、重量特性确定储位。在仓库布局时，必须同时考虑商品体积、形状、重量单位的大小，以确定商品所需堆码的空间。通常，大件物品保管在地面上或货架最下层的位置。

（5）根据商品"先进先出"的原则确定储位。"先进先出"即指先入库的商品先安排出库，这一原则对于寿命周期短的商品尤其重要，如食品、化学品等。在产品形式变化少、产品寿命周期长、质量稳定不易变质等情况下，要综合考虑先进先出所引起的管理费用的增加，而对于食品、化学品等易变质的商品，应考虑的原则是"先到期的先出货"。

除上述原则外，为了提高储存空间的利用率，还必须利用合适的货架、托盘等工具，使商品储放向立体空间发展。储放时尽量使货物面对通道，以方便作业人员识别标号、名称，提高货物的活性化程度。保管商品的位置必须明确标示，保管场所必须清楚、易于识别、联想和记忆。另外，在规划储位时应注意保留一定的机动储位，以便当商品大量入库时可以调剂储位的使用，避免打乱正常的储位安排。

四、商品储存策略

1. 定位储存

定位储存是指每一项商品都有固定的储位，商品在储存时不可互相换位，采用这一储存方法时，要注意每一项货物的储位容量必须大于其可能的最大在库量。定位储存通常适应以下情况：不同物理、化学性质的货物，此类货物须控制不同的保管储存条件，或防止不同性质的货物互相影响；重要物品，此类货物须重点保管；多品种、少批量的货物。

采用定位储存方式易于对在库商品管理，提高作业效率，减少搬运次数，但需要较多的储存空间。

2. 随机储存

随机储存是根据库存货物及储位使用情况，随机安排和使用储位，各种商品的储位是随机产生的。通过模拟实验，随机储存系统比定位储存节约35%的移动库存时间及增加30%的储存空间。随机储存适用于储存空间有限以及商品品种少而体积较大的情况。

随机储存的优点是共同使用储位，提高储区空间的利用率。其缺点是增加货物出入库管理及盘点工作的难度；周转率高的货物可能被储放在离出入口较远的位置，可能增加出入库搬运的工作量。

3. 分类储存

分类储存是指所有货物按一定特性加以分类，每一类货物固定其储存位置，同类货物不同品种又按一定的法则来安排储位。分类储存通常按以下几个因素分类：

（1）商品相关性大小。商品相关性是指商品的配套性，或由同一家客户所订购等。
（2）商品周转率高低。
（3）商品体积、重量。
（4）商品特性。商品特性通常指商品的物理或化学、机械性能。

分类储存主要用于商品相关性大、进出货比较集中的商品或是周转率差别大、商品体积相差大的商品。

分类储存的优点是便于按周转率高低来安排存取，具有定位储存的各项优点；分类后各储存区域再根据货物的特性选择储存方式，有助于货物的储存管理。其缺点是储位必须按各类货物的最大在库量设计，因此储区空间的平均使用率仍然低于随机储存。

4. 分类随机储存

分类随机储存是指每一类商品有固定的存储区，但各储区内，每个储位的指定是随机的。其优点是具有分类储存的部分优点，又可节省储位数量，提高储区利用率，即可以兼有定位储存和随机储存的特点。其缺点是货物出入库管理特别是盘点工作较困难。

5. 共同储存

共同储存是指在知道各种货物进出仓库确切时间的前提下，不同货物共用相同的储位，这种储存方式在管理上较复杂，但储存空间及搬运时间却更经济。

五、存储区域规划计算

仓库存货所需占用空间的大小，必须依据货物尺寸及数量、堆码方式、托盘尺寸、货架储位空间等因素来确定。（计算公式详见职业能力1.3.1部分内容。）

物资堆码技术
动画视频

1. 地面平置堆码区域规划

如果仓库货物多为大批量出货，采用借助托盘在地面上平置堆码的储存方式，则计算存货空间需考虑货物尺寸及数量、托盘尺寸。

2. 使用托盘货架储放区域规划

如果仓库使用货架来储存货物，则计算存货空间需考虑货物尺寸、数量、托盘尺寸、货架型号及层数。

3. 使用中小型货架无托盘存放

如果库存货物尺寸不大，且属于少量多品种出货，则可以采用中小型货架，以箱为单位储存。此时需要考虑的因素有货物的尺寸及数量、货架型号及层数、货架储位空间大小。

4. 确定仓库及配送中心面积

为满足通道设备的安置和使用，及其他作业区域的需要，仓库的实际使用面积必须大于实际存货面积。仓库面积利用率的高低取决于商品保管要求、仓库建筑结构、仓库机械化水平、库房布置和仓库管理水平等多种因素。仓库使用面积计算公式为

$$S = \frac{D}{U}$$

式中　S——仓库的实际面积；
　　　D——存货空间需求；
　　　U——仓库面积利用系数。

确定仓库的使用面积以后，再根据新建仓库的构造等建筑特点确定仓库的建筑面积，然后对配送中心的通道、绿化及其他设施进行综合规划，从而确定整个配送中心的面积。

能力训练

1. 训练情景

配送中心小张收到供货商发来的入库通知单，计划到货时间为第二天上午10点，内容见表2-20。

表2-20　入库通知单

品　名	包装工具	包装规格	500mm×200mm×300mm
包装材质	杨木	单体毛重	50kg
包装标识限高	5层	数　量	3 000箱

请问：如果此批货物入库后就地码垛堆存，至少需要多大面积的储位？如果目标存储区域宽度限制为5.0m，计划堆成的货垛的垛长、垛宽、垛高各为多少箱？

注：（1）仓库高度为4.6m，地坪荷载：2 000kg/m²。
　　（2）垛型要求为重叠堆码的平台垛。
　　（3）储位面积计算不考虑墙距、柱距、垛距、灯距。

就地堆码存储区规划，是根据入库通知完成就地堆码存储区垛长、垛宽、垛高等信息的计算。

2. 训练注意事项

货垛参数是指货垛的长、宽、高，即货垛的外形尺寸。货垛的三个参数决定了货垛的大小，每个货垛不宜太大，以利于先进先出和加速商品的周转。

货物在正式堆码前，须达到以下要求：

（1）货物的名称、规格、数量、质量已全部查清。

（2）货物已根据物流的需要进行编码。

（3）货物外包装完好、清洁、标志清楚。

（4）部分受潮、锈蚀以及发生质量变化的不合格货物，已加工恢复或已剔除。

（5）准备堆码的货物已进行集装单元化，以便于机械化作业。

3. 训练过程

序号	步骤	操作方法及说明	质量标准
1	计算单位包装面积	$0.5 \times 0.2 = 0.1 m^2$	正确计算
2	计算单位面积重量	$50/0.1 = 500 kg$	正确计算
3	计算货垛堆码高度	可堆码层数从净高考虑（顶距不得小于500mm）： $A = (4.6-0.5)/0.3 = 13$ 层 可堆码层数从包装标志限高考虑： $B = 5$ 层 可堆码层数从地坪荷载考虑： $C = 2\,000/500 = 4$ 层 可堆码层数 = min{A, B, C} = min{13, 5, 4} = 4 层 占地面积 = $3\,000/4 \times 0.1 = 75 m^2$ 垛宽 = 5/0.5 = 10 箱　　　垛宽 = 5/0.2 = 25 箱 垛长 = 75/5/0.2 = 75 箱　或　垛长 = 75/5/0.5 = 30 箱 垛高 = 4 箱　　　　　　垛高 = 4 箱	正确计算
4	得出结论	该批货物就地堆码至少需要75m^2的储位，目标存储区域宽度限制为5m时，堆成重叠堆码平台的货垛垛宽10箱、垛长75箱、垛高4箱；或货垛垛宽25箱、垛长30箱、垛高4箱	正确计算

问题分析

某仓库进了一批木箱装的罐头食品100箱。每箱毛重50kg，箱底面积为$0.25m^2$，箱高0.25m，箱上标识表示最多允许叠堆16层高，地坪承载能力为$5t/m^2$，仓库可用高度为5.2m，则该批商品的可堆高度是多少？

解：单位面积重量 = $50/0.25 = 200 kg/m^2 = 0.2\ t/m^2$

不超重可堆高层数 = $5/0.2 = 25$ 层

不超高可堆高层数 = $5.2/0.25 = 20$ 层

商品木箱标识表示允许堆高16层。因16层<20层<25层，所以，该批罐头食品堆垛作业最大的叠堆高度为16层，码垛的高度为4m（16×0.25=4m）。但若该仓库采用货架堆放，则最多可以堆高20层。

训练评价

序 号	评价内容	评价标准	评价结果（是/否）
1	能否合理进行平面堆码区规划	符合堆码设计基本原则	
2	能否使用公式正确计算平面堆放货物所需堆码面积	正确应用公式进行计算	
3	能否使用公式正确计算利用托盘货架储放堆码层数和空间需求	正确应用公式进行计算	
4	能否使用公式计算中小型货架无托盘存放货物所需空间	正确应用公式进行计算	
5	能否使用公式计算仓库及配送中心面积	正确应用公式进行计算	

任务总结

本任务主要介绍了配送中心收货后进行组托上架的工作内容，首先学习了几种常用物流条码编码方法，其次学习了货物组托设计方法并绘制组托示意图，接着，根据仓库内部结构、货物特点、货架承重、层高等约束条件，对货物就地堆码区进行储位安排，学习如何对仓库进行储位设计和平面存储区规划。

拓展训练

就地堆码存储区规划实训项目

【实训情景】

苏宁集团某分公司接到一份入库通知单，几天后将有一批货物送到，现货架货位已全部放满，计划将该批货物就地堆码，货物信息如下：爱国者音箱60箱，规格为450mm×400mm×180mm，重18kg/箱；蓝月亮洗衣液40箱，规格为430mm×340mm×210mm，重30kg/箱；堆码限高6层，地面载重1500kg/m^2。

请根据以上信息，在配送中心寻找一块合适的空地或相应的货位。

【任务要求】

（1）根据货物和仓库信息，确定货物的堆码方式。

（2）请根据入库通知单，明确该货物所需货位的大小。

（3）各组组长对其他组进行打分，去掉一个最高分、一个最低分，算总分进行成绩排名。

【实训目标】

（1）能掌握仓库货物堆存方法及垛形。

（2）能根据不同货物的垛形，快速计算货物数量。

【实训准备】

（1）爱国者音箱60箱以上，规格同上。

（2）蓝月亮洗衣液40箱以上，规格同上。

（3）物流储配实训基地适当空货位。

【实训步骤】

（1）进行岗位分工并设定角色。

（2）根据货物和仓库信息，确定货物的堆码方式。
（3）根据仓库条件，确定货物的堆码高度。
（4）计算出该批货物所需货位大小，用地牛和托盘将货物运到相应储位，就地堆码作业。

【实训考核】
（1）分组完成，提交实训报告。
（2）查看货物堆码方式、就地堆垛作业是否合理。

工作任务2.3　货物储存

职业能力2.3.1　采用物动量ABC分类法进行货物分类管理

学习目标

能采用物动量ABC分类法进行货物分类管理，采用不同的管理方法管理库存，降低物流成本。

基本知识

物动量ABC分类法又称为重点管理法，在库存控制和库位优化中起着很大的作用。属于A类的是少数价值高的重要项目，这部分货物存货品种少，单位价值大，在实际工作中，这类存货品种数占存货总品种数10%左右；而从一定期间的出库金额看，这类存货的出库金额占到存货出库总金额的70%左右。属于C类的是为数众多的低值项目，从品种数量来看，存货的品种数占全部存货总品种数的70%左右；而从一定期间的出库金额看，这类存货的出库金额只占全部存货出库总金额的10%左右。B类存货则介于上述两者之间，从品种数和出库金额看，均占全部存货总数的20%左右。

一、物动量ABC分类法的管理原则

物动量ABC分类法按销售量、销售额、订货提前期、缺货成本等因素把存货分成A、B、C三类，并采用不同控制方法进行管理，突出重点。A类物资是重点管理、加强防范的关键物资；C类物资是种类众多、价值低廉、储存成本低的物资；B类物资的管理介于两者之间。

二、物动量ABC分类法的具体步骤

（1）确定统计周期，收集数据。按分析对象和内容，收集有关数据。如分析产品成本，则应收集产品成本因素、产品成本构成等方面的数据。

（2）处理数据。对收集来的数据资料进行整理，按要求计算和汇总。

（3）编制ABC分析表。将库存品种按分析要素进行顺序排列，如按出库金额（或出库

物动量ABC分类法
计算视频

量）来分类，则分别计算累计出库金额（出库量）百分比和累计品种百分比。

（4）根据ABC分析表确定分类。按ABC分析表及分类标准进行分类，确定各类物资。

（5）绘制ABC分析图。根据计算出的累计出库金额（出库量）百分比和累计品种百分比绘制ABC曲线分析图。

（6）实施ABC分析图。

能力训练

1. 训练情景

小张作为配送中心仓储部门的一名新入职的员工，需要协助主管完成仓库内物动量ABC分析，并对不同品类的货物实行不同的分类管理。公司仓库周出库量汇总表见表2-21。

表2-21 公司仓库周出库量汇总表

序号	货品编码/条码	货品名称	出库量（箱）	出库量（箱）	出库量（箱）	出库量（箱）	出库量（箱）	出库量（箱）	合计
1	6902774003017	金多多婴儿营养米粉	0	16	1	8	8	17	50
2	6913221010106	顺心奶嘴	510	491	473	584	521	495	3074
3	6918010061360	脆香饼干	141	137	109	144	146	137	814
4	6918011061360	鑫利达板栗	6	0	11	11	9	15	52
5	6918163010887	黄桃水果罐头	16	7	0	10	17	3	53
6	6920855052068	美味达板栗	43	70	57	47	45	53	315
7	6920907800171	婴儿美羊奶粉	4	5	9	3	11	6	38
8	6920907800173	休闲黑瓜子	13	7	2	15	15	7	59
9	6921317958690	婴儿乐奶粉	142	146	112	174	175	167	916
10	6932010061459	幸福营养挂面	7	10	9	7	12	16	61
11	6932010061780	美玉牌大豆酶解蛋白粉	14	4	2	7	17	7	51
12	6932010061808	神奇松花蛋	84	118	86	82	96	117	583
13	6932010061822	爱牧小粒咖啡	175	178	125	0	187	190	855
14	6932010061826	脆脆薯片	3	3	3	8	8	9	34
15	6932010061829	华冠黄油微波炉爆米花	2	8	14	9	11	0	44
16	6932010061853	乐纳可茄汁沙丁鱼罐头	10	13	3	4	3	17	50
17	6932010061860	金谷精品杂粮营养粥	9	12	5	1	7	2	36
18	6932010061863	纤维饼干	9	15	11	3	10	5	53
19	6932010061865	万胜瓷砖	8	13	7	0	3	10	41
20	6932010061877	华冠芝士微波炉爆米花	13	8	7	6	5	0	39
21	6932010061884	早苗栗子西点蛋糕	13	8	4	10	11	10	56
22	6932010061887	流香松花蛋	11	4	6	9	0	9	39
23	6932010061891	轩广章鱼小丸子	14	0	8	16	7	10	55
24	6932010061900	鹏泽牛油锅底	9	7	11	14	19	1	61
25	6932010061907	大嫂什锦水果罐头	14	7	0	9	11	15	56
26	6932010061921	山地玫瑰蒸馏果酒	3	6	5	2	3	1	20
27	6932010061952	日月腐乳	11	7	2	15	7	14	56
28	6932010061969	鹏泽海鲜锅底	7	15	2	7	9	2	42
29	6932010061976	康家瓷砖	8	9	14	7	11	11	60
30	6932010081891	雅儿沙拉酱	5	24	14	11	15	11	80

（续）

序 号	货品编码/条码	货品名称	出库量（箱）	出库量（箱）	出库量（箱）	出库量（箱）	出库量（箱）	出库量（箱）	合 计
31	6932010961891	兴毕杏仁	4	9	8	11	18	13	63
32	6932410061891	山楂水果罐头	6	5	12	16	12	11	62
33	6932425987656	婴儿纸尿裤	225	329	282	210	272	231	1 549
34	6933434567891	幸福方便面	12	7	8	7	14	9	57
35	6934848456092	可乐年糕	89	123	89	94	125	124	644
36	6939261900108	好娃娃薯片	4	9	6	10	11	5	45
37	6942423987624	隆达葵花籽油	8	11	15	12	12	14	72
38	6942425987524	石榴果酒	0	11	4	10	7	4	36
39	6942425987624	开心沙拉酱	3	7	4	2	11	3	30
40	6942425987629	天明腐乳	7	15	5	10	1	25	63
41	6944848450350	可口年糕	5	7	3	8	9	15	47
42	6944848456015	大王牌大豆酶解蛋白粉	1 007	800	565	860	978	1 034	5 244
43	6944848456282	兴华苦杏仁	334	456	343	331	357	362	2 183
44	6944848456290	城城花生仁	8	6	7	11	6	12	50
45	6944848456350	梦阳奶粉	17	11	14	8	9	11	70
46	6944848456527	诚诚油炸花生仁	55	93	84	81	87	89	489
47	6944848456589	隆达葡萄籽油	135	129	99	125	131	136	755
48	6944848456599	云南优质咖啡	14	12	15	12	9	6	68
49	6958786200067	婴儿湿巾	51	73	64	66	88	70	412
50	6982010061891	鹏泽番茄锅底	8	10	5	9	0	10	42

2. 训练注意事项

物动量ABC分类法又称重点管理法，可以根据对象和内容不同而统计、分析不同数据，主要是能将重要的物品和普通物品区分开来，采用不同管理方法。70%的比例也只是一般做法，具体比例也可以根据企业情况自行设置。

3. 训练过程

序 号	步 骤	操作方法及说明	质量标准
1	确定统计周期，收集数据	按分析对象和内容，本训练项目要按出库品种和出库数量进行统计分类，收集有关数据	有货物金额、数量等资料
2	处理数据	对收集来的数据资料进行整理，按出库量的大小顺序进行降序排列，分别计算累计出库量百分比和累计品种百分比	正确计算和汇总
3	编制ABC分析表，确定分类	累计出库量百分比0～70%的归为A类，71%～90%归为B类，91%～100%的归为C类	正确计算，按照标准分类
4	绘制ABC分析图	根据计算出的累计出库量百分比和累计品种百分比绘制ABC曲线分析图	清晰画出曲线图
5	实施ABC分析图	根据不同分类采用不同的管理方法（实施结果可以扫码查阅） 物动量ABC分类法训练结果	正确实施物动量ABC分类管理

问题分析

1. ABC分类与货物单价有无关系？

ABC分类与货物单价无关。A类货物占用库存资金额很大，可能是单价不高但需求量极大的组合，也可能是单价很高但需求量不大的组合。与此相类似，C类货物可能是单价很低，也可能是需求量很小。对于单价很高的货物，在管理控制上通常要比单价较低的货物更严格，并且可以取较低的安全系数，同时加强控制，降低因安全库存量减少而引起的风险。

2. ABC分类是否可以以货物的其他属性作为补充？

有时仅依据货物占用库存资金额的大小进行ABC分类是不够的，还需以货物的重要性作为补充。货物的重要性主要体现在缺货会造成停产或严重影响正常生产、缺货会危及安全和缺货后不易补充三个方面。对于重要货物，可以取较高的安全系数，一般为普通货物安全系数的1.2～1.5倍，提高可靠性，同时加强控制，降低缺货损失。还要对诸如采购困难、可能发生的偷窃、预测困难、货物的变质或陈旧、库容、需求量大小和货物在经营上的急需情况等因素加以认真考虑，做出适当的分类。分类可不局限于A、B、C三类。

训练评价

序　号	评价内容	评价标准	评价结果（是/否）
1	数据计算	能否收集重要指标数据并进行统计计算	
2	分类和画折线图	能否对统计数据进行正确分类和画折线图	

职业能力2.3.2　根据货物特点进行仓库保管养护、安全检查等作业

学习目标

掌握货物质量变化的形式、影响因素，能根据货物特点进行仓库保管养护、安全检查等作业。

基本知识

仓库保管养护的措施主要有：经常对货物进行检查测试，及时发现异常情况；合理地对货物通风散热；控制阳光照射；防止雨雪水弄湿货物，及时排水除湿；除虫灭鼠，消除虫鼠害；妥善进行湿度控制、温度控制；防止货垛倒塌；防霉除霉，剔出变质货物；对特种货物采取针对性的保管措施等。

仓库管理人员需要针对货物的性质，研究和探索各类货物在不同的外界环境下质量变化的规律，采取恰当的方法和措施，控制不利因素，保护货物质量，减少货物损耗，创造

优良的储存环境。同时，还要结合仓库的具体条件，采取各种科学手段对货物进行保养，最大限度地减少货物的自然消耗，杜绝因保管不善而造成的货物损害，防止货物损失。

一、货物质量变化

1. 货物质量变化的形式

货物质量变化的形式有很多，但归纳起来主要包括物理机械变化、化学变化、生理生化变化和其他生物引起的变化等。

（1）物理机械变化。物理机械变化是指仅改变货物的外部形态（如气体、液体、固体"三态"之间发生的变化），不改变其本质，在变化过程中没有新物质生成，并且可能反复进行的变化现象。常发生的物理机械变化有挥发、溶化、熔化、渗漏、串味、沉淀、受污、破碎、变形等。

（2）化学变化。化学变化是指构成货物的物质发生变化后，不仅改变了货物本身的外观形态，也改变了货物的本质，并有新物质生成，且不能恢复成原状的变化现象。常见的化学变化有化合、分解、水解、氧化、老化、聚合、裂解、风化、曝光、锈蚀等。

（3）生理生化变化及其他生物引起的变化。生理生化变化是指有机体货物（有生命力的货物）在生长发育过程中，为了维持生命活动，自身发生的一系列特有的变化，如呼吸作用、发芽、胚胎发育和后熟等；其他生物引起的变化是指货物在外界有害生物作用下受到破坏的现象，如虫蛀、鼠咬、霉变等。

2. 影响货物质量变化的因素

货物在储存过程中发生质量变化，是由一定的因素引起的。为了保护好货物的质量，就要掌握货物质量变化的规律，明确和掌握引起货物质量变化的内因和外因。内因决定了货物质量变化的可能性和程度，外因则是促进这些变化发生的条件。

（1）影响货物质量变化的内因。对货物在储存期间发生的各种变化起决定作用的是货物本身的内在因素，如化学成分、结构形态、物理化学性质、机械及工艺性质等。

（2）影响货物质量变化的外因。影响货物质量变化的外界因素有很多，从大的方面可分为自然因素、人为因素和储存期。

① 自然因素。自然因素主要指温度、湿度、有害气体、日光、大气、尘土、生物及微生物、自然灾害等。

② 人为因素。人为因素是指人们未按货物自身特性的要求或未认真按有关规定和要求作业，甚至违反操作规程而使货物受到损害或损失的情况。这些情况主要包括保管场所选择不合理、包装不合理、装卸搬运不合理、违章作业等。

③ 储存期。货物在仓库中停留的时间越长，受外界因素影响发生变化的可能性就越大，而且发生变化的程度也越深。货物储存期的长短主要受采购计划、供应计划、市场供求变动、技术更新甚至是金融危机等因素的影响，因此，仓库应坚持先进先出的发货原则，定期盘点，将接近保存期限的货物及时处理，对于落后的产品或接近淘汰的产品应限制入库或随进随出。

3. 货物保管与养护的基本要求

对在库储存的货物的保管与养护要建立健全定期和不定期、定点和不定点、重点和一般相结合的检查制度,严格控制库内温湿度,做好卫生清洁管理。"以防为主、防治结合"是货物保管与养护的核心,要特别重视货物损害的预防,及时发现和消除事故隐患,防止损害事故的发生。要特别预防爆炸、火灾、水浸、污染等恶性事故的发生和造成大规模损害事故的发生。在发现、发生损害现象时,要及时采取有效措施,防止损害扩大,减少损失。

货物保管与养护的基本要求包括以下内容:

(1)严格验收入库货物。为了防止货物在储存期间发生各种不应有的变化,在货物入库时就要严格验收,弄清货物及其包装的质量状况。对有异常情况的货物要查清原因,针对具体情况进行处理和采取救治措施,做到防微杜渐。

(2)适当安排储存场所。由于不同货物的性能不同,对保管条件的要求也不同,分区分类、合理安排存储场所是货物保管与养护工作的一个重要环节。性能互相抵触或易串味的货物不能在同一库房混存,以免相互产生不良影响。

(3)科学进行堆码苫垫。阳光、雨雪、地面潮气等对货物质量影响很大,要切实做好货垛苫垫工作。货垛的垛形与高度应根据各类货物的性能和包装材料,结合季节气候等外部因素妥善堆码。

(4)控制好仓库温湿度。仓库的温湿度对货物质量变化的影响极大,是影响各类货物质量变化的重要因素。各类货物由于其本身特性,对温湿度都有一定的适应范围。因此,仓库应根据货物的性能要求,适时采取密封、通风、吸潮和其他控制和调节温湿度的方法,控制好仓库的温湿度变化,以维护货物质量安全。

(5)定期进行货物在库检查。定期做好货物在库检查,对维护货物安全具有重要作用。库存货物质量发生变化,如不能及时发现并采取措施进行救治,就会造成或扩大损失。因此,对库存货物的质量情况应进行定期检查。

(6)搞好仓库清洁卫生。储存环境不清洁易引起微生物、虫类寄生繁殖,危害货物。因此,对仓库内外环境应经常清扫,彻底铲除仓库周围杂草、垃圾等物。

二、仓库的温湿度控制

货物保管与养护的首要问题就是采用科学的方法控制与调节温湿度,使之适合货物的储存,以保证货物完好无损。

控制与调节温湿度必须做到:熟悉货物的性能,了解货物质量的变化规律及货物储存的最适宜温湿度;掌握本地区的气候变化规律及气象、气候知识;采取相应措施控制温湿度的变化,对不适宜货物储存的温湿度要及时调节,保持适宜货物安全储存的环境。控制温湿度的最常用的方法有密封、通风、吸潮等。

1. 密封

密封措施是控制和调节仓库内温湿度的基础,对库房进行密封就能保持库房内温湿度处于相对稳定的状态。密封储存不仅能够达到防潮、防热、防干裂、防冻、防熔化等目的，还可以实现防霉、防虫、防锈蚀、防老化等多方面的效果。

常用的密封材料有塑料薄膜、防潮纸、油毡等。这些密封材料必须干燥、清洁、无异味。密封常用的方法有整库密封、小室密封、按垛密封、按货架密封和按件密封等。

2. 通风

通风就是根据空气流动的规律，有计划地使库内外的空气进行交换，以达到调节库内空气温湿度的目的。库内外温度差距越大，空气流动就越快；若库外有风，借助风的压力更能加速库内外空气的对流，但风力也不能过大（风力超过5级，灰尘较多）。

正确地进行通风，不仅可以调节与改善库内的温湿度，还能及时散发货物及包装物的多余水分。

3. 吸潮

在梅雨季节或阴雨天，当库内湿度过高不适宜货物保管，而库外湿度也过大不宜进行通风散潮时，可以在密封库内用吸潮的办法降低库内湿度。现代仓库普遍使用机械吸潮，即把库内的潮湿空气通过抽风机，吸入吸湿机冷却器内，使潮湿空气凝结为水而排出。吸湿机一般适用于储存棉布、棉针织品、贵重百货、医药、仪器、电工器材和烟糖类的仓库吸湿散潮。

此外，还可以用吸湿剂吸潮，吸湿剂具有较强的吸湿性，能够迅速吸收库内空气中的水分，从而降低仓库内的相对湿度。可作为吸湿剂的物质有很多，经常使用的吸湿剂主要有生石灰、氯化钙和硅胶等。

三、货物的防锈蚀、防霉腐、防虫害、防老化

1. 货物的防锈蚀

金属制品的锈蚀是指通常所说的金属制品的生锈和腐蚀。锈蚀是由于金属表面受到周围介质的化学作用或电化学作用而引起的破坏现象。

在金属货物中，最容易锈蚀的是以钢铁为原料的制品。金属锈蚀可分为大气锈蚀、海水锈蚀和土壤锈蚀等。产生这些锈蚀的根本原因有化学锈蚀、电化学锈蚀，其中以电化学锈蚀为最常见、最严重。因此，要对金属类的货物进行妥善保管与养护。

（1）选择适宜的保管场所。保管金属制品的场所，不论是库内还是库外，均应清洁干燥。金属制品不得与酸、碱、盐、气体和粉末类货物混存。不同种类的金属制品在同一地点存放时，也应有一定的间隔距离，防止发生接触腐蚀。

（2）保持库房干燥。库房内相对湿度在60%以下，就可以防止金属制品表面凝结水分，生成电解液层而使金属制品遭受电化学腐蚀。但相对湿度较难达到60%以下，一般库房内的湿度应控制在65%～70%。

（3）塑料封存。塑料封存就是利用塑料对水蒸气及空气中腐蚀性物质的高度隔离性能，防止金属制品在环境因素的作用下发生锈蚀。塑料封存常用的方法有以下几种：塑料薄膜封存、收缩薄膜封存、可剥性塑料封存等。

（4）涂油防锈。涂油是一种被广泛采用的防锈方法。涂油可借油层的隔离作用，使水分和大气中的氧及有害气体不易于接触金属制品表面，从而防止金属制品锈蚀，或减缓金属锈蚀速度。常用的防锈油有凡士林、硬脂酸铝。涂油防锈主要用于刀具、板牙、轴承及汽车、自行车零件等。

（5）涂漆防锈。对于一些瓦木工具、农具、炊具等不便于进行涂油防锈的金属制品，可用脂胶清漆或酚醛清漆添加等量稀释剂，然后用来浸沾或涂刷，使金属表面附着一层薄膜，干燥后即可防锈。但由于漆膜较薄，仍可以透过氧及水气，因此，只能在短期内有防锈作用。

（6）气相防锈。气相防锈主要是在密封严格的金属制品包装内，放入一些有挥发性的防锈药剂，这些防锈药剂在常温下很短时间内挥发出的气体就能够充满包装内每个角落和缝隙，对形状和结构复杂的金属零配件具有良好的防锈效果。

常用的气相缓蚀剂主要有亚硝酸二环己胺、碳酸环己胺、亚硝酸二异丙胺、苯骈三氮唑、乙二酸二丁酯、磷酸环乙胺等。

2. 货物的防霉腐

货物的霉腐是指在某些微生物的作用下，货物发生生霉、腐烂和腐败发臭等质量变化的现象。要防止霉变，必须根据霉菌的生理特点和生长繁殖的环境条件，采取相应措施抑制或杀灭霉菌微生物。

货物防霉腐的方法主要有以下几种：

（1）加强货物入库验收。
（2）加强仓库温湿度管理。
（3）选择合理的储存场所。
（4）合理堆码。
（5）使用聚乙烯塑料薄膜密封。
（6）做好日常的清洁卫生和在库检查工作。
（7）化学药剂防霉腐。
（8）气相防霉腐。

3. 货物的防虫害

仓库害虫的防治，是搞好货物保管与养护工作的一个重要组成部分。仓库害虫对环境的适应能力较强，能耐热、耐冻、耐干、耐饥，有的还有一定的抗药能力。对仓库的虫害防治工作应做到以下几点：

（1）做好环境卫生。害虫的防治工作主要是应杜绝虫源，并破坏害虫生长繁殖的环境。

（2）物理防治。物理防治就是利用物理因素（光、电、热、冷冻、原子能、超声波、远红外线、微波及高频振荡等）破坏害虫的生理机能与机体结构，使其不能生存或抑制其繁殖。

（3）化学防治。化学防治即使用各种化学杀虫剂，通过胃毒、触杀或熏蒸等作用杀灭害虫，是防治仓库害虫的主要措施。常用的防虫、杀虫药剂有驱避剂、杀虫剂、熏蒸剂等。

4. 货物的防老化

货物老化是指塑料、橡胶、纤维、皮革、涂料、黏合剂等一类高分子货物，在加工、储运、使用过程中，由于受到各种因素的影响，而出现外观质量、物理机械性能下降等现象。

货物防老化有以下几种方法：清除杂质降低或消除杂质对货物老化的影响；在满足货物使用性能的基础上，运用共聚、交联、改变分子构型、减少不稳定结构等方法，以提高制品的耐老化性能；改进成型加工工艺，对制品进行热处理；降低摩擦系数，以提高制品的耐磨性、机械强度、表面硬度等；添加防老化剂，延长货物的寿命。

防老化剂按其作用不同可分为抗氧剂、热稳定剂、光屏蔽剂、紫外线吸收剂、变价金属离子抑制剂等。通过添加防老化剂，可以改善材料的加工性能，延长货物的储存期限和使用寿命，而且方法简便、效果显著，虽然用量少，但能使其耐老化性能提高数倍乃至数千倍。

四、库区的7S管理

7S管理是企业现场各项管理的基础活动，它有助于消除企业在生产过程中可能面临的各类不良现象，如图2-7所示。7S管理在推行过程中，通过开展整理（Seiri）、整顿（Seiton）、清扫（Seiso）、清洁（Seikeetsu）、素养（Shitsuke）、安全（Safety）、节约（Saving）等基本活动，使之成为制度性的清洁，最终提高员工的职业素养。

图2-7　7S管理

能力训练

1. 训练情景

配送中心货物入库后,每天进出很频繁,为了能更好地进行货物的在库保管和养护,仓库经理要求实行7S管理,小张需要掌握7S的具体要求并严格执行。

2. 训练注意事项

7S管理对企业的作用是基础性的,也是不可估量的。7S管理能有效解决工作场所凌乱、无序的状态,有效提升个人行动能力与素质,有效改善文件、资料、档案的管理,有效提升工作效率和团队业绩,使工序简洁化、人性化、标准化。要实现仓库7S管理,要求每个人从思想上认识到此项工作的重要性和意义,训练中更要经常进行经验总结,养成良好的工作习惯。

3. 训练过程

序号	步骤	操作方法及说明	质量标准
1	整理:将工作场所的任何物品区分为有必要和没有必要的,有必要的留下来,其他的都清除掉	①全面检查自己的工作范围(看得到和看不到的) ②制定"要"和"不要"的判别基准 ③将不要的货物清除出工作场所 ④对需要的货物调查使用频度,决定日常用品及放置位置 ⑤制定废弃物处理方法 ⑥每日自我检查	腾出空间,空间活用,防止误用,创造清爽的工作场所
2	整顿:把留下来的必要的物品依规定位置摆放,放置整齐并加以标识	①落实前一步骤的整理工作 ②明确所需物品的放置场所 ③摆放整齐、有条不紊 ④地板划线定位 ⑤场所、物品标识 ⑥制定废弃物处理办法	工作场所整整齐齐,一目了然,消除寻找物品的时间,消除过多的积压货物
3	清扫:将工作场所内看得见与看不见的地方清扫干净,保持工作场所干净、亮丽	①建立清扫责任区(室内、室外) ②执行例行清扫制度,清除脏污 ③调查污染源,并予以杜绝或隔离 ④建立清扫基准,并以此作为规范 ⑤进行一次全公司的大清扫,每个地方都要清洗干净	消除脏污,保持工作场所干净、明亮,稳定品质,减少工业伤害
4	清洁:将整理、整顿、清扫进行到底,并且制度化,经常保持环境外在美观的状态	①落实前面的整理、整顿、清扫工作 ②制定目视管理的基准 ③高层主管经常巡查,带动全员重视7S活动	创造明朗的工作场所,维持前面整理、整顿、清扫的成果
5	素养:每位成员养成良好的习惯,并遵守规则做事,培养积极主动的精神(也称习惯性)	①制定公司有关规则、规定 ②制定礼仪守则 ③教育训练(新进人员强化7S教育、实践) ④推动各种激励活动,遵守规章制度	培养有好习惯、遵守规则的员工,营造团队精神
6	安全:重视成员安全教育,每时每刻都有安全第一的观念,防患于未然	杜绝安全事故,规范操作、确保货物质量,保障员工的人身安全,建立起安全生产的环境,同时减少安全事故带来的经济损失	建立起安全生产的环境
7	节约:合理利用时间、空间、资源等,以发挥它们的最大效能	以自己就是主人的心态对待企业的资源;能用的物品尽可能利用;切勿随意丢弃,丢弃前要思考其剩余的使用价值;秉承勤俭节约的原则,建设资源节约型企业	建设资源节约型企业,创造一个高效率的、物尽其用的工作场所

问题分析

仓库温度受气温变化影响是什么样的？

气温升高或降低时，仓库温度也随着上升或下降，仓库温度变化较气温变化滞后1～2小时。仓库温度与气温相比，夜间仓库温度高于气温，白天仓库温度低于气温，仓库温度变化幅度小于气温变化。

训练评价

序号	评价内容	评价标准	评价结果（是/否）
1	配送中心工作场所7S管理	有一个整洁的工作场所	
2	配送中心人员素养	员工遵守规则，有团队精神	
3	安全管理	各项工作操作规范，符合规章制度	
4	倡导节约	注重控制成本，不浪费	

任务总结

本任务主要介绍了配送中心货物日常储存工作要求和方法，学习用ABC分类法进行货物分类管理，根据货物特点完成仓库日常保管养护、安全检查等工作任务，并进行了仓储货物ABC分类和仓储7S管理的技能操作训练。

拓展训练

仓库安全管理实训项目

【实训目标】

通过项目的实训，使学生在掌握仓库安全管理主要内容的基础上，提高选择合理的仓库安全管理方法、做好仓库安全工作的意识和能力，为培养学生成为高素质的劳动者和管理者奠定基础。

【实训准备】

走访一家仓储企业，了解仓库的主要设施设备、库内货物的堆码与苫垫情况。

【实训步骤】

（1）自由组合成小组，每组4～6人。

（2）了解仓库的主要设施设备、库内货物的堆码与苫垫情况。

（3）了解仓库安全管理的内容和措施。

（4）选择合适的仓库安全管理方法，做好仓库的安全工作。

【实训评价】

教师和学生共同对各组设计方案做出综合评价。

小组序号：			学生姓名：		
小组成绩：			个人最终成绩：		
考核内容	满分	得分	考核内容	满分	得分
消防安全管理	20		小组分解得分	70	
作业安全管理	20		个人角色与执行	20	
库区安全管理	10				
其他安全管理	10		团队合作	10	
组织与分工合理性	10				
合　计	70		合　计	100	
评定人：			评定时间：		

工作领域小结

本工作领域主要学习现代配送中心备货和储存的步骤、原则、方法，首先从接收订单开始，再根据订单制订进货作业计划，根据货物特点安排收货作业，进行存储区域规划和货位编码设计，通过对每项任务的实施和训练，学习如何对货物进行收货、检验、组托、上架，以及货物入库后在库内的保管和养护等。

补充笔记插页

_____
_____
_____
_____
_____
_____

课后练习

工作领域二
课后练习

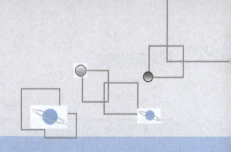

工作领域三

现代配送中心配货出库

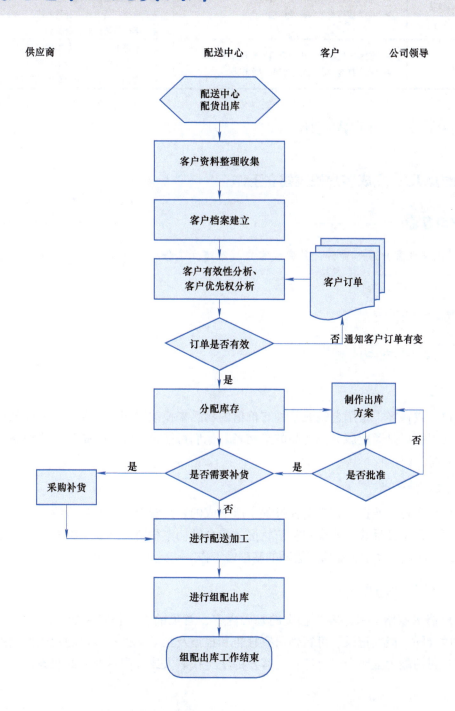

现代配送中心配货出库工作任务和职业能力分析

工作任务	职业能力要求	知识素养要求
订单确认	➢ 能完成客户档案建立工作 ➢ 能进行客户有效性分析及订单处理 ➢ 能进行客户优先权分析 ➢ 能按照优先权分析结果进行库存分配	➢ 掌握客户档案表基本栏目设计方法 ➢ 掌握客户有效性判定方法 ➢ 掌握客户优先权分析方法 ➢ 掌握库存查询和分配的技巧
补货与拣货	➢ 能完成补货单制作及补货作业 ➢ 能完成拣货单制作及拣选作业	➢ 掌握补货单填制方法 ➢ 掌握拣货单填制方法 ➢ 掌握补货方式和补货时机 ➢ 掌握拣选作业注意事项
货物组配出库	➢ 能根据货物情况进行合适的配送加工 ➢ 能根据客户需求完成组配出库作业	➢ 掌握配送加工的基本原则和要求 ➢ 掌握组配出库作业工作流程 ➢ 掌握组配出库作业基本原则和方法

工作任务3.1 订单确认

职业能力3.1.1 完成客户档案建立工作

学习目标

能整理客户原始资料，并完成客户档案建立工作。

基本知识

一、客户和客户档案

1. 客户

客户（或顾客）指用金钱或某种有价值的物品来换取财产、服务、产品或某种创意的自然人或组织，是商业服务或产品的采购者。他们可能是最终的消费者、代理商或供应链内的中间商。

2. 客户档案

客户档案指企业在与客户交往过程中所形成的客户资料、企业自行制作的客户信用分析报告等，是全面反映企业客户资信状况的综合性档案材料。建立合格的客户档案是企业信用管理的起点，属于企业信用管理的基础性工作。

二、客户档案原始资料

客户档案原始资料是客户档案的基础内容，常见的客户档案原始资料主要有：交易过程中的合同、谈判记录、可行性研究报告和报审及批准文件；客户的营业执照副本复印件；客户履约能力证明资料复印件；客户的法定代表人或合同承办人的职务资格证明、个人身份证明、介绍信、授权委托书的原件或复印件；客户担保人的担保能力和主体资格证明资料的复印件；双方签订或履行合同的往来信函、电话记录等书面材料和电子材料；签证、公证等文书材料；合同正本、副本及变更、解除合同的书面协议；货物验收记录；交接、收付货物、款项的原始凭证复印件。

在交易过程中逐渐形成的客户档案原始资料非常多，为了避免日后的经济纠纷，书面的原始档案资料应该被完好地保存起来，切实防范企业与客户经济往来中发生的合同风险、法律风险和信用风险。

三、客户详细档案管理

对客户的档案要动态管理，档案信息实时更新，定期调整客户授信额度及相关交易信息，便于交易顺利进行和开展后期合作。客户详细信息应包含订单处理及物流作业相关资料，具体包括：

（1）客户姓名、代号、等级形态（产业交易性质）。
（2）客户信用额度。
（3）客户销售付款及折扣率的条件。
（4）开发或负责此客户的业务员。
（5）客户配送区域。
（6）客户收账地址。
（7）客户配送路径顺序。记录配送区域、街道、客户位置，将客户分配于适当的配送路径顺序。
（8）客户配送适合的车辆类型。如客户所在地的街道有车辆大小的限制，须将适合该客户的车辆类型写入资料档案中。
（9）客户配送卸货特性。客户所在地点或客户卸货位置，由于建筑物或周围环境特性，可能造成卸货时有不同的需求及难易程度，在车辆及工具的调度上须加以考虑。
（10）客户配送特殊要求。客户对于送货时间有特定要求或有协助上架、贴标等要求的，亦应将其写入资料档案中。
（11）过期订单处理指示。若客户能统一决定每次延迟订单的处理方式，则可事先将其写入资料，以方便询问或紧急处理时能够快速录入。

四、客户资信调查报告

客户资信调查报告是客户档案的核心内容，它是在对客户档案原始资料进行整理和分析基础上形成的综合反映客户资信情况的档案材料。

客户资信调查报告的主要内容有：被调查公司的概况、股东及管理层情况、财务状况、银行信用、付款记录、经营情况、实地调查结果、关联企业及关联方交易情况、公共记录、媒体披露及评语、对客户公司的总体评价、给予客户的授信建议等。

此外，资信调查报告还可以包括经过分析得到的分类类别、交易的趋势、客户的购买模式和偏好特征等内容。企业资信调查报告的格式没有严格的规定，在实践中可以根据企业的具体情况选择不同的格式。

能力训练

1. 训练情景

苏宁集团某分公司目前的主要客户有9家,要根据与客户的合作情况做好档案管理。

2. 训练注意事项

详细记录客户信息,不仅能让此次交易更容易进行,而且有利于增加以后的合作机会。客户档案应包含订单处理需要用到的以及物流作业相关的资料。

3. 训练过程

序号	步骤	操作方法及说明	质量标准
1	客户资料收集	收集与客户相关的资料,如合同、企业营业执照复印件、企业基本信息、法人代表资料、业务联系人资料等	资料完整
2	客户资料分类	① 合同类资料 ② 企业身份证明文件 ③ 企业资信资料 ④ 业务往来资料	分类清晰
3	客户基本档案建立	经过对客户身份证明文件和资信资料的审核确认,建立公司客户的基本档案文件 例:某公司客户基本档案登记表 | 序号 | 公司名称 | 联系人员 | 联系电话 | 联系地址 | 合作情况 | 资信情况 |	建成档案文件
4	客户详细档案管理	对客户的档案要动态管理,档案信息实时更新,定期调整客户的授信额度及相关交易信息,便于交易顺利进行和开展后期合作,详细信息应包含订单处理及物流作业相关资料 例:客户详细档案登记表 客户编号／公司名称／助记码／法人代表／家庭地址／联系方式／证件类型／证件编号／营销区域／公司地址／邮编／联系人／办公电话／手机／传真／电子邮箱／QQ／微信／开户银行／银行账号／公司性质／所属行业／注册资金／经营范围／信用额度／忠诚度／满意度／应收账款／客户类型／客户级别／建档时间／维护时间／Web主页／备注	能实时完成动态管理
5	客户档案分类管理	根据客户规模不同,对客户进行分类管理。根据客户规模的大小、对销售额的贡献程度、成本效益、重要性等因素,对客户进行分类,可以分为核心客户、重点客户、一般客户,也可分为A、B、C类	分类合理

问题分析

有一个客户近两年只下过一次订单,但金额较大,这属于哪种类型的客户?

分析:虽然只下过一次订单,但金额较大,可以定为重点客户,并重点发展。

训练评价

序 号	评价内容	评价标准	评价结果（是/否）
1	客户资料收集情况	客户资料收集是否完整	
2	客户资料分类情况	资料分类是否合理	
3	客户档案管理情况	是否将所有客户的档案资料登记完整	

职业能力3.1.2　客户有效性分析及订单处理

学习目标

能进行客户有效性分析并完成订单处理。

基本知识

一、订单处理

订单处理是指有关客户和订单的资料确认、存货查询和单证处理等活动，具体指从接到客户订货开始到准备着手拣货为止的作业阶段，对客户订单中的品项数量、交货日期、客户信用度、订单金额、加工包装、订单号码、客户档案、送货方法和订单资料输出等一系列信息进行处理的技术工作。订单处理流程如图3-1所示。

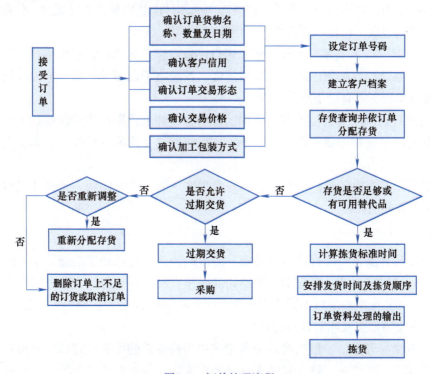

图3-1　订单处理流程

二、客户有效性分析

计算各公司的累计应收账款（累计应收账款=应收账款+采购金额）。检查客户的累计应收账款是否已超过其信用额度，从而判定是否为无效订单。

如果累计应收账款出现以下情况，则可认定订单无效：

（1）伙伴型客户的累计应收账款大于其信用额度的120%。

（2）重点型客户的累计应收账款大于其信用额度的110%。

（3）普通型客户的累计应收账款大于其信用额度的105%。

（4）新客户的累计应收账款大于其信用额度。

订单处理内容
动画视频

三、订单处理主要内容

1. 接受订单

客户将订单信息发给仓储企业，由内部员工将订单信息录入仓储系统，对订单进行处理。

2. 确认订单货物名称、数量及日期

对接收的订货资料加以检查确认，进行电子订货处理，核对客户信息，对于错误的下单资料，传回给客户重新修改传送。

3. 确认客户信用

不论订单由何种方式传至公司，配销系统的第一个步骤都是核查客户的财务状况，以确定其是否有能力支付该订单的账款，检查客户的累计应收账款是否已超过其信用额度。

接单系统通过以下途径核查客户的信用状况：

（1）输入客户代号或客户名称。输入客户代号或客户名称后，系统将核对客户的信用状况，若客户累计应收账款已超过其信用额度，系统应予以警示，以便输入人员决定是否继续输入其订单资料或直接拒绝其订货。

（2）输入订购品项资料。若客户此次的订购金额加上前期应收账款超过了信用额度，系统应将此笔订单资料锁定，由主管审核，如审核通过，此笔订单资料才能进入下一个处理步骤。

客户的信用调查由销售部门负责，一旦发现客户的信用有问题，运销部门将订单送回销售部门再调查或退回。

4. 确认订单交易形态

物流企业具有整合传统批发商的功能及高效的物流、资讯处理功能，但在面对众多交易对象时，应根据客户的不同需求采用不同的操作方法，在接受订货业务时应采用多种订单交易形态，即物流中心应对不同的客户或不同的商品有不同交易及处理方式。

各种订单交易形态及相对处理方式如下：

（1）一般交易订单。一般交易订单是指接单后按正常的作业程序拣货、出货、配送、收款结案的订单。接单后，将资料输入订单处理系统，按正常的订单处理程序处理，资料

处理完后进行拣货、出货、配送、收款结案等作业。

（2）现销式交易订单。这是指与客户当场直接交易的订单，如业务员至客户处铺货销售所得的交易订单或客户直接至物流企业取货的交易订单。订单资料输入后，因货品已交予客户，故订单资料不再参与拣货、出货、配送等作业，只记录交易资料，以便收取应收款项。

（3）间接交易订单。这是指客户向物流中心订货，但由供应商直接配送给客户的交易订单。物流中心接单后，将客户的出货资料传给供应商由其代为配送。客户的送货单是自行制作或委托供应商制作的，需对出货资料（送货单回联）进行核对确认。

（4）合约式交易订单。这是指与客户签订配送契约的交易订单。例如，合约存续期间定时配送的商品。约定的送货日来临时，将该配送商品的资料输入系统处理以便出货配送；或一开始便输入合约中的订货资料并设定各批次送货时间，便于约定日期系统自动产生送货的订单资料。

（5）寄售代管式交易订单。这是指客户因促销等市场因素而先行订购某一定数量的商品，之后根据需求再出货的交易订单。当客户要求配送寄售代管式库存商品时，系统应先检查客户是否确实有此寄库商品，若有则出库此项商品，并扣除此项商品的寄库量。

（6）兑换券交易订单。这是指客户兑换券所兑换商品的配送出货订单。将客户兑换券所兑换的商品配送给客户时，系统应查核客户是否确实有此兑换券，若有则依据兑换券兑换的商品及兑换条件予以出货，并应扣除客户的兑换券。

不同的订单交易形态有不同的订货处理方式，因而接单后必须再对客户订单或订单上的订货品项加以确认，便于系统针对不同形态的订单提供不同的处理功能，如提供不同的输入界面，或不同的检核、查询功能，或不同的储存档案等。

5. 确认交易价格

不同的客户、不同的订购量，可能有不同的交易价格，输入价格时系统应加以检核。若输入的价格不符，系统应加以锁定，以便主管审核。

6. 确认加工包装方式

客户可能对于订购的商品有特殊的包装、分装或贴标等要求，具体的包装资料需详加记录和确认。

7. 设定订单号码

每一订单都有其唯一的订单号码，由控制单位或成本单位指定，便于计算成本，可用于制造、配送等工作。

8. 建立客户档案

将客户状况详细记录，能让交易更易进行且益于后期合作。客户档案应包含订单处理及物流作业相关资料。

9. 存货查询及依订单分配存货

（1）存货查询。系统确认有效库存是否能够满足客户需求，称为事先拣货。存货档案的资料一般包括品项名称、SKU号码、产品描述、库存量、已分配存货、有效存货及期望进货时间。

（2）分配存货。订单资料输入系统，确认无误后，最主要的处理作业在于如何将大量的订货资料做最有效的汇总分类、调拨库存，以便后续的物流作业能有效地进行。存货的分配模式可分为单一订单分配及批次分配两种。

1）单一订单分配。此种情形多为线上即时分配，即在输入订单资料时，将存货分配给该订单。

2）批次分配。累积汇总数输入订单资料后，再一次分配库存。物流中心因订单数量多、客户类型等级多，且多为每天固定配送次数，通常采取批次分配以确保将库存最优分配。

批次分配时，注意订单的分批原则，即批次划分方法。根据作业的不同，各物流企业的分批原则可能不同，主要有以下方法：

① 按接单时序划分。将整个接单时段划分成几个区段，若一天有多个配送批次，可配合配送批次，将订单按接单先后顺序分为几个批次处理。

② 按配送区域路径划分。将同一配送区域路径的订单汇总一起处理。

③ 按流通加工需求划分。将加工处理需求或流通加工处理需求相同的订单汇总一起处理。

④ 按车辆需求划分。将需要同种特殊配送车辆（如低温车、冷冻车、冷藏车）配送或客户所在地、下货特性、特殊类型车辆需求相同的订单汇总合并处理。

10. 计算拣货标准时间

有计划地安排出货时间，要事先掌握每一订单或每批订单可能花费的拣货时间，计算订单拣货的标准时间。

第一步：首先计算每一单元（一栈板、一纸箱、一件）的拣货标准时间，且将之设定于计算机记录标准时间档。将各单元的拣货时间记录下来，则不论数量多少，都很容易推导出整个标准时间。

第二步：有了单元的拣货标准时间后，即可依每品项订购数量（单元）再配合每品项的寻找时间，计算出每品项拣取的标准时间。

第三步：根据每一订单或每批订单订货品项及一些纸上作业的时间，算出整个或整批订单的拣货标准时间。

11. 安排发货时间及拣货顺序

前面已根据存货状况进行了存货的分配，但对于这些已分配存货的订单，通常要再依客户需求、拣取标准时间及内部工作负荷来安排其发货时间及拣货先后顺序。

12. 分配后存货不足的异动处理

现有存货数量无法满足客户需求，且客户又不愿换购替代品时，则应依客户意愿与公司政策来决定对应方式。

依客户意愿：

① 客户不允许过期交货（Back-Order），则删除订单上不足额的订货，甚至取消订单。

②客户允许不足额的订货，等待有货时再予以补送。
③客户允许不足额的订货留待与下一笔订单一起配送。
④客户希望所有订货一起配达。

依公司政策：部分公司允许过期分批补货，但部分公司考虑到分批出货的额外成本不愿意分批补货，则可能宁愿客户取消订单，或建议客户将交货日期延后。

配合上述客户意愿与公司政策，对于缺货订单的处理方式归纳如下：

（1）重新调拨。当客户不允许过期交货，而公司也不愿失去此客户订单时，则有必要重新调拨分配订单。

（2）补送。若客户允许不足额订货等待有货时再予以补送或留待下一次订货一起配送，且公司政策允许，则采用补送方式。但需要注意，对这些待补送的缺货品项先记录成档。

（3）删除不足额的订货。若客户允许不足额的订货予以补送，但公司政策不允许分批出货，则只能删除不足额的订货；若客户不允许过期交货，且公司无法重新调拨，则考虑删除不足额的订货。

（4）延迟交货。延迟交货又分为有时限延迟交货和无时限延迟交货。有时限延迟交货，即客户允许一段时间的过期交货，且希望所有订单一起配送。无时限延迟交货，即不论多久客户都允许过期交货，且希望所有订货一起送达，则等待所有订货到达再出货。对整张订单延后配送，需要将顺延的订单记录成档。

（5）取消订单。若客户希望所有订货一起配达，且不允许过期交货，而公司也无法重新调拨，则将整张订单取消。

13. 订单资料处理的输出

订单资料经由上述处理后，可打印出货单据，以展开后续的物流作业。

（1）拣货单（出库单）。拣货单可以作为商品出库的指示资料，作为拣货的依据。拣货单的形式根据物流中心的拣货策略及拣货作业方式来设计，以提供详细且有效率的拣货资讯，便于拣货的进行。

拣货单的打印应考虑商品储位，依据储位前后相关顺序打印，以减少人员重复往返取货，要详细标明拣货数量、单位等信息。随着拣货、储存设备的自动化，传统的拣货单据形式已无法满足需求，可利用计算机辅助拣货的拣货棚架、拣货台车以及自动存取的AS/RS。采用这些自动化设备进行拣货作业，要注意拣货单的格式与设备显示器的配合以及系统与设备间的资料传送及回馈处理。

（2）送货单。物品交货配送时，通常需附上送货单给客户清点签收。送货单的主要作用是给客户签收、确认出货资料，因此其正确性及明确性很重要。要确保送货单上的资料与实际送货资料相符，除了出货前的清点外，出货单据的打印时间及修改亦需注意。

①单据打印时间。保证送货单上的资料与实际出货资料一致，在出车前一切清点动作完毕，且不符合的资料也在计算机上修改完毕，再打印出货单。但此时再打印出货单，常因单据数量多，耗费许多时间，影响出车时间。若提早打印，则对于因为拣货、分类作业后发现实际存货不足，或是客户临时更改订单等原因，造成原出货单上的资料与实际不符时，需重新打印送货单。

② 送货单资料。送货单据上的资料除基本的出货资料外，对于一些订单异动情形，如缺货品项或缺货数量等，需列出注明。

③ 缺货资料。库存分配后，对于缺货的商品或缺货的订单资料，系统应提供查询或报表打印功能，以便人员处理。"库存缺货商品"功能提供依商品类别或供应商类别查询的缺货商品资料，以提醒采购人员紧急采购；"缺货订单"功能提供缺货订单资料，以便人员处理。

能力训练

1. 训练情景

2021年5月20日，苏宁集团某分公司收到客户订货信息，要求物品在5月28日开始执行备货实施作业，请小张协助主管根据5月27日作业完毕后的库存信息进行配货作业。请根据以下信息判断订单是否有效，并对无效订单做出相应处理。

（1）客户信息（见表3-1~表3-9）：

表 3-1 客户1

客户编号	20190400309							
公司名称	鹏晨公司			助记码			PC	
法人代表	王强	家庭地址		无锡市红星家园 2-3-302		联系方式		0510-87543885
证件类型	营业执照	证件编号		120108765436754		营销区域		华东地区
公司地址	无锡市滨湖区新沙街3号			邮编	214025	联系人		刘红
办公电话	0510-86548965		电子邮箱		cheng@yahoo.com	QQ		553262883
开户银行	江苏银行			银行账号		63273216947386		
公司性质	外资	所属行业	商业	注册资金	600万元	经营范围		食品、日用百货
信用额度	15万元	忠诚度	一般	满意度	一般	应收账款		9.5万元
客户类型	普通型			客户级别		B		
建档时间	2019年7月			维护时间		2021年5月		
Web 主页	www.cheng.com							
备注：								

表3-2 客户2

客户编号	20150200106							
公司名称	鹏福公司			助记码			PF	
法人代表	王光明	家庭地址		无锡市南长区湖光家园 5-505		联系方式		025-33557890
证件类型	营业执照	证件编号		120213432567876		营销区域		华东地区
公司地址	无锡市南长裕美大厦 20-3-4			邮编	214012	联系人		王彬
办公电话	0510-88293647		电子邮箱		pengfu@126.com	QQ		705967892
开户银行	招商银行南长支行			银行账号		93725289031384		
公司性质	民营	所属行业	零售	注册资金	300万元	经营范围		日用品、食品
信用额度	150万元	忠诚度	高	满意度	较高	应收账款		142万元
客户类型	重点型			客户级别		A		
建档时间	2015年2月			维护时间		2021年4月		
Web 主页	www.pengfu.com							
备注：								

表3-3 客户3

客户编号		20170200157					
公司名称		鹏家公司		助记码		PJ	
法人代表	陈佳丽	家庭地址	无锡市惠山区枫林别墅12号		联系方式	0510-87918998	
证件类型	营业执照	证件编号	120243132587676		营销区域	华东地区	
公司地址	无锡市惠山区第五大街56号			邮编	214088	联系人	王亮
办公电话	0510-83287689	电子邮箱	pengjia@sina.com			QQ	598654678
开户银行	中信银行			银行账号	87965687975		
公司性质	中外合资	所属行业	商业	注册资金	1 200万元	经营范围	日用品、食品
信用额度	200万元	忠诚度	高	满意度	高	应收账款	199.8万元
客户类型		母公司		客户级别		A	
建档时间		2017年12月		维护时间		2021年4月	
Web主页		www.pengjia.com					
备注:							

表3-4 客户4

客户编号		20170300123					
公司名称		鹏来公司		助记码		PL	
法人代表	张永红	家庭地址	无锡市北塘区佳和家园3-2-502		联系方式	025-66554489	
证件类型	营业执照	证件编号	120106754788763		营销区域	华东地区	
公司地址	无锡市北塘区星河路243号			邮编	214086	联系人	王程程
办公电话	0510-88654896	电子邮箱	penglai@126.com			QQ	8753885336
开户银行	江苏农村商业银行			银行账号	86439896420427		
公司性质	民营	所属行业	零售业	注册资金	1 200万元	经营范围	食品、办公用品
信用额度	9万元	忠诚度	一般	满意度	高	应收账款	8.95万元
客户类型		普通型		客户级别		B	
建档时间		2017年5月		维护时间		2021年3月	
Web主页		www.penglai.com					
备注:							

表3-5 客户5

客户编号		20180500525					
公司名称		鹏兰公司		助记码		PL	
法人代表	张岚	家庭地址	无锡市新吴区紫竹苑6-1-102		联系方式	0510-87654878	
证件类型	营业执照	证件编号	120108776875375		营销区域	华东地区	
公司地址	无锡市新吴区滨海新路154号			邮编	214088	联系人	高泽
办公电话	0510-83976580	电子邮箱	penglan@yahoo.co			QQ	8754387909
开户银行	长江商业银行			银行账号	8654909785		
公司性质	民营	所属行业	零售	注册资金	200万元	经营范围	日用品、食品
信用额度	10万元	忠诚度	一般	满意度	较高	应收账款	9.9万元
客户类型		普通型		客户级别		C	
建档时间		2018年6月		维护时间		2021年5月	
Web主页		www.penglan.com					
备注:							

表3-6 客户6

客户编号		20180402301				
公司名称		鹏乐公司		助记码		PL
法人代表	赵轩	家庭地址	无锡市高新区嘉义街凯莱庄园7-201	联系方式		0510-87535678
证件类型	营业执照	证件编号	120109278362905	营销区域		华东地区
公司地址	无锡市高新区西城道29号		邮编	214088	联系人	王新
办公电话	0510-87530864	电子邮箱	pengle@162.com	QQ		863820344
开户银行		江苏银行		银行账号		62839047352
公司性质	中外合资	所属行业	商业	注册资金	100万元	经营范围	食品、办公用品
信用额度	5万元	忠诚度	一般	满意度	较高	应收账款	4.5万元
客户类型		普通型		客户级别		B
建档时间		2018年4月		维护时间		2021年5月
Web主页		www.pengle.com				
备注:						

表3-7 客户7

客户编号		20190102403				
公司名称		鹏麟公司		助记码		PL
法人代表	李文和	家庭地址	无锡市滨湖区霞光街3-301	联系方式		0510-83438679
证件类型	营业执照	证件编号	120103789346338	营销区域		华东地区
公司地址	无锡市滨湖区新民道93号		邮编	214088	联系人	李凯
办公电话	0510-82641893	电子邮箱	Meilin.com	QQ		738496216
开户银行		江苏银行滨湖支行		银行账号		1566331510296580
公司性质	民营	所属行业	零售	注册资金	400万元	经营范围	食品、日用百货
信用额度	160万元	忠诚度	较高	满意度	高	应收账款	152.5万元
客户类型		重点型		客户级别		B
建档时间		2019年1月		维护时间		2021年5月
Web主页		www.penglin.com.cn				
备注:						

表3-8 客户8

客户编号		2019081602				
公司名称		鹏翔公司		助记码		PX
法人代表	王熠	家庭地址	无锡市锡山区西湖里4-201	联系方式		0510-83415468
证件类型	营业执照	证件编号	58966324770041	营销区域		华东地区
公司地址	无锡市锡山区第五大道77号		邮编	211188	联系人	王志刚
办公电话	0510-89912861	电子邮箱	pengxiang@136.com	QQ		58413416
开户银行		南京银行		银行账号		1574784563131450
公司性质	国有	所属行业	商业	注册资金	400万元	经营范围	服装、食品
信用额度	15万元	忠诚度	一般	满意度	一般	应收账款	13万元
客户类型		普通型		客户级别		B
建档时间		2019年8月		维护时间		2021年5月
Web主页		www.pengxiang.com.cn				
备注:						

表3-9 客户9

客户编号	2018080902					
公司名称	鹏鄢公司			助记码	PY	
法人代表	薛瑾	家庭地址	无锡市新吴区林南苑11-3-803	联系方式	0510-87655865	
证件类型	营业执照	证件编号	120108754377888	营销区域	华东地区	
公司地址	无锡市新吴区晚霞路43号			邮编	214086	联系人	范威
办公电话	0510-83876590	电子邮箱	pengyan@eyou.com	QQ	2115467907	
开户银行	天津银行			银行账号	5357899765569	
公司性质	中外合资	所属行业	零售业	注册资金	3 600万元	经营范围	食品、日用品
信用额度	190.2万元	忠诚度	高	满意度	高	应收账款	189.9万元
客户类型	伙伴型			客户级别	A	
建档时间	2018年8月			维护时间	2021年5月	
Web主页	www.pengyan.com					
备注:						

（2）客户订单信息（见表3-10～表3-13）：

表3-10 鹏来公司采购订单

订单编号：D202105290101　　　　　　　　　　　　　　订货时间：2021.5.29

序号	商品名称	单位	单价（元）	订购数量	金额（元）	备注
1	婴儿纸尿裤	箱	100	5	500	
2	可乐年糕	箱	100	4	400	
3	佳洁士牙刷	箱	50	2	100	
4	佳洁士牙膏	箱	50	9	450	
5	固体胶	盒	50	1	50	
6	冲劲原味运动饮料（500ml）	打	50	1	50	
7	农夫山泉饮用天然水（550ml）	打	50	2	100	
8	依能青柠味苏打水（500ml）	打	50	2	100	
9	依能青柠味苏打水（350ml）	打	50	2	100	
10	倍丽饮料西柚味苏打水（350ml）	打	50	1	50	
11	怡宝饮用水（350ml）	打	50	1	50	
	合计			30	1 950	

表3-11　鹏福公司采购订单

订单编号：D202105290102　　　　　　　　　　　　　　　　　　订货时间：2021.5.29

序号	商品名称	单位	单价（元）	订购数量	金额（元）	备注
1	可乐年糕	箱	100	4	400	
2	幸福方便面	箱	100	4	400	
3	梦阳奶粉	箱	100	10	1000	
4	隆达葡萄籽油	箱	100	8	800	
5	冲劲原味运动饮料（500ml）	打	50	1	50	
6	康师傅冰红茶柠檬味（500ml）	打	50	2	100	
7	统一海之言柠檬味饮料（500ml）	打	50	1	50	
8	阿尔卑斯饮用天然矿泉水（500ml）	打	50	1	50	
9	依能经典原味无糖苏打水（350ml）	打	50	2	100	
10	依能饮料加锌苏打水（350ml）	打	50	1	50	
11	依能青柠味苏打水（350ml）	打	50	2	100	
12	倍丽饮料西柚味苏打水（350ml）	打	50	1	50	
13	倍丽饮料清香味苏打水（350ml）	打	50	1	50	
	合　计			38	3 200	

表3-12　鹏鄢公司采购订单

订单编号：D202105290103　　　　　　　　　　　　　　　　　　订货时间：2021.5.29

序号	商品名称	单位	单价（元）	订购数量	金额（元）	备注
1	婴儿湿巾	箱	100	6	600	
2	可乐年糕	箱	100	6	600	
3	顺心奶嘴	箱	100	4	400	
4	幸福方便面	箱	100	2	200	
5	恒大冰泉长白山天然矿泉水（500ml）	打	50	2	100	
6	康师傅冰红茶柠檬味（500ml）	打	50	2	100	
7	农夫山泉饮用天然水（550ml）	打	50	2	100	
8	阿尔卑斯饮用天然矿泉水（500ml）	打	50	2	100	
9	依能经典原味无糖苏打水（350ml）	打	50	1	50	
10	依能饮料加锌苏打水（350ml）	打	50	2	100	

（续）

序号	商品名称	单位	单价（元）	订购数量	金额（元）	备注
11	依能青柠味苏打水（350ml）	打	50	2	100	
12	倍丽饮料西柚味苏打水（350ml）	打	50	1	50	
13	倍丽饮料清香味苏打水（350ml）	打	50	1	50	
	合　　计			33	2 550	

表3-13　鹏麟公司采购订单

订单编号：D202105290104　　　　　　　　　　　　　　　　　　订货时间：2021.5.29

序号	商品名称	单位	单价（元）	订购数量	金额（元）	备注
1	诚诚油炸花生仁	箱	100	2	200	
2	幸福方便面	箱	100	3	300	
3	可乐年糕	箱	100	4	400	
4	婴儿纸尿裤	箱	100	7	700	
5	佳洁士牙膏	箱	50	3	150	
6	佳洁士牙刷	箱	50	3	150	
7	心相印纸手帕	盒	50	2	100	
8	浴花	盒	50	3	150	
9	固体胶	盒	50	3	150	
10	倍丽饮料西柚味苏打水（350ml）	打	50	2	100	
11	倍丽饮料清香味苏打水（350ml）	打	50	2	100	
	合　　计			34	2 500	

2. 训练注意事项

订单处理过程中，应遵循以下基本原则：

（1）尽量缩短订单处理周期，提高客户的满意程度。

（2）要使客户产生信任。

（3）减少缺货现象。

（4）提供紧急订货。

（5）不忽略小客户。

（6）装配要完整。

（7）提供对客户有利的包装。

（8）随时提供订单处理的情况。

3. 训练过程

序号	步骤	操作方法及说明	质量标准
1	设计订单有效性分析表，录入订单客户名称和客户类型	订单有效性分析表 主管签字：×××　　　　　　　　　日期：2021.05.29 （单位：万元） | 序号 | 公司名称 | 客户类型 | 信用额度 | 累计应收账款（应收账款/订单金额/合计） | 是否超出信用额度 | 是否有效 | 备注 | | 1 | 鹏来公司 | | | | | | | | 2 | 鹏福公司 | | | | | | | | 3 | 鹏鄢公司 | | | | | | | | 4 | 鹏麟公司 | | | | | | |	准确录入
2	客户订单信息整理，确认客户类型和信用额度	订单有效性分析表 主管签字：×××　　　　　　　　　日期：2021.05.29 （单位：万元） | 序号 | 公司名称 | 客户类型 | 信用额度 | | 1 | 鹏来公司 | 普通型 | 9 | | 2 | 鹏福公司 | 重点型 | 150 | | 3 | 鹏鄢公司 | 伙伴型 | 190.2 | | 4 | 鹏麟公司 | 重点型 | 160 |	准确整理和录入
3	客户累计应收账款计算，累计应收账款=应收账款+订单金额	订单有效性分析表 主管签字：×××　　　　　　　　　日期：2021.05.29 （单位：万元） | 序号 | 公司名称 | 客户类型 | 信用额度 | 应收账款 | 订单金额 | 合计 | 是否超出信用额度 | 是否有效 | 备注 | | 1 | 鹏来公司 | 普通型 | 9 | 8.95 | 0.195 | 9.145 | | | 超额锁定 | | 2 | 鹏福公司 | 重点型 | 150 | 142 | 0.32 | 142.32 | | | | | 3 | 鹏鄢公司 | 伙伴型 | 190.2 | 189.9 | 0.255 | 190.155 | | | | | 4 | 鹏麟公司 | 重点型 | 160 | 152.5 | 0.25 | 152.75 | | | |	准确计算和录入
4	判断是否超出信用额度，如超过信用额度，此订单无效	订单有效性分析表 主管签字：×××　　　　　　　　　日期：2021.05.29 （单位：万元） | 序号 | 公司名称 | 客户类型 | 信用额度 | 应收账款 | 订单金额 | 合计 | 是否超出信用额度 | 是否有效 | 备注 | | 1 | 鹏来公司 | 普通型 | 9 | 8.95 | 0.195 | 9.145 | 是 | 否 | 超额锁定 | | 2 | 鹏福公司 | 重点型 | 150 | 142 | 0.32 | 142.32 | 否 | 是 | | | 3 | 鹏鄢公司 | 伙伴型 | 190.2 | 189.9 | 0.255 | 190.155 | 否 | 是 | | | 4 | 鹏麟公司 | 重点型 | 160 | 152.5 | 0.25 | 152.75 | 否 | 是 | |	准确判断和录入
5	结论	鹏福公司、鹏鄢公司、鹏麟公司的订单有效	
6	无效订单处理	说明：由于鹏来公司累计应收账款超过信用额度，故该公司订单无效（订单编号：D202105290101）。 停止发货告知函 鹏来公司（订单编号：D202105290101）： 　　经与财务核实，贵公司累计应收账款大于信用额度，故冻结此次订单，为不影响贵公司正常有序经营，请尽快回款！ 　　顺祝商祺！ 　　　　　　　　　　　　　　　　×××公司 　　　　　　　　　　　　　　　　仓储主管××× 　　　　　　　　　　　　　　　　2021.05.29	妥善处理

问题分析

客户给了一张200万元的承兑汇票，承兑5个月后付款到账，是否可以在累计应收账款总额里减去200万元？

承兑汇票是指办理过承兑手续的汇票，是企业支付的一种方式。判断企业信用时，可以从累计应收账款里减去这笔钱。

训练评价

序号	评价内容	评价标准	评价结果（是/否）
1	订单有效性分析	订单有效性分析是否正确，是否有完整过程	
2	无效订单处理	是否体现无效订单的处理，处理方式是否正确	

职业能力3.1.3　客户优先权分析

学习目标

能对有效订单，从忠诚度、满意度、客户类型、客户级别四个方面分析客户优先权，对客户优先权从高到低排序。

基本知识

一、客户优先权分析

客户优先权分析是指当多个客户同时对某一货物都有需求，总需求量大于该货物库存量时，通过一定的方法对客户进行优先等级划分，确定各个客户的优先等级顺序，并按优先等级顺序满足客户需求。

二、客户优先权分析操作步骤

1. 确定影响客户优先权的因素

影响客户优先权的因素主要有客户忠诚度、客户满意度、客户类型、客户级别、客户的紧急情况、单品的利润、交货期限、货款到账时间、去年需求量比重、与客户的合作时间、客户信用度等。

2. 对影响优先权的因素进行赋值、加权

对客户优先权的指标具体信息进行赋值，赋值的方法有很多种，如客户类型为母公司、伙伴型、重点型、普通型，则其赋值应该从高到低排列。对影响客户优先权的因素赋权重，如影响客户优先权的因素考虑客户级别、客户类型、忠诚度、满意度四个方面，则可以分别赋权重为40%、30%、20%、10%，权重总比率为100%。

3. 计算企业优先权总值，确定客户优先权等级排名

利用加权法，计算各因素赋值得分，得出客户合计分数，按得分高低排序。

> **能力训练**

1. 训练情景

苏宁集团某分公司收到多家公司的订单，客户信息和订单信息如职业能力3.1.2中所示，请根据以上信息完成客户优先权分析。

实训准备：智能储配物流实训基地、客户数据信息、计算机等。

2. 训练注意事项

（1）根据有效订单，从客户级别、客户类型、忠诚度、满意度四个方面设定客户优先权权重。

（2）要先完成客户指标详情表的设置，再合理划分等级指标。

3. 训练过程

序号	步骤	操作方法及说明						质量标准
1	确定影响客户优先权的因素	根据前一任务分析出的有效客户订单，从忠诚度、满意度、客户类型、客户级别四个方面进行分析						
2	对影响客户优先权的各个因素赋权重	客户级别、客户类型、忠诚度、满意度四个方面，权重分别是40%、30%、20%、10%						
3	列出客户指标详情表	客户指标详情表						
			指标	客户级别（0.4）	客户类型（0.3）	忠诚度（0.2）	满意度（0.1）	
		公司	鹏福公司	A	重点型	高	较高	
			鹏鄢公司	A	伙伴型	高	高	
			鹏麟公司	B	重点型	较高	高	
4	对每个类别和等级赋值	等级指标详情表						
			指标	客户级别（0.4）	客户类型（0.3）	忠诚度（0.2）	满意度（0.1）	
		得分	4	A	母公司	高	高	
			3	B	伙伴型	较高	较高	
			2	C	重点型	一般	一般	
			1	D	普通型	低	低	
5	对每个客户进行优先权等级分析	等级指标详情表						
			指标	客户级别（0.4）	客户类型（0.3）	忠诚度（0.2）	满意度（0.1）	合计	等级
		公司	鹏福公司	1.6	0.6	0.8	0.3	3.3	二
			鹏鄢公司	1.6	0.9	0.8	0.4	3.7	一
			鹏麟公司	1.2	0.6	0.6	0.4	2.8	三
6	结论	客户优先权排序为：鹏鄢公司>鹏福公司>鹏麟公司						

> **问题分析**

当客户提前预约或有紧急需求的订单，是否还要按客户优先权计算结果来处理？

有一些特殊情况应优先分配，如前次应允交货的订单、缺货补货单、原延迟交货订单、紧急订单或客户提前预约订单等，应享有优先获得存货的权利。

训练评价

序　号	评价内容	评价标准	评价结果（是/否）
1	等级指标详情表设计	设计是否合理，是否能客观判断客户的重要性	
2	客户优先权判断	能否合理设置权重，判断客户优先权	

职业能力3.1.4　按照优先权分析结果进行库存分配

学习目标

能按照优先权分析结果对库存进行分配，制订库存分配计划。

基本知识

一、库存的概念和分类

（一）库存的概念

库存是指为了使生产正常、不间断地进行或为了及时满足客户的订货需求，必须在各个生产阶段或流通环节之间设置的必要的货物储备。库存具有两面性：从理论上讲，库存属于闲置的资源，不但不会创造价值，反而还会因占用资源而增加企业的成本，其本身是一种浪费；从现实来看，库存是不可避免的，因为不具备彻底消除库存的条件，所以要保持合理水平的库存，以保证生产的正常进行。因此，在库存管理中既要保持合理的库存数量，防止缺货和库存不足，又要避免库存过量，发生不必要的库存费用。

（二）库存的分类

1. 按经济用途分类

根据经济用途的不同，库存可分为以下几类：

（1）销售库存。销售库存是指企业购进后供转售的货物。销售库存的特点是在转售之前，保持其原有的实物形态。

（2）生产库存。生产库存是指企业购进后直接用于生产制造的货物。生产库存的特点是在出售前需要经过生产加工过程，改变其原有的实物形态或使用功能。

（3）其他库存。其他库存是指除了以上两种库存外，供企业一般耗用的货物和为生产经营服务的辅助性货物。

2. 按存放地点分类

根据存放地点的不同，库存可分为以下几类：

（1）库存存货。库存存货是指已经运到企业，并已验收入库的各种材料和货物，以及已验收入库的半成品和制成品。

（2）在途库存。在途库存包括运入在途库存和运出在途库存。运入在途库存是指货款已经支付或虽未付货款但已取得所有权、正在运输途中的各种外购库存；运出在途库存是指按照合同规定已经发出或送出，但尚未转移所有权，也未确认销售收入的库存。

（3）委托加工库存。委托加工库存是指企业已经委托外单位加工，但尚未加工完成的各种库存。

（4）委托代销库存。委托代销库存是指企业已经委托外单位代销，但按合同规定尚未办理代销货款结算的库存。

3. 按经营过程分类

根据经营过程不同，库存可分为以下几类：

（1）经常库存。经常库存也称周转库存，是指企业在正常的经营环境下为满足日常需要而建立的库存。这种库存随着每日的需要不断减少，当库存降低到某一水平（如订货点）时，就要订货来补充库存。经常库存的补充是按一定的规则反复进行的。

（2）安全库存。安全库存是指为应对不确定因素（如大量突发性订货、交货期突然延期等）而准备的缓冲库存。

（3）季节性库存。季节性库存是指为了满足特定季节出现的特定需要而建立的库存，或指为了季节性出产的原材料在出产的季节大量收购所建立的库存。

（4）促销库存。促销库存是指企业为了应对促销活动产生的预期销售量增加而建立的库存。

（5）时间效用库存（投机库存）。时间效用库存（投机库存）是指为了避免货物价格上涨造成损失，或为了从货物价格上涨中获利而建立的库存。

（6）沉淀库存（积压库存）。沉淀库存（积压库存）是指因货物质变或损坏，或者因没有市场而滞销的货物库存，还包括超额储存的库存。

二、库存管理的概念、目标及意义

（一）库存管理的概念

库存管理也称库存控制，是指对制造业或服务业生产、经营全过程的各种货物、制成品及其他资源进行管理和控制，使其储备保持在经济合理的水平上。库存管理的重点在于确定如何订货、订购多少、何时订货等问题。传统的观念认为仓库里的货物多，表明企业兴隆，现在则认为零库存是最好的库存管理结果。

（二）库存管理的目标

最佳的库存管理就是平衡库存成本与库存收益的关系，从而确定一个合适的库存水平，使库存占用的资金带来的收益比此笔资金投入其他领域的收益要高。

从成本核算的角度看，库存成本是一个财务上的重要指标，它随着企业经济和财务状况的变化而变化。例如，如果企业的流动资金紧缺，那么企业就可能需要对库存成本进行严格的控制。尽管企业库存会带来一系列的耗费，但是也不能因此无条件地降低库存，在平衡库存成本与客户服务水平时，应注重客户所期望的服务水平。

零库存是最终目标，需进一步细化管理：规范车间现场和库房物资管理，盘活资产，提高场地和物资利用率，对物资供应管理进行调整和改革，包括加强专用材料管理、建立日常维护用料统一领用制度、建立退库制度、完善产品型号统一制度；随时掌握库存材料的库存额，确保计划的准确性、及时性；全面加强库存管理，维持生产的正常稳定有序进行，从最大程度上节约库存成本。

（三）库存管理的意义

配送中心为了满足客户的配送要求，也必须预先储存一定数量的商品。若存货不足，不能及时满足供货需求，则会造成企业生产供应中断，或向客户供货不及时，以及由此带来的供应链断裂、丧失市场占有率和失去客户等损失。而任何库存都需要一定数量的维持保管费用，同时还存在由于商品积压和损坏而带来的库存风险。因此，在库存管理中既要保持合理的库存数量，防止缺货和库存不足而给企业带来损失，又要避免库存水平过高，发生不必要的库存费用，而给企业带来仓储成本的上升。具体来讲，加强库存管理具有以下意义：

1. 维持生产的稳定

企业按销售订单与销售预测安排生产计划，并制订采购计划，下达采购订单。由于采购的物品需要一定的提前期，这个提前期是根据统计数据或者是在供应商生产稳定的前提下确定的，但存在一定的风险，有可能拖后而延迟交货，最终影响企业的正常生产，造成生产的不稳定。为了降低这种风险，企业就会增加材料的库存量，这样从库存方面保证了连续不断的生产需要。

2. 平衡企业物流

企业在采购材料、生产用料、在制品及销售物品的物流环节中，库存起着重要的平衡作用。对采购的材料，企业会根据库存能力，协调来料收货入库；同时，对生产部门的领料，企业应考虑库存能力、生产线物流情况平衡物料发放，并协调在制品的库存管理。

3. 平衡流通资金的占用

库存的材料、在制品及成品是企业流通资金的主要占用部分。在企业资金一定的情况下，库存这一部分资金占用过多，其他部门占用的资金就少；库存这一部分资金占用过少，有利于资金流向其他更需要使用资金的部门。因而，库存量的控制实际上也是对流通资金的平衡配置，使资金能够满足企业的需要。

4. 为企业节约大量的资金

企业库存管理业务主要是做好物料的收发管理工作，根据物料不同物理、化学属性做好物料存储与防护工作，降低各种库存管理费用，使库存经常处于合理水平，防止超储积压，满足生产与销售的需要。其作用是在经营管理的同时可以减少库存物资的资金占用，使库存总成本最低，节约大量的资金，提高企业竞争力。

三、库存分配计划

依据客户订单和划分后的客户优先等级顺序制订库存分配计划表，将相关库存依次在不同的客户间进行分配并显示库存余额，对于缺货订单进行妥善处理。

能力训练

1. 训练情景

苏宁集团某分公司2021年5月28日库存情况见表3-14～表3-17。

表3-14 重型（托盘）货架区存储信息

序号	货品名称	规格（长×宽×高）(mm×mm×mm)	单位	货位地址	数量（箱）	生产日期	保质期
1	婴儿纸尿裤	320×210×180	箱	H1-01-01-01	27	2021年04月14日	12个月
2	婴儿纸尿裤	320×210×180	箱	H1-01-01-02	27	2020年10月14日	12个月
3	幸福方便面	320×160×260	箱	H1-01-04-03	10	2021年01月27日	24个月
4	诚诚油炸花生仁	305×195×200	箱	H1-01-04-02	13	2021年02月1日	18个月
5	可乐年糕	270×210×240	箱	H1-01-02-01	12	2020年11月11日	12个月
6	隆达葡萄籽油	220×180×160	箱	H1-01-06-02	8	2021年02月5日	24个月
7	梦阳奶粉	270×180×195	箱	H1-01-02-03	12	2021年02月15日	24个月
8	雅儿沙拉酱	560×250×250	箱	H1-01-03-03	6	2020年11月20日	24个月
9	兴华苦杏仁	400×300×150	箱	H1-01-05-01	30	2021年03月15日	12个月
10	兴华苦杏仁	400×300×150	箱	H1-01-05-02	10	2021年03月15日	12个月
11	顺心奶嘴	330×250×160	箱	H1-01-06-03	30	2021年04月5日	24个月
12	神奇松花蛋	370×190×200	箱	H1-01-02-02	41	2021年03月20日	12个月
13	神奇松花蛋	370×190×200	箱	H1-01-03-02	24	2021年03月20日	12个月
14	婴儿湿巾	550×400×150	箱	H1-01-05-03	15	2021年04月15日	18个月
15	大王牌大豆酶解蛋白粉	280×250×240	箱	H1-01-03-01	32	2021年03月28日	24个月
16	大王牌大豆酶解蛋白粉	280×250×240	箱	H1-01-04-01	32	2021年03月28日	24个月
17	休闲黑瓜子	400×330×190	箱	H1-01-01-03	27	2021年04月23日	24个月

表3-15 摘果式电子标签货架区存储信息

商品品种	数量	货位地址	商品品种	数量	货位地址
冲劲原味运动饮料（500ml）	8打	D1-01-04-02	固体胶	8盒	D1-01-02-02
统一海之言柠檬味饮料（500ml）	8打	D1-01-04-01	浴花	8盒	D1-01-02-01
康师傅冰红茶柠檬味（500ml）	8打	D1-01-06-02	佳洁士牙膏	8箱	D1-01-03-02
阿尔卑斯饮用天然矿泉水（500ml）	8打	D1-01-06-01	晨光水笔	8盒	D1-01-01-02
恒大冰泉长白山天然矿泉水（500ml）	8打	D1-01-05-02	佳洁士牙刷	8箱	D1-01-01-01
农夫山泉饮用天然水（550ml）	8打	D1-01-05-01	心相印纸手帕	8盒	D1-01-03-01

表3-16 播种式电子标签货架区存储信息

序号	商品名称	数量（打）	货位地址
1	依能蜜桃味乳酸菌（500ml）	8	G1-01-01-01
2	依能经典原味无糖苏打水（350ml）	8	G1-01-02-01
3	依能果味饮料蜂蜜柠檬水（500ml）	8	G1-01-01-02
4	依能饮料加锌苏打水（350ml）	8	G1-01-03-02
5	依能青柠味苏打水（500ml）	8	G1-01-03-01
6	依能青柠味苏打水（350ml）	8	G1-01-02-02

表3-17 重型货架散货区存储信息

序号	商品名称	数量（打）	货位地址
1	倍丽饮料西柚味苏打水（350ml）	8	M1-01-03-02
2	倍丽饮料清香味苏打水（350ml）	8	M1-01-02-02
3	怡宝饮用水（350ml）	8	M1-01-01-02
4	名仁苏打水饮料（375ml）	8	M1-01-02-01
5	零度可口可乐（300ml）	8	M1-01-01-01
6	燕京至简苏打水（380ml）	8	M1-01-03-01

2. 训练注意事项

根据货物品种汇总客户订单总量，对比仓库现有库存，根据客户优先权设计分配的顺序，设计库存分配计划表。

3. 训练过程

（1）设计库存分配计划表（见表3-18）。

表3-18 库存分配计划表

序号	商品名称	单位	现有库存数量	计划出库数量	配货方向						库存余量	缺货数量
					鹏鄢公司		鹏福公司		鹏麟公司			
					需求量	分配量	需求量	分配量	需求量	分配量		

（2）分别录入不同区域库存和需求量（见表3-19～表3-22）。

表3-19 重型（托盘）货架区库存和需求量

序号	商品名称	单位	现有库存数量	计划出库数量	配货方向						库存余量	缺货数量
					鹏鄢公司		鹏福公司		鹏麟公司			
					需求量	分配量	需求量	分配量	需求量	分配量		
1	诚诚油炸花生仁	箱	13		0		0		2			
2	可乐年糕	箱	12		6		4		4			
3	隆达葡萄籽油	箱	8		0		8		0			
4	梦阳奶粉	箱	12		0		10		0			
5	幸福方便面	箱	10		2		4		3			
6	婴儿纸尿裤	箱	54		0		0		7			
7	婴儿湿巾	箱	15		6		0		0			
8	顺心奶嘴	箱	30		4		0		0			

表3-20 摘果式电子标签货架区库存和需求量

序号	商品名称	单位	现有库存数量	计划出库数量	配货方向						库存余量	缺货数量
					鹏鄢公司		鹏福公司		鹏麟公司			
					需求量	分配量	需求量	分配量	需求量	分配量		
1	冲劲原味运动饮料（500ml）	打	8		0		1		0			
2	康师傅冰红茶柠檬味（500ml）	打	8		2		2		0			
3	统一海之言柠檬味饮料（500ml）	打	8		0		1		0			
4	阿尔卑斯饮用天然矿泉水（500ml）	打	8		2		2		0			
5	恒大冰泉长白山天然矿泉水（500ml）	打	8		2		0		0			
6	农夫山泉饮用天然水（550ml）	打	8		2		0		0			
7	佳洁士牙膏	箱	8		0		0		3			
8	佳洁士牙刷	箱	8		0		0		3			
9	心相印纸手帕	盒	8		0		0		2			
10	浴花	盒	8		0		0		3			
11	固体胶	盒	8		0		0		3			

表3-21 播种式电子标签货架区库存和需求量

序号	商品名称	单位	现有库存数量	计划出库数量	配货方向						库存余量	缺货数量
					鹏鄢公司		鹏福公司		鹏麟公司			
					需求量	分配量	需求量	分配量	需求量	分配量		
1	依能经典原味无糖苏打水（350ml）	打	8		1		2		5			
2	依能饮料加锌苏打水（350ml）	打	8		2		1		5			
3	依能青柠味苏打水（350ml）	打	8		2		2		4			

表3-22 重型货架散货区库存和需求量

序号	商品名称	单位	现有库存数量	计划出库数量	配货方向						库存余量	缺货数量
					鹏鄢公司		鹏福公司		鹏麟公司			
					需求量	分配量	需求量	分配量	需求量	分配量		
1	倍丽饮料西柚味苏打水（350ml）	打	8		1		1		2			
2	倍丽饮料清香味苏打水（350ml）	打	8		1		1		2			

（3）根据订单有效性分析中得出的有效客户的需求订单以及前面分析中得出的客户优先权排名进行库存分配，计算出总计划出库量、库存余量以及缺货数量（见表3-23～表3-26）。

表3-23 重型（托盘）货架区库存分配

序号	商品名称	单位	现有库存数量	计划出库数量	鹏鄢公司 需求量	鹏鄢公司 分配量	鹏福公司 需求量	鹏福公司 分配量	鹏麟公司 需求量	鹏麟公司 分配量	库存余量	缺货数量
1	诚诚油炸花生仁	箱	13	2	0	0	0	0	2	2	11	
2	可乐年糕	箱	12	14	6	6	4	4	4	2	0	2
3	隆达葡萄籽油	箱	8	8	0	0	8	8	0	0	0	
4	梦阳奶粉	箱	12	10	0	0	10	10	0	0	2	
5	幸福方便面	箱	10	9	2	2	4	4	3	3	1	
6	婴儿纸尿裤	箱	54	7	0	0	0	0	7	7	47	
7	婴儿湿巾	箱	15	6	6	6	0	0	0	0	9	
8	顺心奶嘴	箱	30	4	4	4	0	0	0	0	26	

表3-24 摘果式电子标签货架区库存分配

序号	商品名称	单位	现有库存数量	计划出库数量	鹏鄢公司 需求量	鹏鄢公司 分配量	鹏福公司 需求量	鹏福公司 分配量	鹏麟公司 需求量	鹏麟公司 分配量	库存余量	缺货数量
1	冲劲味运动饮料（500ml）	打	8	1	0	0	1	1	0	0	7	
2	康师傅冰红茶柠檬味（500ml）	打	8	4	2	2	2	2	0	0	4	
3	统一海之言柠檬味饮料（500ml）	打	8	1	0	0	1	1	0	0	7	
4	阿尔卑斯饮用天然矿泉水（500ml）	打	8	3	2	2	1	1	0	0	5	
5	恒大冰泉长白山天然矿泉水（500ml）	打	8	2	2	2	0	0	0	0	6	
6	农夫山泉饮用天然水（550ml）	打	8	2	2	2	0	0	0	0	6	
7	佳洁士牙膏	箱	8	3	0	0	0	0	3	3	5	
8	佳洁士牙刷	箱	8	3	0	0	0	0	3	3	5	
9	心相印纸手帕	盒	8	2	0	0	0	0	2	2	6	
10	浴花	盒	8	3	0	0	0	0	3	3	5	
11	固体胶	盒	8	3	0	0	0	0	3	3	5	

表3-25 播种式电子标签货架区库存分配

序号	商品名称	单位	现有库存数量	计划出库数量	鹏鄢公司 需求量	鹏鄢公司 分配量	鹏福公司 需求量	鹏福公司 分配量	鹏麟公司 需求量	鹏麟公司 分配量	库存余量	缺货数量
1	依能经典原味无糖苏打水（350ml）	打	8	8	1	1	2	2	5	5	0	
2	依能饮料加锌苏打水（350ml）	打	8	8	2	2	1	1	5	5	0	
3	依能青柠味苏打水（350ml）	打	8	8	2	2	2	2	4	4	0	

表3-26 重型货架散货区库存分配

序号	商品名称	单位	现有库存数量	计划出库数量	配货方向						库存余量	缺货数量
					鹏鄂公司		鹏福公司		鹏麟公司			
					需求量	分配量	需求量	分配量	需求量	分配量		
1	倍丽饮料西柚味苏打水（350ml）	打	8	4	1	1	1	1	2	2	4	
2	倍丽饮料清香味苏打水（350ml）	打	8	4	1	1	1	1	2	2	4	

（4）对于缺货的客户，需要及时与客户沟通，进行妥善地处理，来维护客户的稳定（见表3-27）。

表3-27 缺货订单处理

公司名称	鹏麟公司
缺货商品	可乐年糕
情况说明	可乐年糕缺货两箱，不能满足出库要求
处理结果	经与客户协商，客户同意所缺商品下次补送
处理人	×××

问题分析

1. 如何确定现有存货水平？

对现有存货水平的检测是仓储补货系统工作的起点，方法有定期检测和连续检测两种。

2. 配送中心订单分批灵活处理的原则与方法有哪些？

配送中心因订单数量多、客户类型等级多，且多为每天固定配送次数，通常采用批次分配以确保库存能做最佳的分配，分配时可以按照订单情况分批灵活处理：一是按接单时序划分，将整个接单时段分成几个区段，若一天有多个配送批次，可配合配送批次，将订单按接单先后分成几个批次处理；二是按配送区域或路径划分，将同一配送区域或路径的订单汇总一起处理；三是按流通加工需求划分，将需要加工处理的订单汇总一起处理；四是按车辆需求划分，若配送货物需要特殊车辆（如低温车、冷冻车、冷藏车），具有相同卸货特性，可将订单汇总合并处理。

训练评价

序号	评价内容	评价标准	评价结果（是/否）
1	库存分配情况	是否合理制作完成库存分配计划表	
2	缺货订单处理情况	是否将缺货情况进行订单处理	

任务总结

本任务主要介绍了配送中心订单确认的一系列工作任务的实施方法。首先要建立完整的客户档案，对客户的情况进行分析。当接到客户订单时，要根据客户的信用额度和累计应收账款情况判断订单有效性，再对库存情况进行查询分析，进行库存分配。如果库存不够分配，则要分析客户优先权，并根据优先权进行库存分配，对缺货的订单进行处理等，完成对客户订单的确认工作。

拓展训练

库存分配作业实训项目

【实训情景】

根据职业能力3.1.2实训得出的有效客户采购订单和表3-28～表3-31给出的仓库存储信息，以及3.1.3实训得出的客户优先权，优先满足重要客户的订单，对库存进行合理分配。

【实训目标】

能根据仓库内实际库存情况，优先满足重要客户的订单处理。

表3-28 重型（托盘）货架区存储信息

序号	货品名称	规格（长×宽×高）（mm×mm×mm）	单位	货位地址	数量（箱）	生产日期	保质期
1	婴儿纸尿裤	320×210×180	箱	H1-01-01-01	27	2021年04月14日	12个月
2	婴儿纸尿裤	320×210×180	箱	H1-01-01-02	27	2020年10月14日	12个月
3	幸福方便面	320×160×260	箱	H1-01-04-03	10	2021年01月27日	24个月
4	诚诚油炸花生仁	305×195×200	箱	H1-01-04-02	13	2021年02月1日	18个月
5	可乐年糕	270×210×240	箱	H1-01-02-01	8	2020年11月11日	12个月
6	隆达葡萄籽油	220×180×160	箱	H1-01-06-02	8	2021年02月5日	24个月
7	梦阳奶粉	270×180×195	箱	H1-01-02-03	13	2021年02月15日	24个月
8	雅儿沙拉酱	560×250×250	箱	H1-01-03-03	6	2020年11月20日	24个月
9	兴华苦杏仁	400×300×150	箱	H1-01-05-01	30	2021年03月15日	12个月
10	兴华苦杏仁	400×300×150	箱	H1-01-05-02	10	2021年03月15日	12个月
11	顺心奶嘴	330×250×160	箱	H1-01-06-01	30	2021年04月5日	24个月
12	神奇松花蛋	370×190×200	箱	H1-01-02-02	41	2021年03月20日	12个月
13	神奇松花蛋	370×190×200	箱	H1-01-03-02	24	2021年03月20日	12个月
14	婴儿湿巾	550×400×150	箱	H1-01-05-03	15	2021年04月15日	18个月
15	大王牌大豆酶解蛋白粉	280×250×240	箱	H1-01-03-01	32	2021年03月28日	24个月
16	大王牌大豆酶解蛋白粉	280×250×240	箱	H1-01-04-01	32	2021年03月28日	24个月
17	休闲黑瓜子	400×330×190	箱	H1-01-01-03	27	2021年04月23日	24个月

表3-29 摘果式电子标签货架区存储信息

商品品种	数量	货位地址	商品品种	数量	货位地址
冲劲原味运动饮料（500ml）	8打	D1-01-04-02	固体胶	8盒	D1-01-02-02
统一海之言柠檬味饮料（500ml）	8打	D1-01-04-01	浴花	8盒	D1-01-02-01
康师傅冰红茶柠檬味（500ml）	8打	D1-01-06-02	佳洁士牙膏	8箱	D1-01-03-02
阿尔卑斯饮用天然矿泉水（500ml）	8打	D1-01-06-01	晨光水笔	8箱	D1-01-01-02
恒大冰泉长白山天然矿泉水（500ml）	8打	D1-01-05-02	佳洁士牙刷	8盒	D1-01-01-01
农夫山泉饮用天然水（550ml）	8打	D1-01-05-01	心相印纸手帕	8盒	D1-01-03-01

表3-30 播种式电子标签货架区存储信息

序 号	商品名称	数量（打）	货位地址
1	依能蜜桃味乳酸菌（500ml）	8	G1-01-01-01
2	依能经典原味无糖苏打水（350ml）	8	G1-01-02-01
3	依能果味饮料蜂蜜柠檬水（500ml）	8	G1-01-01-02
4	依能饮料加锌苏打水（350ml）	8	G1-01-03-02
5	依能青柠味苏打水（500ml）	8	G1-01-03-01
6	依能青柠味苏打水（350ml）	8	G1-01-02-02

表3-31 重型货架散货区存储信息

序 号	商品名称	数量（打）	货位地址
1	倍丽饮料西柚味苏打水（350ml）	8	M1-01-03-02
2	倍丽饮料清香味苏打水（350ml）	8	M1-01-02-02
3	怡宝饮用水（350ml）	8	M1-01-01-02
4	名仁苏打水饮料（375ml）	8	M1-01-02-01
5	零度可口可乐（300ml）	8	M1-01-01-01
6	燕京至简苏打水（380ml）	8	M1-01-03-01

【实训准备】

智能储配综合实训室。

【实训步骤】

（1）根据货物品种汇总客户订单总量。

（2）对比仓库现有库存。

（3）根据客户优先权设计分配的顺序，设计库存分配计划表。

【实训评价】

库存分配计划表的设计是否正确，要求具备完整步骤。

工作任务3.2　补货与拣货

职业能力3.2.1　补货单制作及补货作业

【学习目标】

掌握补货作业的基本方式和补货时机，能完成补货单制作及补货作业。

> **基本知识**

在仓储配送中心，为了保证拣货区有货可拣，将货物从储存区转移到拣货区，然后将此移库作业做库存信息处理，这样的过程即为补货作业。

一般以托盘或整件货为单位移库，补货时可以整件补到流动式货架上，供人工拣货；也可以拆开外包装以零货形式补到自动分拣机上，保证自动分拣机有货可拣。

补货作业操作视频

一、补货作业的基本方式

1. 整箱补货

整箱补货的保管区为货架储放，动管拣货区为两面开放式的流动棚，如图3-2所示。拣货时拣货员从拣取区拣取单品放入物流箱中，然后运至出货区。当拣货时发觉动管区的存货已低于规定的水平，就要进行补货的动作。其补货方式为作业员至货架保管区取货箱，以手推车载箱至拣货区，由流动棚架的后方补货。

这种补货方式较适合体积小、数量少但品种多的货品。

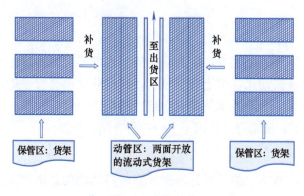

图3-2 整箱补货

2. 整托补货

整托补货由地面堆叠保管区补货至地面堆叠动管区，如图3-3所示。保管区货物是以托盘为单位进行地面平置堆叠储放，动管区也是以托盘为单位进行地面平置堆叠储放，所不同之处在于：保管区的面积较大，储放货品量较多；而动管区的面积较小，储放货品量较少。拣取时拣货员在拣取区拣取托盘上的货箱，放至中央输送机出货；或者，使用堆高机将托盘整个送至出货区（当拣取大量品项时）。当拣货时发觉动管拣货区的存货低于规定的水平，则要进行补货动作。

补货方式为作业员用堆高机，将货物从托盘堆叠的平面保管区搬运至同样是托盘堆叠的平面拣货动管区，这种补货方式较适合体积大或出货量多的货品。

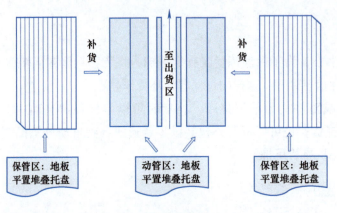

图3-3 整托补货

3. 由货架上层保管区补货至货架下层的动管区

此补货方式是保管区与动管区属于同一货架，上层作为保管区，下层作为动管拣货区。当动管区的存货水平较低时，则可利用堆高机将上层保管区的货品搬至下层动管区补货。这种补货方式较适合体积不大、每品项存货量不高、出货多属中小量（以箱为单位）的货品。

二、补货时机

补货作业的发生与否，主要看待配商品在流动式货架上的存量，或待配商品在自动分拣机上的存量。要保证流动式货架上有货可配，自动分拣机有货可拣，掌握补货的时机很重要。如果补货不及时，会导致拣货作业中断，影响拣货作业的按时完成。要准确掌握补货时机，保证有货可配，通常可采取以下三种补货方法：

1. 批次补货

在每天或每一批次拣货之前，经计算机计算所需货物的总拣取量，再查看流动式货架上的货物存量，计算差额，并在拣货作业开始前补足货物。

这是"一次补足"的补货原则，比较适合于一天内作业量变化不大、紧急追加订货不多，或每一批次拣取量大需事先掌握的情况。

2. 定时补货

将每天划分为若干个时段，补货人员在不同的时段内检查流动式货架上的货物存量，如果发现货物存量不足，马上予以补足。这种"定时补货"的原则，较适合于分批拣货时间固定且处理紧急追加订货的时间也固定的情况。

3. 随机补货

指定专人从事补货作业方式，这些人员随时巡视流动货架上的货物存量，发现不足，随时补货。这种"不定时补足"的补货原则较适合于每批次拣货量不大、紧急追加订货较多，以至于一天内作业量不易事前掌握的情况。

能力训练

1. 训练情景

根据工作任务3.1训练案例中货物实际仓储情况,分析得出缺货品名和数量,完成采购单制作,并制作补货单,完成补货作业。

2. 训练注意事项

(1)准确把握补货时机。

(2)补货时商品的品名、规格要与流动货架上的品名、规格相符,放置货物时位置要对齐。

(3)货物摆放要整齐,便于拣货。

(4)坚持"先进先出"的原则。

(5)补货时轻拿轻放,防止摔坏商品。

3. 训练过程

序号	步骤	操作方法及说明	质量标准
1	统计订单信息	统计处理全部订单信息,对当天全部需拣货出库物品进行汇总,并形成总的货物日出库单	正确汇总
2	确定补货数量	将当天总的货物日出库单与拣货区存货日报表——核对,以此计算需补货物品和数量	正确计算
3	确定补货时机	根据存货标准和拣货区存货信息确定当期补货的时机(批次补货、定时补货和随机补货)	合理选择
4	制作补货单	补货单信息应包括:补货日期、补货物品名称、补货数量、补货方式、补货时机、保管区域、拣货区域、补货责任人,根据货物实际仓储情况,分析得出鹏麟公司缺可乐年糕两箱,现与供货单位沟通,并进行采购补货作业 货物采购单 	采购单号	C202105290001	采购日期	2021/05/29
序号	1	单位	箱
商品名称	可乐年糕	数量	2
采购人	×××	复核人	××× | 补货单 | 序号	公司名称	商品名称	商品条码	商品规格(长×宽×高)(mm×mm×mm)	存储货位	单位	数量	备注
1	鹏麟公司	可乐年糕	6934848456092	320×160×260	H1-01-02-01	箱	2		 制表人:　　　　　　　　　　　　　审核人: 说明: 1. 补货单一式三份 2. 若所补货作业属于紧急状态,则在备注栏里标明"加急" 3. 单据填写,认真严谨,字迹工整,单据填写完成后需要签章确认	补货单制作完整,准确
5	完成补货作业	采购单发给供应商,完成采购及补货工作	正确完成

问题分析

常用补货技术有哪些？

（1）人工视觉检测补货技术：指通过直接检查现有存货的数量来决定是否补货。

（2）双箱补货系统技术：是一种固定数量的补货系统。

（3）定期检测补货系统技术：每一种产品都确定有一个固定的检测周期，检测结束时做出下一步的产品补货订购决策。

（4）订购点补货：事先为每一种存货确定一个固定的存货水平。

（5）配送需求计划（DRP）技术：优先序列、时间阶段的方法，通过接触客户并预测需求来对存货进行规划。

训练评价

序 号	评价内容	评价标准	评价结果（是/否）
1	补货通知单制作	能否正确制作补货通知单	
2	补货时机选择	能否选择合适时机补货，不会造成缺货或库存过量	
3	补货作业完成	能否与客户沟通并完成补货作业	

职业能力3.2.2　拣货单制作及拣选作业

学习目标

掌握拣选作业的目的、流程和方式，能完成拣货单制作及拣选作业。

基本知识

拣选作业是配送中心根据客户提出的订货单或配送计划所规定的商品品名、数量和储位地址，将商品从货垛或货架上取出，搬运到理货场所，以备配货送货。

一、拣选作业的目的

拣选作业的目的在于正确而迅速地集合客户所订购的货物。要达到这一目的，必须根据订单，选择合适的拣选设备，按拣选作业过程的实际情况，运用一定的方法策略组合，采取切实可行且高效的拣选方式，提高拣选效率，将各项作业时间缩短，提升作业速度与能力。同时，尽量避免错误，降低成本。拣选作业的成本比例如图3-4所示。

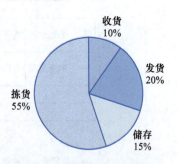

图3-4　拣选作业的成本比例

二、拣选作业的流程

拣选作业的流程可以归纳为生成拣选信息、查找、行走或搬运、提取、分类与集中、文件处理几个动作。

1. 生成拣选信息

拣选作业开始前,必须根据订单完成指示拣选作业的单据和信息。虽然有些配送中心直接根据订单或公司的交货单作为人工拣选的工作单,但重要的是无法标示出产品的货位,指导拣货员缩短拣选路径,所以必须将原始的订单转换成拣选单或电子信号,以使拣货员或自动拣取系统进行更有效的拣选作业。

2. 查找(Searching)

如上一步中已由仓库管理系统生成包含货位信息的拣选资料,或者有电子标签显示,查找很容易。否则必须建立规范的货位设置与管理方法,以简化查找。

3. 行走或搬运(Travel or Move)

在拣选时移动最频繁,按移动时有无货物可分为行走和搬运。进行拣选时,要拣取的货物必须出现在拣货员面前,由"人至货"和"货至人"两类方式来实现。

4. 拣取(Pick)

当货物出现在拣货员面前时,接下来的动作就是接近货物、抓取与确认。确认即是确定抓取的物品、数量是否与指示拣选的信息相同。实际作业时由拣货员读取品名与拣选单对比,或通过电子标签的按钮确认,更先进的方法是利用无线传输终端读取条码由计算机进行对比,或采用货品重量检测的方式。准确的确认动作可以大幅度降低拣选的错误率,同时也比通过出库验货作业发现更及时有效。

5. 分类与集中(Sort and Accumulate)

由于拣选策略的不同,拣取出的货品可能还需要按订单类别进行分类与集中,拣选作业到此告一段落。分类完成的每一批订单的类别和货品经过检验、包装等作业然后发货出库。

6. 文件处理

完成拣选作业并核对无误后,可能还需要作业者在相关单据上签字确认;如在提取时已采用电子确认方式,则可由计算机进行处理。

拣选作业各项动作的时间构成如图3-5所示。

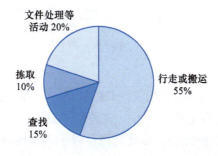

图3-5 拣选作业各项动作的时间构成

三、拣选作业的方式

商品拣选作业一般有四种方式，即订单拣选、批量拣选、整合按单拣选及复合拣选，如图3-6所示。

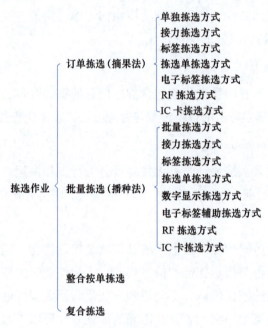

图3-6　拣选作业的方式

1. 订单拣选（摘果式）

订单拣选是指分别按每份订单拣货，分拣人员按照订单所列商品及数量，将商品从储存区域或分拣区域拣取出来，集中在一起，再分拣下一个订单的拣货方式。这种方式又称作"摘果式""人到货前式""订单别拣选"或"单一顺序拣选"等。

（1）作业原理，如图3-7所示。

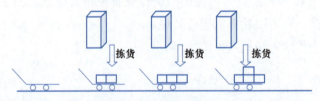

图3-7　订单拣选的作业原理

（2）特点。

①按订单拣选，易于实施，而且配货准确度较高，不易出错。

②对各订单的拣选相互没有约束，可以根据客户需求的紧急程度调整配货先后次序。

③拣选完一个订单货物便配齐，因此货物可以不再落地暂存，直接装上配送车辆，有利于简化工序，提高作业效率。

④订单数量不受限制，可在较大范围里波动，拣选作业人员数量也可随时调整，作业高峰时可临时增加作业人员，有利于开展即时配送。

⑤对机械化、自动化没有严格要求，不受设备水平限制。

（3）优缺点。

①优点：作业方法单纯；订单处理前置时间短；导入容易且弹性大；作业人员责任明确；派工容易、公平；拣货后不必再进行分拣作业。

②缺点：商品品种数多时，拣货行走路线过长，拣取效率降低；拣取区域大时，搬运系统设计困难；少批量、多批次拣取时，会造成拣货路径重复，效率降低。

（4）适用订单情况。摘果法适用于大批量、少品种订单的处理或是订单大小差异较大、订单数量变化频繁、商品差异较大的情况，如：化妆品、家具、电器、百货、高级服饰等。

2. 批量拣选（播种式）（可扫码3-4播种式拣选动画）

批量拣选即将每批订货单中的同种商品各自累加起来，从储位上取出，集中搬运到理货场，然后再按每一个客户订单分类处理，将每一客户所需数量的货物取出，放到该客户商品暂存货位处，直至配货完毕。

播种式拣选视频

（1）作业原理，如图3-8所示。

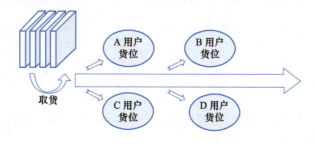

图3-8 批量拣选的作业原理

（2）特点。

①由于是集中取出共同需要的货物，再按货物货位分放，这就需要在收到一定数量的订单后进行统计分析，安排好各客户的分货货位之后才能反复进行分货作业，因此，这种工艺难度较高，计划性较强，与按单拣选相比错误率较高。

②由于是各客户订单的配送请求同时完成，可以同时开始对各个客户所需货物进行配送，因此有利于车辆的合理化调配和配送线路规划，与按单拣选相比可以更好地发挥规模效益。

③对到来的订单无法做出及时反应，必须等待订单达到一定数量才做一次处理，因此会有停滞时间。只有根据订单到达的状况做等候分析，决定出适当的批量大小，才能将停滞时间缩至最短。

（3）优缺点。

优点：适合订单数量庞大的系统；可以缩短拣取时的行走搬运距离，增加单位时间的拣取量；越是要求少批量、多批次的配送，批量拣取就越有效。

缺点：对订单的到来无法做出及时的反应，必须等订单达到一定数量时才做一次处理，因此会产生停滞时间。

（4）适用订单情况。批量拣选适合订单变化较小、订单数量稳定的配送中心和外形较规则、固定的商品出货；此外，需进行流通加工的商品也适合批量拣选，再批量进行加工，然后分类配送，有利于提高拣货及加工效率。

3. 整合按单拣选

整合按单拣选主要应用于一天中每一订单只有一种品项的情况，为了提高配送效率，将某一地区的订单整合成一张拣选单，做一次分拣后，集中捆包出库，是订单拣选的一种变通形式。

4. 复合拣选

为提高拣选效率、降低成本，可根据订单拣选与批量拣选各自的适用范围，有机地将两者混用。例如，当储存区面积较大时，拣选作业中往返行走所费时间占很大比重，此时一人一单拣选的方法就不宜采用。如果适当分工，按商品的储区划分，每一拣选人员负责每一区域的拣选工作，如一层库房、一个仓间或几行货架寻找，既能减少拣选人员的往返之劳，又能驾轻就熟、事半功倍，几个拣选人员所费工时之和往往低于一人一单拣选的总工时。

能力训练

1. 训练情景

根据工作任务3.1客户订单需求情况，完成出库货物的拣货单制作及拣选作业。

2. 训练注意事项

分拣作业开展中，根据客户订单所反映的商品特性、数量多少、服务要求、送货区域等信息，对分拣作业系统进行科学的规划与设计并制定出合理高效的作业流程是关键。

3. 训练过程

序 号	步 骤	操作方法及说明	质 量 标 准
1	拣选单制作	根据订单完成指示拣选作业的单据和信息（拣货单信息可扫码阅读） 拣货单信息	正确完成拣货单制作
2	重型货架区拣选	根据重型货架区拣选单，到重型货架区拣货（整箱货），将货放在托盘上（操作方法可见手动液压车操作视频）	正确拣选

（续）

序 号	步 骤	操作方法及说明	质量标准
3	摘果式电子标签货架区拣选	根据摘果式电子标签区拣选单，完成电子标签区摘果式拣货，将货物用小推车送到出货月台（电子标签货架操作方法可见半自动堆高车操作视频）	正确完成
4	播种式电子标签货架区拣选	利用智能穿戴设备进行播种式电子标签货架区拣选（操作方法可见智能穿戴设备入库组托操作视频）	正确完成
5	重型货架散货区拣选	利用智能拣选台车对重型货架散货区进行拣选（可以扫码观看拣选台车重型货架拣选视频） 拣选台车重型货架拣选视频	正确完成

问题分析

1. 半自动化设备辅助分拣，可以有哪些方式？

依照人与设备的互动关系，可将半自动分拣方式分为以下两种：

（1）人至货。货物放置固定不动，拣选人员需至货物放置处将货物拣出。

（2）货至人。此种方式与"人至货"相反，拣货时作业者只需停驻在固定位置，等待拣选设备将欲拣取之货物运至面前。

2. "摘果式"拣货和"播种式"拣货的作业流程有何不同？

电子标签辅助拣货系统分为摘果式拣货和播种式拣货，不同方式作业流程不同。摘果式拣货主要应用在采取订单拣货的场合，依照灯号和数字的显示，能快速、简单地引导拣货人员找到正确的储位。原则上一个电子标签对应一个储位品项。此外，该灯号除了能引导拣货人员到达正确的位置，还可以显示出拣货的确切数目，当拣货完成后亦要求按下确认键确认。而播种式拣货通常应用于处理批次拣货的场合，它的功能正好和摘果式相反。一个电子标签对应一个门店或者一张订单，当订单的商品被批次汇总到储存区时，就用播种式系统。拣货人员将批次汇总后的商品，经由扫描仪读取商品信息，相应的电子标签会显示数量，拣货人员拿取相同数量的商品并分配到标签对应的储位上，然后熄灭标签，完成拣货。

训练评价

序 号	评价内容	评价标准	评价结果（是/否）
1	拣货单制作	能否正确制作拣货单	
2	摘果式拣货	能否正确完成摘果式拣货	
3	播种式拣货	能否正确完成播种式拣货	

任务总结

本任务主要介绍了配送中心补货与拣货的方法。首先,要根据库存情况及客户需求情况完成补货单制作并选择合适的补货时机和补货方法完成补货作业。其次,根据客户订单需求及库存分配情况,选择不同的拣货方式,利用现代化配送拣选设备,完成不同客户订单货物的拣选工作。

拓展训练

拣选作业实训项目

【实训情景】

物流配送中心收到客户的3份采购订单,客户的需求、商品种类、数量如下所示,请根据职业能力3.1.4训练中的仓库库存信息表以及拣选要求进行货物拣选作业。

【实训目标】

能根据订单的具体要求选择合适的拣货方式,并完成拣货任务。

(1)客户订单资料(见表3-32~表3-34)。

表3-32 鹏来公司采购订单

订单编号:D202105290102　　　　　　　　　　　　　　　　　订货时间:2021.5.29

序号	商品名称	单位	单价(元)	订购数量	金额(元)	备注
1	幸福方便面	箱	100	3	300	
2	梦阳奶粉	箱	100	5	500	
3	诚诚油炸花生仁	箱	100	6	600	
4	婴儿纸尿裤	箱	100	4	400	
5	雅儿沙拉酱	箱	100	3	300	
6	婴儿湿巾	箱	100	3	300	
7	冲劲原味运动饮料(500ml)	打	50	1	50	
8	康师傅冰红茶柠檬味(500ml)	打	50	2	100	
9	统一海之言柠檬味饮料(500ml)	打	50	1	50	
10	阿尔卑斯饮用天然矿泉水(500ml)	打	50	1	50	
11	依能经典原味无糖苏打水(350ml)	打	50	2	100	
12	依能饮料加锌苏打水(350ml)	打	50	1	50	
13	依能青柠味苏打水(350ml)	打	50	2	100	
14	倍丽饮料西柚味苏打水(350ml)	打	50	1	50	
15	倍丽饮料清香味苏打水(350ml)	打	50	1	50	
	合计			36	3 000	

表3-33 鹏鄢公司采购订单

订单编号：D202105290103　　　　　　　　　　　　　　　订货时间：2021.5.29

序　号	商 品 名 称	单　位	单价（元）	订购数量	金额（元）	备　注
1	幸福方便面	箱	100	3	300	
2	顺心奶嘴	箱	100	4	400	
3	隆达葡萄籽油	箱	100	6	600	
4	梦阳奶粉	箱	100	2	200	
5	诚诚油炸花生仁	箱	100	1	100	
6	可乐年糕	箱	100	4	400	
7	婴儿纸尿裤	箱	100	5	500	
8	恒大冰泉长白山天然矿泉水（500ml）	打	50	2	100	
9	康师傅冰红茶柠檬味（500ml）	打	50	2	100	
10	农夫山泉饮用天然水（550ml）	打	50	2	100	
11	阿尔卑斯饮用天然矿泉水（500ml）	打	50	2	100	
12	依能经典原味无糖苏打水（350ml）	打	50	1	50	
13	依能饮料加锌苏打水（350ml）	打	50	2	100	
14	依能青柠味苏打水（350ml）	打	50	2	100	
15	倍丽饮料西柚味苏打水（350ml）	打	50	1	50	
16	倍丽饮料清香味苏打水（350m）	打	50	1	50	
	合　　　计			40	3 250	

表3-34 鹏麟公司采购订单

订单编号：D202105290104　　　　　　　　　　　　　　　订货时间：2021.5.29

序　号	商 品 名 称	单　位	单价（元）	订购数量	金额（元）	备　注
1	幸福方便面	箱	100	3	300	
2	梦阳奶粉	箱	100	8	800	
3	诚诚油炸花生仁	箱	100	6	600	
4	婴儿纸尿裤	箱	100	4	400	
5	佳洁士牙膏	箱	50	3	150	
6	佳洁士牙刷	箱	50	3	150	
7	心相印纸手帕	盒	50	2	100	
8	浴花	盒	50	3	150	
9	固体胶	盒	50	3	150	
10	倍丽饮料西柚味苏打水（350ml）	打	50	2	100	
11	倍丽饮料清香味苏打水（350ml）	打	50	2	100	
	合　　　计			39	3 000	

（2）库区分布图，如图3-9所示。

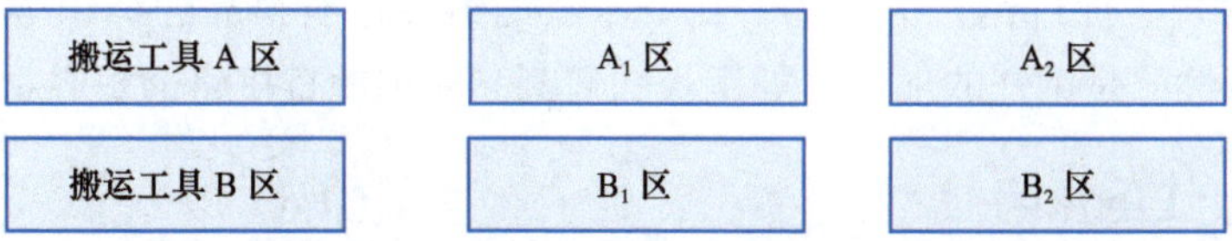

| 搬运工具A区 | A₁区 | A₂区 |
| 搬运工具B区 | B₁区 | B₂区 |

图3-9 库区分布图

【实训准备】

智能储配综合实训基地，实训基地内配备以下设施及设备：轻型货架、重型货架、手推车、自动分拣线、拣选台车、周转箱、拣货篮、散货品、计算机、条码打印机、打印机、纸质单据等。

【实训步骤】

（1）整理分析客户订单。
（2）根据订单特性，选择合适的拣货方式。
（3）根据不同的拣货方式，以及货物在拣货区的位置，设计拣货路径。
（4）根据货物在拣货区的位置、拣货路径，制作拣货单。
（5）根据拣货单据进行拣货操作。

【实训评价】

评价学生实际操作能力，从时间、协作情况、速度等方面进行评价。

工作任务3.3　货物组配出库

职业能力3.3.1　根据货物情况进行合适的配送加工

学习目标

掌握配送加工的内容、作用和类型，能根据货物情况进行合适的配送加工。

基本知识

流通加工是指配送中心为了提高物流速度和货物的利用率，在货物进入流通领域后，按客户的要求进行的加工活动，即在货物从生产者向消费者流动的过程中，为了促进销售、维护货物质量和提高物流效率，对货物进行一定程度的加工。配送加工是流通加工的一种，但与一般的流通加工不同，它只取决于客户要求，其加工目的单一，但可取得多种社会效果。

一、配送加工的内容

配送加工内容较多，包括食品的配送加工、消费资料的配送加工、生产资料的配送加工等。配送加工最多的是食品行业，主要目的是便于保存，提高配送效率。消费资料的配送加工以服务客户、促进销售为目的，比如家具的组装、衣料品的标识等。生产资料的配送加工具有代表性的是钢铁的加工，如钢板的切割和使用矫直机将薄板卷材展平等。

二、配送加工的作用

（1）提高原材料利用率。配送中心在加工环节集中下料，将生产厂商运来的简单规格产品和原材料，按照客户要求进行集中下料。例如，可以将木材加工成各种大小和形状的板材等。

（2）更好地满足客户需求。需求量比较小的客户，自身不具备进行高效率初级加工的能力。配送加工可更好地满足这类客户的需求。

（3）提高货物价值。在配送过程中，可以通过一些简单的作业提升产品档次，提高销售价格，从而带来更多的经济效益。

（4）提高设备利用率及加工效率。集中的配送加工相对于分散加工来说，加工数量大，任务多。

（5）可以充分利用各种运输方式。从生产厂家到配送加工这一环节，有限的生产厂家将大批量货物运往配送加工地，因此可以充分利用火车、船舶等大量运输的手段。

三、配送加工的类型

由于具有不同的目的和作用，配送加工的类型呈多样化，主要有以下几种类型：

（1）为满足需求多样化进行的服务性加工。从需求角度看，需求存在着多样化和不断变化的特点，企业可根据客户需求的特点来设置加工作业，例如，把大包装换成小包装，把一般包装换成扎品包装。

（2）为保护产品所进行的加工。在物流过程中，始终都存在对产品的保护问题，要防止产品在运输、储存、装卸、搬运、包装等过程中遭到损失，确保其使用价值能顺利实现。这种加工和其他加工形式不同，它并不改变进入流通领域的"物"的外形及性质。这种加工主要采取稳固、标准化捆扎、保护性包装等方式。

（3）为提高物流效率、方便物流的加工。有一些产品本身的形态使之难以进行物流操作，如鲜鱼的装卸、储存操作困难，过大的设备搬运、装卸困难，气体物运输、装卸困难等。通过配送加工，可以使物流各环节易于操作，如鲜鱼冷冻、过大设备解体、气体液化等。这种加工往往改变"物"的物理状态，但并不改变其化学特性。

（4）促进销售的配送加工。配送加工可以从若干方面起到促进销售的作用，例如：将过大包装或散装物（这是提高物流效率所要求的）分装成适合一次销售的小包装的分装加工；将原以保护产品为主的运输包装改换成以促销为主的装潢包装，以起到吸引消费者、指导消费的作用；将零配件组装成用具、车辆以便于直接销售；将蔬菜、肉类洗净切块以满足消费者的要求，等等。这种配送加工可能是不改变"物"的本体，只进行简单改装的加工，也可能是组装、分块等深加工。

（5）衔接不同运输方式，使物流合理化的配送加工。在干线运输及支线运输的节点设置流通加工环节，可以有效解决大批量、低成本、长距离干线运输，多品种、少批量、多批次末端运输和集货运输之间的衔接问题，在配送加工点与大生产企业间形成大批量、定点运输的渠道，又以配送加工中心为核心，组织对多客户的配送，也可在配送加工点将运输包装转换为销售包装，从而有效衔接不同目的的运输方式。

（6）以提高经济效益、追求企业利润为目的的配送加工。配送加工的一系列优点，可以形成一种"利润中心"的经营形态，这种类型的配送加工可以给配送企业带来不菲的利润。

四、几种典型产品的配送加工

1. 食品的配送加工

（1）冷冻加工。针对鲜肉、鲜鱼在流通中的保鲜以及搬运、装卸的问题，可采取低温冻结方式的加工。这种加工也用于某些液体货物、药品等。

（2）分拣加工。农副产品比较分散，为获得一定规格的产品，可采取人工或机械分拣的方式加工。这种加工方式广泛用于果类、瓜类、谷物、棉毛原料等。

（3）精制加工。对于农、牧、饲、渔等产品，可在产地或销售地设置加工点，去除无用部分，甚至可以进行切分、洗净、分装等加工。这种加工不但大大方便了购买者，而且还可对加工的淘汰物进行综合利用。例如，鱼类的精制加工所剔除的内脏可用于生产某些药物或饲料，鱼鳞可用于生产高级黏合剂，头尾可用于生产鱼粉等；蔬菜的加工剩余物可用于生产饲料、肥料等。

（4）分装加工。许多生鲜食品零售起点量较小，而为保证高效输送，出厂包装可较大，也有一些是采用集装运输方式运达销售地区。为了便于销售，在销售地区按所要求的零售起点量重新包装，即大包装改小包装、散装改小包装、运输包装改销售包装，这种方式称为分装加工。

2. 机械产品及零配件的配送加工

（1）组装加工。自行车及机电设备储运困难较大，主要是不易进行包装，如进行防护包装，包装成本过大，并且运输装载困难，装载效率低，流通损失严重，但配载较简单，装配技术要求不高，主要功能已在生产中形成，装配后不需进行复杂检测及调试。因此，为解决储运问题，降低储运费用，以半成品（部件）高容量包装出厂；再在消费地拆箱组装。组装一般由流通部门进行，组装之后随即进行销售。

（2）石棉橡胶板的开张成型加工。石棉橡胶板是机械设备、热力设备、化工装备中经常使用的一种密封材料，单张厚度3mm左右，单张尺寸有的达4m，在储运过程中极易发生折角等损失。此外，许多用户所需的垫塞圈规格比较单一，不可能安排不同尺寸垫塞圈的套裁，利用率也很低。石棉橡胶板开张成型加工，是按用户所需垫塞物体尺寸裁制，不但方便使用及储运，而且可以安排套裁，提高利用率，减少边角余料损失，降低成本。

3. 平板玻璃的配送加工

"集中套裁，开片供应"是平板玻璃的重要加工方式。这种方式是在城镇中设立若干个玻璃套裁中心，按用户提供的图纸，统一开片，供应用户成品。在此基础上，可以逐渐形成从工厂到套裁中心的稳定、高效率、大规模的平板玻璃"干线运输"，以及从套裁中心到用户的小批量、多用户"二次输送"的现代物流模式。此外，现场切裁玻璃劳动强度大，废料也难于集中处理。集中套裁可以广泛采用专用设备进行裁制，工作量相对较小，方便集中处理。按照用户的需要对平板玻璃进行套裁和开片，可使玻璃的利用率从62%~65%提高到90%以上，大大降低了玻璃破损率，增加了玻璃的附加价值。

4. 钢板剪板等下料加工

热轧钢板和钢带等板材最大交货长度可达7~12m，有的是成卷交货，对于使用钢板的用户来说，大、中型企业由于消耗量大，可设专门的剪裁及下料加工设备，按生产需要剪板、下料。但对于使用量不大的企业和多数中、小型企业来讲，单独设置剪板、下料的设备，设备闲置时间长，人员浪费大，不容易采用先进方法。钢板的剪板及下料加工可以有效地解决上述弊病。剪板加工是在固定地点设置剪板机，下料加工是设置各种切割设备，将大规格钢板裁小，或切裁成毛坯，方便用户使用。

五、配送加工的不合理现象

（1）配送加工地点设置不合理。配送加工地点的设置即布局状况是决定整个配送加工是否有效的重要因素。一般来说，为衔接单品种、大批量生产与多样化需求的配送加工，加工地点设置在需求地区，才能实现大批量的干线运输与多品种末端配送的物流优势。如果将加工地点设置在生产地区，一方面，为了满足用户多样化的需求，会出现多品种、小批量的产品由产地向需求地的长距离的运输；另一方面，在生产地增加一个加工环节，也会同时增加近距离运输、保管、装卸等一系列物流活动。

（2）配送加工方式选择不当。配送加工方式的确定实际上是与生产加工的合理分工。分工不合理，把本来应由生产加工完成的作业错误地交给配送加工来完成，或者把本来应由配送加工完成的作业错误地交给生产过程去完成，都是不合理的。

（3）配送加工作用不大，形成多余环节。有的配送加工过于简单，或者对生产和消费的作用都不大，甚至有时由于配送加工的盲目性，不仅未能解决品种、规格、包装等问题，相反却增加了作业环节，这也是配送加工不合理的重要表现形式。

（4）配送加工成本过高，效益不好。配送加工的一个重要优势就是它有较大的投入产出比，因而能有效地起到补充、完善的作用。如果配送加工成本过高，则不能达到以较低投入实现更高使用价值的目的，势必会影响其经济效益。

能力训练

1. 训练情景

苏宁集团某分公司有一个生鲜食品配送中心，为当地数十家大型超市配送鲜牛奶，请为该配送中心鲜牛奶的配送加工设计作业方案。

2. 训练注意事项

对于配送加工合理化的最终判断，是看其能否实现社会效益和企业本身的效益，而且是否取得了最优效益。配送企业应该树立社会效益第一的观念，以实现产品生产的最终利益为原则，如果只是追求企业的局部效益，不适当地进行加工，甚至与生产企业争利，这就有违配送加工的初衷，或者其本身已不属于配送加工的范畴。

3. 训练过程

序号	步骤	操作方法及说明	质量标准
1	了解公司牛奶供货和配送渠道	了解公司有哪些供货商并收集供货商档案，了解公司要配送的超市需求量和包装要求等客户需求档案信息	制作供应商供货档案和客户需求档案
2	制订牛奶配送加工详细方案	根据牛奶配送加工的步骤和技术要求，以及不同客户的具体需求制订牛奶配送加工的详细方案	完成配送加工方案
3	与客户确认配送加工方案等	将完成的方案交客户确认	完成客户确认
4	将方案修改完善并交相关部门实施	根据客户反馈的意见将方案修改完善后交相关部门实施	完善方案并交付实施

问题分析

怎样才能实现配送加工合理化？

要实现配送加工的合理化，主要应从以下几个方面加以考虑：

（1）加工和配送结合。加工和配送结合就是将配送加工设置在配送点中。一方面按配送的需要进行加工，另一方面加工又是配送作业流程中分货、拣货、配货的重要一环，加工后的产品直接投入配货作业，无须单独设置一个加工的中间环节，而使配送加工与中转流通巧妙地结合在一起。同时，由于配送之前有必要的加工，可以使配送服务水平大大提高，这是当前对配送加工做合理选择的重要形式，在煤炭、水泥等产品的流通中已经表现出较大的优势。

（2）加工和配套结合。"配套"是指对使用上有联系的用品集合成套地供应给用户使用。例如，方便食品的配套。当然，配套的主体来自各个生产企业，如方便食品中的方便面，就是由其生产企业配套生产的。但是，有的配套不能由某个生产企业全部完成，如方便食品中的盘菜、汤料等。这种情况下，在物流企业进行适当的流通加工，可以有效地促成配套，大大提高流通作为供需桥梁与纽带的能力。

（3）加工和合理运输结合。配送加工能有效衔接干线运输和支线运输，促进两种运输形式的合理化。利用配送加工，在支线运输转干线运输或干线运输转支线运输等这些必须停顿的环节，不进行一般的支转干或干转支，而是按干线或支线运输合理的要求进行适当加工，从而大大提高运输及运输转载水平。

（4）加工和商流合理结合。通过配送加工，提高了配送水平，促进了销售，使加工与商流合理结合。此外，通过简单地改变包装加工形成方便的购买量，通过组装加工解决用户使用前进行组装、调试的难题，都是有效促进商流的很好例证。

（5）加工和节约结合。节约能源、节约设备、节约人力、减少耗费是配送加工的重要考虑因素，也是目前我国设置配送加工并考虑其合理化的较普遍形式。

训练评价

序号	评价内容	评价标准	评价结果（是/否）
1	供应商和客户档案制作工作	是否完成供应商供货档案和客户需求档案的制作	
2	配送加工方案制订	是否根据客户需求制订完成配送加工方案	
3	方案确认及完善	是否与客户进行配送加工方案的确认并进行修改完善	

职业能力3.3.2　根据客户需求完成组配出库作业

学习目标

能掌握出库的原则、依据、方式和作业流程，能根据客户需求完成组配出库作业。

基本知识

货物出库作业是货物储存阶段的终止，也是仓库作业管理的最后一个环节，它使仓储作业与运输部门、货物使用单位直接发生联系。货物出库作业是仓库根据使用单位或业务部门开出的货物出库凭证（提货单、领料单、调拨单等），按其所列的货物名称、规格、数量、时间、地点等项目，组织货物出库、登账、配货、复核、点交清理、送货等一系列工作的总称。

一、出库作业管理

出库作业是保管工作的结束，既涉及仓库同货主或收货企业及承运部门的经济联系，也涉及仓库各有关业务部门的作业活动。仓库应主动与货主联系，由货主提供出库计划，这是仓库出库作业的依据。特别是供应异地的和大批量出库的货物，更应提前发出通知，以便仓库及时办理流量和流向的运输计划，完成出库任务。

仓库必须建立严格的出库和发运程序，严格遵循"先进先出、后进后出、推陈出新"的原则，尽量一次完成，防止差错。需托运货物的包装还要符合运输部门的要求。

（一）出库的基本原则和依据

1. 出库的基本原则

（1）先进先出、后进后出、推陈出新。所谓先进先出，就是根据货物入库的时间顺序，安排先入库的货物先出库，以保持库存货物质量完好。尤其对于易变质、易破损、易腐败的货物，以及机能易退化、易老化的货物，应加快周转。变质失效的货物不准出库。

（2）凭证发货。"收有据、出有凭"是货物收发的重要原则。所谓凭证发货，是指货物出库必须凭正式单据和手续，非正式凭证或白条一律不予发放（国家或上级指令的、紧急抢险救灾货物除外）。出库凭证的格式不尽相同，但不论采用何种形式，都必须真实、有效。出库凭证不符合要求的，仓库不得擅自发货。

（3）严格遵守仓库有关出库的各项规章制度。

①货物出库必须遵守各项制度，按章办事。发出的货物必须与提货单、领料单或调拨单上所列货物的名称、规格、型号、单价、数量符合。

②未验收的货物及有问题的货物不得发放出库。

③货物入库检验与出库检验的方法应保持一致，以免造成人为的库存盈亏。

④超过提货单有效期尚未办理提货手续的，不得发货。

（4）提高服务质量，满足客户需要。货物出库要做到以下几点：及时、准确、保质、保量地将货物发放给收货单位，防止差错事故发生；工作尽量一次完成，提高作业效率；为客户提货创造各种方便条件，协助客户解决实际问题。

2. 出库的依据

货物出库必须依据货主开出的货物出库凭证进行。不论在任何情况下，仓库都不得擅自、变相动用或者外借货主的库存货物。

货主的出库通知或出库请求的格式不尽相同，不论采用何种形式，都必须是符合财务制度要求的、有法律效力的凭证，要坚决杜绝凭信誉或无正式手续的发货。

（二）出库的基本方式

出库方式是指仓库用什么样的方式将货物交付客户。选用何种方式出库，要根据具体条件，由供需双方事先商定。出库的基本方式有以下几种：

1. 送货上门

根据货主单位的出库通知或出库请求，通过发货作业把应发货物交由运输部门送达收货单位或使用仓库车辆把货物运送到收货地点。

2. 收货人自提

由提货人凭货主填制的发货凭证，用自己的运输工具到仓库提货。仓库保管员按证单配货，经专人逐项复核后，将货物当面点交给提货人员，并办理交接手续，开具出门证，由提货人员提走货物。

3. 过户

过户是一种就地划拨的形式，货物实物并未出库，但是所有权已从原货主转移到新货主。仓库必须根据原货主开出的正式过户凭证办理过户手续。

4. 取样

取样是指货物所有者即货主由于商检或样品陈列等需要，到仓库提取货样（通常要开箱拆包、分割抽取样本）。在办理取样业务时，要根据货主填制的正式样品出库单转开货物出库单，要核实货物的名称、规格、牌号、等级和数量等，核实无误后备货，即仓库必须根据正式取样凭证发出样品，将货物交提货人，并做好账务记载。

5. 转仓

转仓是指货主为了业务方便或改变储存条件，将某批库存货物自甲库转移到乙库。转仓分为内部转仓与外部转仓。内部转仓填制仓储企业内部的转仓单，并据此发货；外部转仓时仓库必须根据货主单位开出的正式转仓单，办理转仓手续并结算发货。

6. 代办托运

代办托运简称托运，是指仓库接受客户的委托，依据货主开具的出库凭证上所列货物的品种、规格、质量、数量、价格等，办理出库手续，通过运输部门，如公路、铁路、水路、航空等，把货物发运到客户指定地点。

托运方式的特点是仓库通过承运单位将货物运到购货单位。在办理托运前，仓库应按照需用单位的要求备好货，并做好发运记录。在托运期间，保管工作仍未结束，应做好复核工作。

二、配货出库作业流程

配货出库作业流程是保证出库工作顺利进行的基本条件。为防止出库工作出现失误，在进行出库作业时必须严格按照出库流程的规定，确保出库作业的秩序和质量。

根据货物在库内的流向，或出库单的流转而构成各业务环节的衔接，配货出库作业流程包括出库准备、核单备货、复核、包装、点交、登账、现场清理等环节。

配货出库作业的工作流程如图3-10所示。

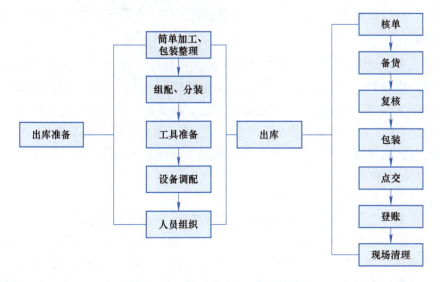

图3-10 配货出库作业的工作流程

1. 出库准备

配送中心仓库在收到提货单后，要安排人员查询货物存放的货位，检查货物完好情况，根据客户需求进行简单加工、包装整理，完成组配和分装等配送加工，准备出库用的工具，做好设备调配，进行人员组织等。

2. 核单备货

（1）核单。仓库核对出库凭证的主要内容包括：审核出库凭证的合法性和真实性；核对货物的名称、型号、规格、单价、数量、收货单位、到站及银行账号；审核出库凭证的有效期等。出库货物应附有质量证明书或副本、磅码单、装箱单等，机电设备、电子产品等货物，其说明书及合格证应随货同付。

在证件核对过程中，凡有货物名称、规格型号不对，数量有涂改，手续不符合要求等情况的均不能发货出库。

（2）备货。备货时，应本着"先进先出，易霉易坏先出，接近失效期先出"的原则，根据领料数量备货。备货的计量实行"以收代发"，即利用入库检验时的清点数，不再重新过磅；需分割或拆捆的应根据情况进行。备货后要及时变动料卡余额数量，填写实发数量和日期等。具体备货工作有以下内容：

①销卡。在货物出库时应先销卡、后付货。

②理单。根据出库单的货位，按出库单顺序排列，以便迅速找位付货。

③核对。按照货位找到应付货物时，要"以单对卡，以卡对货"，进行单、卡、货三者核对。

④点数。要仔细点清应付货物的数量，防止差错。

⑤批注地区代号。在多批货物同时发货需要理货时，为方便下一个环节，仓库保管员在货物的外包装上还必须批注地区代号。

⑥签单。应付货物按单付讫后，仓库保管员逐笔在出库凭证上签名和批注结存数。

3. 复核

为保证出库货物不出差错，备货后应立即进行复核。发货前由专职或兼职复核员按出库凭证对出库货物的品名、规格、单位、数量等仔细地进行复验，检查无误后，由复核员在出库凭证上签字，货物方可包装或交付装运。在货物包装、装运过程中要再次进行复核。发货检查的目的就是防止发货出现差错，避免由此影响出库质量和效率。

出库复核的主要形式有专职复核、交叉复核和环环复核三种。此外，在发货作业的各个环节上，都贯穿着复核工作。

复核的内容主要包括以下几方面：

（1）认真审查正式出库凭证填写的项目是否齐全，出库凭证的抬头、印鉴、日期等是否符合要求；复核货物的名称、规格、等级、产地、重量、数量、标志、合同号等是否正确。

（2）根据正式出库凭证所列项目，与备好的货物相对照，逐项复核、检查，看其是否与出库凭证所列完全相符。如经反复核对确实不符，应立即调换，并将原错误货物标志除掉，退回库房。

（3）检查包装是否有破损、污染，标志、箱（包）号是否清楚，标签是否完好，配套是否齐全，技术证件是否齐备。

（4）需要计重、计尺的货物，要与提货人一起过磅，或根据货物的具体情况抽磅，或理论换算重量，一起检尺。要填写磅码单或尺码单，并会同提货人签字。

（5）复核结余货物数量或重量是否与保管账目、货物保管卡片上结余数相符，发现不符应立即查明原因。

复核的要求是出库货物手续完备，交接清楚，不错发、错运。出库货物经过复核无误后，方可发运。

4. 包装

包装分为生产领域的包装和流通领域的包装。生产领域的包装称为销售包装、商业包装，也叫小包装、内包装；流通领域的包装称为运输包装、工业包装，也叫大包装、外包装。商业包装是以促进货物销售为主要目的的包装，它本身构成货物的一部分；运输包装是以满足货物的运输、装卸和储存需要为目的的包装，起到保护、定量、便利等作用。

出库货物的包装必须完整、牢固，标记必须正确清楚。如有破损、潮湿、捆扎松散等不能保障运输中安全的情况，应加固整理，破包、破箱不得出库。各类包装容器上有水渍、油迹、污损等，也均不能出库。包装时严禁将互相影响或性能互相抵融的货物混合包装。包装后，要写明收货单位、到站、发货号、本批总件数、发货单位等。

5. 点交

出库货物经复核后，如果是本单位内部领料，则将货物和单据当面点交给提货人，办清交接手续；如果是送货或将货物调出本单位办理托运，则与送货人员或运输部门办理交接手续，当面将货物点交清楚。出库货物交清后，提货人员应在出库凭证上签章。

6. 登账

点交后，仓库保管员应在出库单上填写实发数、发货日期等内容，并签字确认。然后将出库单连同有关证件资料，及时交给货主，以便货主办理货款结算。仓库保管员把留存的一联出库凭证交实物明细账登记人员登记做账。

7. 现场清理

经过出库的一系列工作程序之后，实物、账目和库存档案等都发生了变化，应对其进行彻底清理，使保管工作重新趋于账、物、资金相符的状态。清理工作主要包括下列内容：

（1）按出库单核对结存数，做到单货相符、单单相符。

（2）如果一批货物全部出库，应查实损耗数量，在规定损耗范围内的进行核销，超过损耗范围的查明原因，进行处理。

（3）一批货物全部出库后，可根据该批货物入、出库的情况，采用的保管方法和损耗数量等，总结保管经验。

（4）清理现场，收集苫垫材料，妥善保管，以待再用。

（5）清洁现场，使环境保持整洁的状态，把整理、整顿、清扫进行到底，并将管理制度化、公开化、透明化，使工作人员在仓库工作环境中心情愉快、积极乐观。

（6）办理文件、单据和实物等移交工作，并存入仓库档案，妥善保存，以备日后查用。

（7）仓储装卸搬运工具、存储设备、包装工具和材料等应放置在原规划区域内，有序排放并进行适当的保养与维护，保持库内整洁和仓储工具设备处于正常工作状态。

能力训练

1. 训练情景

根据工作任务3.1客户订单需求情况，完成货物的配货出库作业。

2. 训练注意事项

在整个出库作业过程中，复核和点交是两个最为关键的环节。复核是防止差错的重要且必不可少的措施，而点交是划清仓库和提货方两者责任的必要手段。

3. 训练过程

序号	步骤	操作方法及说明	质量标准
1	出库单证制作	出库单证主要是指出库单、领料单和提货单，它们是向仓库提取货物的正式凭证 **出库单** 客户名称：　　　　　　　　　　　储存凭证号码： 发货日期：　　　　　　　　　　　仓库地址： | 货号、品名、规格、牌号 | 国别及产地 | 包装及件数 | 单位 | 数量 | 单价 | 总价 | 实发数 | | 危险品标志章及备注 | 运费 | 包装押金 | 总金额 | | | 人民币（大写） | | | 审核：　　　　　　　　　　　　　制单： **领料单** 领料日期：　　年　月　日　　　　发料日期：　　年　月　日 领用单位： 　　　　　　　　　　　　　　　　领料单号： | 编号 | 材料名称 | 规格 | 单位 | 领料数量 | 实发数量 | 备注 | 批准人：　　　　　发料人：　　　　　领料人： 注：此领料单一式四联，一般只填写一种物料，以便分类和统计 **提货单** 提货单位：　　　　　　　　　　　提货时间：　　年　月　日 | 名称 | 规格 | 单位 | 数量 | | 合计 | | | | 负责人：　　　　　制单：　　　　　经办人：	正确无误填制出库单证
2	出库单证流转	不同单位在不同出库方式下，单证流转与账务处理的程序都会有所不同。通常情况下，出库单证流转操作是仓库保管员接到货主或仓库主管通知后，制作生成要货通知单或发货通知单，然后根据要货通知单或发货通知单积极备货 **作业通知单** 仓储部： 　兹有××公司前来提货，请根据发货单所列项目，按时做好出库准备。 　　　　　　　　　　　　　　　×××配送中心业务部 　　　　　　　　　　　　　　　　　　　年　月　日	完成单证流转
3	出库准备	准备好货物分拣设备和托盘等包装设备，做好人力和物力准备	完成准备
4	核单备货	根据客户订单进行货物分拣作业，按不同客户订单完成备货工作	完成备货
5	复核	按不同客户订单进行复核工作	完成复核
6	登账点交	根据不同客户订单，完成货物组配出库，将货物放在不同的月台，与收货方进行货物交接，完成出库登账作业	正确完成
7	现场清理	出库完成后，对仓库存放现场进行清理	完成清理

问题分析

1. 出库凭证出现异常情况如何处理?

（1）出库凭证超过提货期限，客户前来提货的，必须先办理手续，按规定缴足逾期仓储保管费，方可提货。任何非正式凭证都不能作为发货凭证。提货时，客户发现货物规格出错，仓库保管员不得自行调换规格发货。

（2）凡发现出库凭证有疑点，或者情况不清楚，以及出库凭证有假冒、复制、涂改等情况时，应及时与仓库保卫部门及出具出库单的单位或部门联系，进行妥善处理。

（3）货物进库未验收或期货未进库的出库凭证，一般暂缓发货并通知货主，待货到并验收后再发货，提货期顺延。

（4）如客户因各种原因将出库凭证遗失，客户应及时与仓库发货员和账务人员联系挂失。如果挂失时货已被提走，仓库保管员不承担责任，但要协助货主单位找回货物；如果货还没有被提走，经仓库保管员和账务人员查实后，做好挂失登记，将原凭证作废，缓期发货。

2. 出库中提货数与实存数不符的问题如何处理?

若出现提货数与货物实存数不符的情况，一般是实存数小于提货数。

当提货数量大于实际货物库存数量时，无论是何种原因造成的，都需要和仓库主管部门及货主单位及时取得联系后再做处理。

待运货物发出后，收货单位提出数量不符时，属于重量短少而包装完好且件数不缺的，应由仓库保管机构负责处理；属于件数短少的，应由运输机构负责处理。若发出的货物种类、规格、型号不符，由仓库保管机构负责处理。若发出的货物损坏，应根据承运人出具的证明，分别由仓库保管机构及运输机构处理。

3. 串发和错发货的问题如何处理?

如果货物尚未离库，应立即组织人力，重新发货。如果货物已经离开仓库，仓库保管员要根据实际库存情况，向本库主管部门和货主单位说明串发和错发货的品名、规格、数量、提货单位等情况，会同货主单位和运输单位共同协商解决。一般在无直接经济损失的情况下，由货主单位重新按实际发货数冲单（票）解决；如果形成直接经济损失，应按赔偿损失单据冲转调整保管账。

4. 包装破漏的问题如何处理?

包装破漏是指在发货过程中，因货物外包装破损引起的渗漏等问题。这种问题主要是在储存过程中由堆垛挤压、发货装卸操作不慎等情况引起的，发货时应经过整理或更换包装，方可出库，否则造成的损失应由仓储部门承担。

5. 漏记账和错记账的问题如何处理?

漏记账是指在出库作业中，由于没有及时核销明细账而造成账面数量大于或小于货物实存数的现象。错记账是指在货物出库后核销明细账时没有按实际发货出库的货物名称、数量等登记，从而造成账实不相符的情况。

无论是漏记账还是错记账，一经发现，除及时向有关领导如实汇报情况外，还应根据出库凭证查明原因，调整保管账，使之与实际库存保持一致。如果漏记账和错记账给货主单位、运输单位和仓储单位造成经济损失，应予赔偿，同时追究相关人员的责任。

训练评价

序号	评价内容	评价标准	评价结果（是/否）
1	出库单证填制情况	是否正确填制出库单证并及时进行出库通知	
2	货物组配出库正确无误	是否按照客户订单要求完成货物组配并完成全部出库工作流程	
3	异常问题处理	能否合理解决出现的各种异常问题	

任务总结

本任务主要介绍了配送中心在接到客户订单后，进行配送加工以及按照客户订单进行组配出库的工作要求、工作流程等内容。学习了配送加工的常用方法、组配出库的工作流程，分析了出库过程中出现的问题如何解决等。

拓展训练

货物出库作业实训项目

【实训情景】

2021年5月8日，B公司要求C运输公司至A仓库提取一批货物，出货单如表3-35所示。请完成出库作业，并编制相应的出库单证。

表3-35　出货单

单位：　　　　　　　　　日期：2021年5月8日　　　　　　　　NO.05021463

品　名	规　格	单　位	数　量	单价（元）	金额（元）	备　注
螺母	20mm	个	800	1.00	800.00	
螺栓	20mm	个	800	2.00	1 600.00	
漏电保护器	3型	盒	100	10.00	1 000.00	

收货单位：（盖章）　　　　　　制单：张三　　　　　　送货单位：（盖章）

【实训目标】

通过项目的实训，使学生在熟知货物出库作业管理的主要内容、出库作业涉及的相关单证及其流转、出库作业中遇到问题的解决办法的基础上，合理高效地完成货物的出库作业管理，为培养学生成为高素质的劳动者和管理者奠定基础。

【实训准备】

掌握货物出库作业管理的主要内容，出库作业涉及的相关单证及其流转，出库作业中遇到问题的解决办法。

【实训步骤】

（1）自由组合成小组，每组4~6人。

（2）熟悉货物出库作业管理的具体情况。

（3）参考其他类似货物出库作业管理的成功案例，模拟情景。

（4）填写货物出库作业的相关单证。

（5）完成该批货物的出库作业管理。

【实训评价】

教师和学生共同对各组设计方案做出综合评价。

小组序号：			学生姓名：		
小组成绩：			个人最终成绩：		
考核内容	满分	得分	考核内容	满分	得分
模拟训练工作态度	15		小组分解得分	70	
资料收集、整理、分析真实有效	15		个人角色与执行	20	
理论联系实际能力	10				
填写单证完整、合理	20		团队合作	10	
组织与分工合理性	10				
合　　计	70		合　　计	100	
评定人：			评定时间：		

工作领域小结

本工作领域以配送中心配货出库工作流程为主线，具体分解为三大工作任务，即订单确认、货物拣选与补货、货物组配出库。通过该工作领域的学习和任务的实施，掌握出库配货、拣选、装车出库等知识和技能。

补充笔记插页

课后练习

工作领域三
课后练习

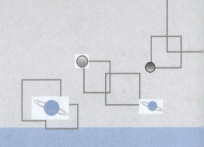

工作领域四

现代配送中心配载送货

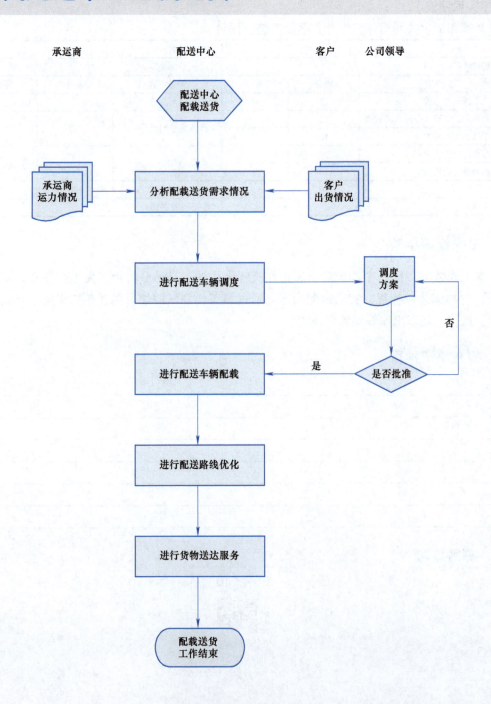

现代配送中心配载送货工作任务和职业能力分析

工作任务	职业能力要求	知识素养要求
配送车辆调度	➢ 能根据货物特点选择合适的车型 ➢ 能根据图上作业法进行车辆合理调度	➢ 理解车辆调度的概念 ➢ 掌握车辆调度工作的原则 ➢ 理解图上作业法的概念 ➢ 掌握图上作业法的求解规则及基本操作步骤
配送车辆配载	➢ 能根据车辆积载原则设计最佳配载方案 ➢ 能根据配送需求合理安排车辆装载	➢ 理解车辆积载的概念 ➢ 掌握车辆积载的原则 ➢ 熟悉车辆亏载的原因 ➢ 掌握车辆积载的计算方法
配送路线优化	➢ 能根据配送特点选用合适的方法进行配送路线规划 ➢ 能使用节约里程法进行配送路线优化	➢ 掌握配送路线优化的原则 ➢ 熟悉配送路线优化的方法及约束条件 ➢ 理解节约里程法的概念 ➢ 掌握节约里程法的计算方法
配送送达服务	➢ 能利用GPS等系统进行配送跟踪管理 ➢ 能完成货物送达交接和费用结算	➢ 理解GPS的概念及组成 ➢ 掌握GPS的应用功能 ➢ 理解货物送达交接的含义 ➢ 掌握货物送达服务的基本要求

工作任务4.1 配送车辆调度

职业能力4.1.1 根据货物特点选择合适的车型

学习目标

掌握车辆调度工作原则、货车常见类型、货物常见类型,能根据货物特点选择合适的车型。

基本知识

车辆调度是指制定行车路线,使车辆在满足一定的约束条件下,有序地通过一系列装货点和卸货点,达到路程最短、费用最小、耗时最少等目标。

一、车辆调度工作的原则

车辆运行作业计划在组织执行过程中常会遇到一些难以预料的问题,如客户需求发生变化、装卸机械发生故障、车辆运行途中发生技术障碍、临时性路桥阻塞等。针对这些情况,车辆调度部门要有针对性地加以分析和解决问题,及时进行车辆调度,随时掌握货物状况、车况、路况、气候变化、驾驶员状况、行车安全等,确保配送运输作业顺利进行。车辆调度应遵循以下原则:

1. 坚持从全局出发，局部服从全局的原则

在编制和实施车辆运行作业计划的过程中，要从全局出发，保证重点、统筹兼顾，运力安排应贯彻"先重点、后一般"的原则。

2. 安全第一、质量第一的原则

在配送运输生产过程中，要始终把安全工作和质量管理放在首要位置。

3. 计划性原则

调度工作要根据客户订单要求认真编制车辆运行作业计划，并以运行计划为依据，监督和检查运行作业计划的执行情况，按计划配送货物，按计划送修送保车辆。

4. 合理性原则

要根据货物性能、体积、重量、车辆技术状况、道路桥梁通行条件、气候变化、驾驶员技术水平等因素合理调派车辆。在编制车辆运行作业计划时，应科学合理地安排车辆的运行路线，有效降低运输成本。

二、货车常见类型

1. 普通货车

（1）平板货车。

（2）栏板货车。

（3）厢式货车。

2. 专用货车

（1）冷藏车。

（2）罐车。

（3）自卸车。

三、货物常见类型

（1）食品类。

（2）日用品类。

（3）饮料酒水类。

（4）电子电器类。

（5）生鲜蔬果类。

（6）机械钢材类。

（7）危险品。

（8）鞋帽服装类。

（9）化工类。

（10）五金类。

能力训练

1. 训练情景

配送中心配送的货物有：薯片、饼干、方便面、水果、鲜奶、酸奶、电饭锅、电吹风、微波炉、矿泉水、冰红茶、啤酒、手机。请根据货物的不同特点进行车辆车型的合理选择。

2. 训练注意事项

要先了解货物的常见类型及其特点、货车的分类及其特点等。

3. 训练过程

序号	步骤	操作方法及说明	质量标准
1	根据货物的特点进行分类	根据货物的特点对配送货物进行分类： ① 食品类：薯片、饼干、方便面 ② 电子电器类：电饭锅、电吹风、微波炉、手机 ③ 生鲜蔬果类：鲜奶、酸奶、水果 ④ 饮料酒水类：矿泉水、冰红茶、啤酒	货物分类准确
2	进行货物车型匹配	进行货物车型的正确匹配： ① 厢式货车：食品类、电子电器类 ② 栏板货车：饮料酒水类 ③ 冷藏车：生鲜蔬果类	货物车型匹配正确

问题分析

1. 如果用栏板货车配送货物遇到恶劣天气，怎么办？

为车厢盖好篷布，这样装好货后在路上遇到恶劣天气时，可以有效地保护车厢内货物不被淋湿。

2. 如果在配送作业旺季配送车辆不足，怎么办？

可以采用配送业务部分外包形式解决，但要监控配送服务质量。

训练评价

序号	评价内容	评价标准	评价结果（是/否）
1	货物分类掌握情况	能准确地进行货物的分类	
2	货物车型合理匹配情况	能进行货物车型的合理匹配	

职业能力4.1.2　根据图上作业法进行车辆合理调度

学习目标

掌握图上作业法的求解规则、操作步骤，能使用图上作业法进行配送车辆调度。

> 基本知识

图上作业法是指将配送业务量反映在交通图上，通过对交通图初始调运方案的调整，求出最优配送车辆运行调度方案的方法。运用图上作业法时，要求交通图上没有货物对流现象，以运行路线最短、运费最低或行程利用率最高为优化目标。

一、图上作业法的求解规则

（1）流向划右方，对流不应当。
（2）内圈、外圈分别算，要求不能过半圈长。
（3）如果超过半圈长，应去运量最小段。
（4）反复运算可得最优方案。

二、图上作业法的基本操作步骤

（1）绘制运量交通图。
（2）去段破圈，确定初始调度方案。
（3）检查有无迂回现象。
（4）重新去段破圈，调整流向。
（5）再检查，直至得到最优线路流向图为止。

> 能力训练

1. 训练情景

公司有四个配送点 A_1、A_2、A_3、A_4，分别有货物 20t、60t、100t、30t，需送往五个客户点 B_1、B_2、B_3、B_4、B_5，各客户点的需求量分别为 25t、35t、50t、65t、35t。已知各配送点和客户点的地理位置及它们之间的道路通阻情况（A_1B_2 36km、B_2B_3 24km、B_3A_4 13km、A_1B_1 45km、B_1A_2 23km、A_2B_4 25km、B_3B_4 18km、B_4A_3 29km、A_3B_5 127km），配送点和客户的分布如图4-1所示。请根据图上作业法进行车辆的合理调度。

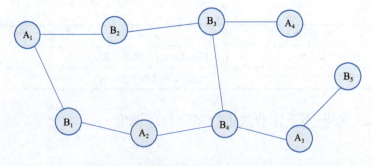

图4-1 配送点和客户分布图

2. 训练注意事项

准确掌握图上作业法的求解规则及其基本操作步骤等知识。

3. 训练过程

序 号	步 骤	操作方法及说明	质量标准
1	绘制运量交通图	① 根据各配送点和客户点的地理位置及它们之间的道路通阻情况绘制运量交通图 ② 为了便于识别，图中圆圈表示供应点，方框表示需求点，供应量记"+"（单位t），需求量记"-"（单位t），线路旁括号内标注的数字表示相邻两点间的距离（单位km）。 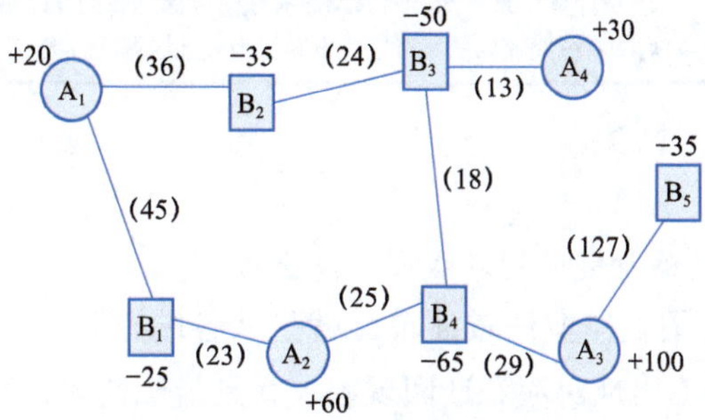	根据实际情况正确绘制运量交通图
2	去段破圈，确定初始调度方案	① 先假设A_1至B_2的线路不通，去掉这段线路，把成圈线路转化为不成圈线路 ② 然后根据"各点供需就近调拨"的原则进行调运，即可得到初始运输流向线路图 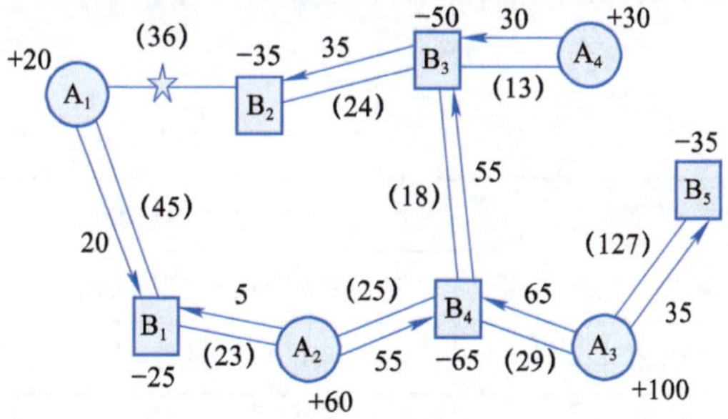	正确去段破圈，初始调度方案合理
3	检查有无迂回现象	① 计算内、外圈流向线长和半、全圈总长 半圈总长=全圈总长/2=（45+23+25+18+24+36）/2=171/2=85.5km 外圈流向线长=45+25+18+24=112km 内圈流向线长=23km ② 检查有无迂回现象 从计算结果可知，内圈流向线长23km，小于全圈总长的1/2（85.5km），没有迂回现象；而外圈流向线长112km，超过了全圈总长的1/2，存在迂回现象，因此所对应的运输方案不是最优方案，必须进行优化调整	准确判断有无迂回现象
4	重新去段破圈，调整流向	① 去掉外圈流向线路中运量最小的A_1到B_1的线路 ② 重新根据"各点供需就近调拨"的原则进行调运，得到一个新的运输流向线路图 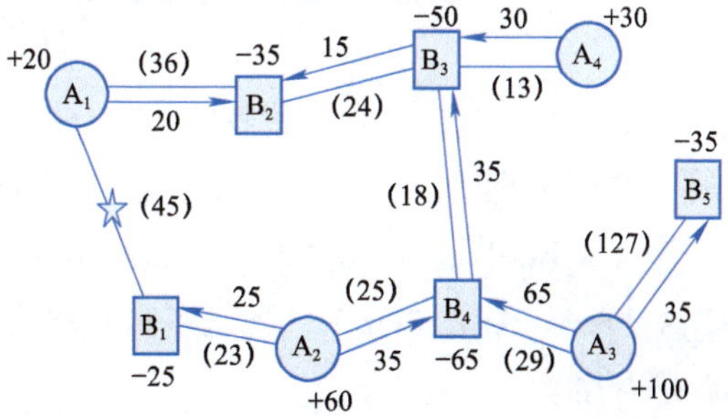	正确根据图上作业法求解规则重新去段破圈

序号	步骤	操作方法及说明	质量标准
5	再检查，直至得到最优线路流向图为止	① 检查新运输线路图的内、外圈流向线长是否超过全圈总长的1/2 外圈流向线长=25+18+24=67km 内圈流向线长=23+36=59km ② 从计算结果可知，两者均没有超过全圈总长的1/2，所以调整后的新线路流向图所对应的方案为最优配送调度方案	根据图上作业法求解规则得到最优配送调度方案

问题分析

1. 如果绘制出来的运量交通图不成圈，怎么办？

运输线路不成圈的图上作业法较简单，就是从各端点开始，按"各点供需就近调拨"的原则进行调配。只要不出现对流和迂回现象，就是最优调运方案。

2. 如果绘制出来的运量交通图有多个圈，怎么办？

需分别对各圈进行是否存在迂回线路的检查，如果各圈的内、外圈都不超过全圈总线长的1/2，则不存在迂回现象，此方案为最优运输调度方案。

训练评价

序号	评价内容	评价标准	评价结果（是/否）
1	图上作业法求解规则和操作步骤	能清晰说明求解规则和操作步骤	
2	图上作业法掌握情况	能利用图上作业法得到最优调度方案	

任务总结

本任务以配送车辆调度为主线，通过对任务的实施，引领学生掌握车辆调度的概念和原则，以及图上作业法的求解规则和基本操作步骤等知识，使学生具备选择合适车型、合理调度车辆的职业能力。

拓展训练

图上作业法车辆调度实训项目

【实训情景】

公司有四个配送点 A_1、A_2、A_3、A_4，分别有货物7t、8t、6t、4t，需送往四个客户点 B_1、B_2、B_3、B_4，各客户点的需求量分别为2t、8t、7t、8t。已知各配送点和客户点的地理位置及它们之间的道路通阻情况（$A_1B_1$50km、$A_1B_4$200km、$B_4A_3$100km、$A_2B_3$90km、$A_2B_1$50km、$B_2A_2$50km、$B_2A_4$30km、$B_3A_3$90km、$A_3A_4$50km），配送点和客户的分布如图4-2所示。请根据图上作业法进行车辆的合理调度。

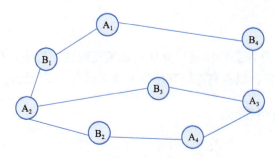

图4-2 配送点和客户分布图

【实训目标】

通过对图上作业法进行车辆调度实训,进一步掌握图上作业法的运用。

【实训准备】

掌握图上作业法的求解规则和基本操作步骤。

【实训步骤】

(1)自由组合成小组,每组4～6人。

(2)各组进行绘制运量交通图操作。

(3)各组进行去段破圈,确定初始调度方案操作。

(4)各组进行有无迂回现象检查操作。

(5)各组进行重新去段破圈,调整流向操作。

(6)各组进行再检查,直至得到最优线路流向图操作。

【实训评价】

教师和同学共同对各组车辆调度做出综合评价。

小组序号:			学生姓名:		
小组成绩:			个人最终成绩:		
考核内容	满分	得分	考核内容	满分	得分
绘制运量交通图	10		小组分解得分	70	
去段破圈,确定初始调度方案	20		个人角色与执行	20	
检查有无迂回现象	10				
重新去段破圈,调整流向	20		团队合作	10	
再检查,直至得到最优线路流向图	10				
合　　计	70		合　　计	100	
评定人:			评定时间:		

工作任务4.2　配送车辆配载

职业能力4.2.1　根据车辆积载原则设计最佳配载方案

> **学习目标**
>
> 了解配送车辆亏载的原因,能根据车辆积载原则设计最佳配载方案。

> **基本知识**

车辆积载是指在充分保证货物质量完好和数量正确的前提下,尽可能提高车辆在容积和载重量两方面的装载量,以提高车辆利用率,节省运力,降低配送费用。

一、配送车辆亏载的原因

1. 货物特性

例如轻泡货物,由于车辆容积的限制和运行限制(主要是超高)而无法满足吨位,造成吨位利用率较低。

2. 货物包装情况

多数情况下,车厢尺寸与货物包装容器尺寸不是倍数关系,因此无法装满车厢。例如,货物宽度为80cm,车厢宽度为220cm,则货物装完后,车厢将会剩余60cm宽的空间。

3. 不能拼装运输

积载时,要尽量选派核定吨位与所配送的货物重量接近的车辆进行运输,或按有关规定而必须减载运行,如有些危险品必须减载运送才能保证安全。

4. 装载技术

一些货物由于装载技术的原因,造成不能装足吨位。

二、配送车辆积载的原则

装车配载原则
动画视频

(1)轻重搭配、重不压轻。车辆装货时,应将重货置于底部,轻货置于上部,避免重货压坏轻货,并使货物重心下移,从而保证运输安全。

(2)大小搭配。货物包装的尺寸有大有小,为了充分利用车厢的内容积,可以在同一层或上下层合理搭配不同尺寸的货物,以减少车厢内的空隙。

(3)货物性质搭配。拼装在一个车厢内的货物,其化学性质、物理属性不能互相抵触。例如,不能将散发臭味的货物与具有吸臭性的食品混装,不能将散发粉尘的货物与清洁货物混装等。

(4)同地点积载。运送到同一地点的适合配装的货物应尽可能一次积载。

(5)确定合理的堆码层次及方法。可根据车厢的尺寸、容积,货物外包装的尺寸等来确定合理的堆码层次及方法。

(6)不超过车辆额定载重量。装载时不能超过车辆所允许的最大载重量。

(7)装载易滚动的卷状、桶状货物时,要垂直摆放。

(8)防止货损。货与货之间、货与车厢之间应留有空隙并适当衬垫,防止货损。

(9)积载完加固。装货完毕,应在门端处采取适当的稳固措施,以防开门卸货时,货物倾倒而造成货损。

(10)尽量做到"后送先装"。

工作领域四 现代配送中心配载送货

能力训练

1. 训练情景

配送中心现要向两个客户配送一批货物,具体信息见表4-1。请根据车辆积载的原则制订配载方案。

表4-1 客户配送信息表

送货顺序	客 户	货物名称	包装形式
1	A客户	矿泉水、饼干	箱
2	B客户	薯片、啤酒	箱

2. 训练注意事项

要先理解配送车辆亏载的原因及配送车辆积载的原则等知识。

3. 训练过程(可扫码观看配货作业动画视频)

配货作业动画视频

序 号	步 骤	操作方法及说明	质量标准
1	确定装货顺序	根据后送先装原则确定装货顺序: ①B客户的货物后送,装在车厢的里面 ②A客户的货物先送,装在车厢的外面	装货顺序正确
2	进行货物积载	根据重不压轻原则进行货物积载: ①A客户的饼干为轻货装上面,矿泉水为重货装下面 ②B客户的薯片为轻货装上面,啤酒为重货装下面	货物积载正确

问题分析

1. 如果一批货物中有的货物具有尖角或其他突出物,应该如何装载?

尽量分开装载或用木板隔离,以免损伤其他货物。

2. 如果是桶装货物容易翻滚,应该如何装载?

采用竖向放置,防止翻滚。

训练评价

序 号	评价内容	评价标准	评价结果(是/否)
1	装货顺序掌握情况	能正确确定装货顺序	
2	货物积载掌握情况	能正确进行货物积载	

职业能力4.2.2　根据配送需求合理安排车辆装载

学习目标

掌握配送车辆积载计算假设条件和计算方法，能根据配送需求合理安排车辆积载。

基本知识

一、配送车辆积载计算假设条件

（1）车辆容积和载重量的额定限制。

（2）每一个客户都有确定的一个送货点，有相应的驾驶时间用以到此送货点或从此送货点到下一个客户的送货点。

（3）每一份订单都包括货物的特定数量，每种货物的包装都可以测出长、宽、高。

（4）每种包装的货物不超过公路运输包装件的尺寸界限。

（5）货物的包装材料相同，且遵循配装的原则。

二、配送车辆积载计算方法

厢式货车有确定的车厢容积，车辆的载货容积为确定值。设车厢容积为 V，车辆载重量为 W。现要装载体积质量比为 R_a、R_b 的两种货物，使得车辆的载重量和车厢容积均被充分利用。

设两种货物的配装重量为 W_a、W_b，则

$$W_a + W_b = W$$

$$W_a \times R_a + W_b \times R_b = V$$

$$W_a = \frac{V - W \times R_b}{R_a - R_b}$$

$$W_b = \frac{V - W \times R_a}{R_b - R_a}$$

能力训练

1. 训练情景

配送中心接到一个配送任务，需运送水泥和玻璃两种货物，水泥的质量体积比为 $0.9m^3/t$，玻璃的体积质量比为 $1.6m^3/t$，计划使用的车辆的载重量为11t，车厢容积为 $15m^3$。请利用现有条件对这两种货物进行合理配载，使车辆的载重量和容积能被充分利用。

2. 训练注意事项

要先理解车辆积载计算的假设条件并掌握车辆积载的计算方法等。

3. 训练过程

序号	步骤	操作方法及说明	质量标准
1	进行车辆积载的计算	设水泥的载重量为W_a，玻璃的载重量为W_b。 其中：$V=15m^3$，$W=11t$，$R_a=0.9m^3/t$，$R_b=1.6m^3/t$。 $W_a=\dfrac{V-W\times R_b}{R_a-R_b}=\dfrac{15-11\times1.6}{0.9-1.6}=3.71t$ $W_b=\dfrac{V-W\times R_a}{R_b-R_a}=\dfrac{15-11\times0.9}{1.6-0.9}=7.29t$	①计算过程正确 ②计算结果正确
2	确定积载方案	最终确定该车装水泥3.71t，玻璃7.29t可使车辆满载	积载方案正确

问题分析

1. 如果配载的货物种类较多，不止两种，怎么办？

先从所有待配载的货物中选出体积质量比最大和最小的两种货物进行配载；然后根据剩余车辆载重与空间，在其他货物中再选出体积质量比最大和最小的两种进行配载。依此类推，直至车辆满载。

2. 如果根据计算结果进行装载但无法全部装下，怎么办？

因为两种货物尺寸的组合不能正好填满车辆内部空间及装车后可能存在无法利用的空间，可设定车辆有效容积为车辆容积的90%。

训练评价

序号	评价内容	评价标准	评价结果（是/否）
1	车辆积载计算方法掌握情况	能清晰说出具体步骤并能独立进行计算	
2	车辆积载方案制订掌握情况	能根据计算结果正确制订车辆积载方案	

任务总结

本任务以配送车辆积载为主线，通过对任务实施，引领学生掌握车辆积载的概念、原则，以及车辆积载计算方法等知识，使学生具备设计最佳配载方案、合理安排车辆装载的职业能力。

拓展训练

车辆配载实训项目

【实训情景】

配送中心P_0需配送A、B两种货物，A种货物的质量体积比为$1t/m^3$，单件体积为$2m^3$；B种货物的质量体积比为$70kg/m^3$，单件体积为$3m^3$；车辆载重量为5t，车厢最大容积为

$13m^3$，计算最佳配载方案和各装件数。

【实训目标】

通过该项目的实训，使学生进一步掌握配送车辆积载的原则和计算方法。

【实训准备】

掌握配送车辆积载的原则和计算方法。

【实训步骤】

（1）自由组合成小组，每组4~6人。

（2）各组根据现有条件进行车辆配载计算。

（3）各组根据计算结果确定最优配载方案。

（4）各组对车辆配载方案进行模拟验证。

【实训评价】

教师和学生共同对各组的车辆配载做出综合评价。

小组序号：			学生姓名：		
小组成绩：			个人最终成绩：		
考核内容	满分	得分	考核内容	满分	得分
配载计算	25		小组分解得分	70	
配载方案确定	15		个人角色与执行	20	
模拟验证	20		团队合作	10	
组织与分工合理性	10				
合　　计	70		合　　计	100	
评定人：			评定时间：		

工作任务4.3　配送路线优化

职业能力4.3.1　根据配送特点选用合适的方法进行配送路线规划

学习目标

掌握配送路线优化的原则和约束条件，能根据配送特点选用合适的方法进行配送路线规划。

基本知识

一、配送路线优化的原则

（1）以效益最高为原则。计算时以利润的数值最大为目标值。

（2）以成本最低为原则。实际上也是选择了以效益为目标。

（3）以路程最短为原则。这一原则是指当成本与路程的相关性较强，而和其他因素相关性较弱时，可以选择以路程最短为目标。

（4）以吨公里数最小为原则。在"节约里程法"的计算中，采用这一目标。

（5）以准确性最高为原则。它是配送中心重要的服务指标。

（6）还可以选择"运力利用最合理""劳动消耗最低"等原则。

二、配送路线优化的约束条件

（1）满足所有收货人对货物品种、规格、数量的要求。

（2）满足收货人对货物送达时间范围的要求。

（3）要在允许通行的时间段内进行配送。

（4）配送路线的货物量不得超过车辆容积和载重量的限制。

（5）配送中心现有运力允许的范围内。

三、配送路线优化方法

1. 单一起点和单一终点配送路线优化方法

在配送路线优化中，当配送的起点和终点都只有一个，即由一个配送中心向一个特定客户进行专门送货时，这种情况一般是针对优质的主要客户，客户的送货需求量大且对到达时间准确性要求较高，需专门派一辆或多辆车一次或多次送货。这样的配送重点在于节省时间、多装快跑、提高送货的时间准确性。解决该问题最常用的方法是"最短路径法"。

2. 单起点多回路配送路线优化方法

单起点多回路配送路线是指由一个配送中心向多个客户进行循环送货，送货车辆送完货物后再返回配送中心。由于受送货时间及送货线路里程的制约，通常不可能用一条线路为所有客户送货，而是要设计数条送货线路，每条线路为某几个客户送货。同一条线路上由一辆配载着这条线路上所有客户需求货物的车，按照预先设计好的最佳线路依次将货物送达该线路上的每一个客户并最终返回配送中心。解决该问题最常用的方法是"节约里程法"。

能力训练

1. 训练情景

配送中心位于城市郊区，要承担某连锁超市11家门店的配送任务。超市的其中一家门店位于繁华的市中心，送货量大且对到达时间准确性要求较高（公路网络如图4-3所示，O起点为配送中心所在位置，P终点为该门店所在位置，其他A、B、C、D代表从O到P途中要经过的节点。节点与节点之间有线路连接，线路上标明了两个节点之间的距离，单位为km）。而其他10家门店都处于各居民小区，送货量不大且对到达时间准确性要求不是特别高。请根据该情况进行配送路线规划。

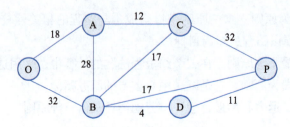

图4-3 公路网络示意图

2. 训练注意事项

要先理解配送优化的原则以及约束条件,掌握配送路线优化的方法等。

3. 训练过程

序号	步骤	操作方法及说明	质量标准
1	根据配送任务特点进行路线规划分类	根据配送任务的特点,配送路线规划分成两种类型: ①单一起点和单一终点配送路线规划:处于繁华市中心的一家门店,由于送货量大且对到达时间准确性要求较高。采用配送中心单独向其进行专门送货,属于单一起点和单一终点配送路线规划问题 ②单起点多回路配送路线规划:其他10家门店都处于各居民小区,送货量不大且对到达时间准确性要求不是特别高。采用一辆车一趟为几个门店循环送货方式,属于单起点多回路配送路线规划问题	配送路线规划分类正确
2	根据配送类型的特点确定配送路线优化方法	根据配送类型不同采用不同的优化方法: ①最短路径法:单一起点和单一终点配送路线规划 ②节约里程法:单起点多回路配送路线规划	配送路线优化方法选取正确
3	根据最短路径法进行配送路线规划	①列出最短路线计算表	最短路线计算表计算正确

步骤	已解节点	与该已解节点直接连接的未解节点	对应线路	对应总距离	最短路线距离	新增的已解节点	选中的路径
1	O	A	OA	18	18	A	OA
		B	OB	32			
2	O	B	OB	32	30	C	OAC
	A	B	OAB	46			
		C	OAC	30			
3	O	B	OB	32	32	B	OB
	A	B	OAB	46			
	C	B	OACB	47			
		P	OACP	62			
4	O	无	无	无	36	D	OBD
	A	无	无	无			
	C	P	OACP	62			
	B	D	OBD	36			
		P	OBP	49			
5	O	无	无	无	47	P	OBDP
	A	无	无	无			
	C	P	OACP	62			
	B	P	OBP	49			
	D	P	OBDP	47			

②确定优化线路为:O—B—D—P,最短路线距离为47km

问题分析

1. 如果在最短路径法计算中线路和节点较多，人工计算较麻烦，怎么办？

可以通过开发计算软件，把配送网络中的线路和节点的资料都存入数据库中，选好起点和终点后，利用计算机进行求解。

2. 如果出现多起点多终点路线优化问题，怎么办？

可以采用图上作业法进行配送路线优化。

训练评价

序 号	评 价 内 容	评 价 标 准	评价结果（是/否）
1	配送路线优化方法掌握情况	能根据实际情况准确选取路线优化方法	
2	最短路径法掌握情况	能根据最短路径法确定最优线路	

职业能力4.3.2 使用节约里程法进行配送路线优化

学习目标

掌握节约里程法的基本规定、基本思想、注意事项和计算步骤，能使用节约里程法进行配送路线优化。

基本知识

根据配送中心的配送能力（包括车辆的多少和载重量）和配送中心到各个用户以及各个用户之间的距离，通过计算来制订使总车辆运输吨公里数最小的配送方案的一种方法。

一、节约里程法的基本规定

先做出以下假设：

（1）配送的是同一种货物。

（2）各需要地的坐标（x, y）及需求量均为已知。

（3）配送中心有足够的运力。

再满足以下条件：

（1）方案能满足所有需要地的需要。

（2）不使任何一辆车超载。

（3）每一辆车每天的行驶时间或行驶里程不超过规定的上限。

（4）能满足需要地到货时间的要求。

二、节约里程法的基本思想

方案a和方案b设计如图4-4所示。

方案a：配送路线为$P_0 \to P_i \to P_0 \to P_j \to P_0$，配送距离为$d_a=2d_{0i}+2d_{0j}$。

方案b：配送路线为$P_0 \to P_i \to P_j \to P_0$，配送距离为$d_b=d_{0i}+d_{0j}+d_{ij}$。

显然，d_a不等于d_b，我们用s_{ij}表示里程节约量，方案b比方案a节约的配送里程为$s_{ij}=d_{0i}+d_{0j}-d_{ij}$。

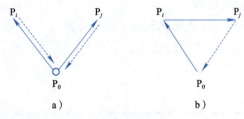

图4-4 两种方案设计图

三、节约里程法的注意事项

（1）适用于需求稳定的客户。

（2）应充分考虑交通和道路情况。

（3）充分考虑收货站的停留时间。

四、节约里程法计算基本步骤

（1）计算各用户之间的节约里程。

（2）对节约里程按大小顺序进行排列。

（3）按用户连成一个回路，直到回路中各个用户的需求量不超过这辆车的载重量，就形成一条节约量最大的回路。

（4）在剩下的用户中同样按节约量由大到小的顺序形成回路，派出车辆。

（5）制定配送路线。

> 能力训练

1. 训练情景

配送中心P_0接到一个配送任务，要求向10个客户P_j（$j=1$，2，…，10）配送货物，其配送网络如图4-5所示，客户的需求量（单位：t）和两节点之间的距离（单位：km）见表4-2。公司现有2t和4t两种车辆可供使用，请根据现有条件进行最优配送方案制订。

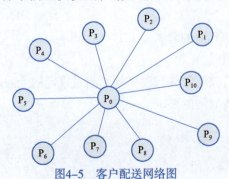

图4-5 客户配送网络图

表4-2 客户需求量及距离

需求量	P_0										
0.7	10	P_1									
1.5	9	4	P_2								
0.8	7	9	5	P_3							
0.8	8	14	10	5	P_4						
1.4	8	18	14	9	6	P_5					
1.6	8	18	17	15	13	7	P_6				
0.5	3	13	12	10	11	10	6	P_7			
0.6	4	14	13	11	12	12	8	2	P_8		
0.7	10	11	15	17	18	18	17	11	9	P_9	
0.7	7	4	8	13	15	15	15	10	11	8	P_{10}

2. 训练注意事项

要先了解节约里程法的基本思想和计算步骤等。

3. 训练过程

序号	步骤	操作方法及说明	质量标准
1	计算各用户之间的节约里程	根据给出的背景资料，计算点与点间的节约里程 节约里程表 | P_1									| |---|---|---|---|---|---|---|---|---|---| | 15 | P_2 | | | | | | | | | | 8 | 11 | P_3 | | | | | | | | | 4 | 7 | 10 | P_4 | | | | | | | | 0 | 3 | 6 | 10 | P_5 | | | | | | | 0 | 0 | 0 | 3 | 9 | P_6 | | | | | | 0 | 0 | 0 | 0 | 1 | 5 | P_7 | | | | | 0 | 0 | 0 | 0 | 0 | 4 | 5 | P_8 | | | | 9 | 4 | 0 | 0 | 0 | 1 | 2 | 5 | P_9 | | | 13 | 8 | 1 | 0 | 0 | 0 | 0 | 0 | 9 | P_{10} |	能计算点与点间的节约里程
2	对节约里程按大小顺序进行排列	节约里程从大到小排列顺序 	序号	路线	节约里程	序号	路线	节约里程	 |---|---|---|---|---|---| | 1 | P_1P_2 | 15 | 13 | P_6P_7 | 5 | | 2 | P_1P_{10} | 13 | 13 | P_7P_8 | 5 | | 3 | P_2P_3 | 11 | 13 | P_8P_9 | 5 | | 4 | P_3P_4 | 10 | 16 | P_1P_4 | 4 | | 4 | P_4P_5 | 10 | 16 | P_2P_9 | 4 | | 6 | P_1P_9 | 9 | 16 | P_6P_8 | 4 | | 6 | P_5P_6 | 9 | 19 | P_2P_5 | 3 | | 6 | P_9P_{10} | 9 | 19 | P_4P_6 | 3 | | 9 | P_1P_3 | 8 | 21 | P_7P_9 | 2 | | 9 | P_2P_{10} | 8 | 22 | P_3P_{10} | 1 | | 11 | P_2P_4 | 7 | 22 | P_5P_7 | 1 | | 12 | P_3P_5 | 6 | 22 | P_6P_9 | 1 |	能按节约里程从大到小排列

（续）

序号	步骤	操作方法及说明	质量标准
3	根据节约里程最大的原则将各配送点进行逐个连接	路线规划图（配送路线1、配送路线2、配送路线3，节点 P_0 至 P_{10}）	能根据公司车辆资源和节约里程大小进行路线连接
4	最优配送路线确认	（1）配送路线1：$P_0 \to P_{10} \to P_1 \to P_2 \to P_3 \to P_0$，共3.7t，用一辆载重量为4t的车 （2）配送路线2：$P_0 \to P_4 \to P_5 \to P_6 \to P_0$，共3.8t，用一辆载重量为4t的车 （3）配送路线3：$P_0 \to P_7 \to P_8 \to P_9 \to P_0$，共1.8t，用一辆载重量为2t的车	能完成最优配送路线的确认

问题分析

1. 实际工作中的路况复杂，路上可能出现堵车等突发状况，或者遇到交通管制，怎么办？

可以和客户进行沟通协商，在尽量满足时间的前提下重新调整配送路线。

2. 如果通过节约里程法确定的一条路线无法满足该路线所有客户的交货时间，怎么办？

设计的一条线路的送货总里程不能太长，要满足配送线路的合理限度。

训练评价

序号	评价内容	评价标准	评价结果（是/否）
1	节约里程法原理掌握情况	能清晰说明节约里程法的基本原理	
2	节约里程法计算优化掌握情况	能独立计算并正确进行路线的优化	

任务总结

本任务以配送路线优化为主线，通过对任务的实施，引领学生掌握配送路线优化的原则、约束条件、最短路径法、节约里程法等知识，使学生具备配送路线规划、配送路线优化的职业能力。

拓展训练

配送路线优化实训项目

【实训情景】

配送中心 P_0 向7个客户 P_j（$j=1, 2, \cdots, 7$）配送货物，客户的需求量（单位：t）和两节点之间的距离（单位：km）见表4-3。配送中心有2辆载重量为4t和2辆载重量为6t的车辆可供使用，试制订最优的配送运输方案。

表4-3　客户需求量及距离

需求量	P_0							
2.8	8	P_1						
1.7	4	5	P_2					
0.8	11	9	4	P_3				
1.4	12	16	11	7	P_4			
2.5	5	13	9	13	10	P_5		
1.6	15	22	18	22	19	9	P_6	
1.8	19	27	23	30	30	20	11	P_7

【实训目标】

通过对配送路线的优化实训，进一步掌握节约里程法的原理和计算步骤。

【实训准备】

掌握节约里程法的原理和计算步骤。

【实训步骤】

（1）自由组合成小组，每组4~6人。

（2）各组对各用户间进行节约里程的计算。

（3）各组对节约里程按大小顺序进行排列。

（4）各组根据节约里程最大的原则将各配送点进行逐个连接。

（5）各组完成最优配送路线确认。

【实训评价】

教师和同学共同对各组车辆合理配载做出综合评价。

小组序号：			学生姓名：		
小组成绩：			个人最终成绩：		
考核内容	满分	得分	考核内容	满分	得分
各用户间节约里程的计算	20		小组分解得分	70	
节约里程排序	10		个人角色与执行	20	
路线连接	10		个人角色与执行	20	
制定最优配送路线	20		团队合作	10	
组织与分工的合理性	10		团队合作	10	
合　计	70		合　计	100	
评定人：			评定时间：		

工作任务4.4　配送送达服务

职业能力4.4.1　利用GPS等系统进行配送跟踪管理

学习目标

掌握GPS的组成、应用功能，能利用GPS等系统进行配送跟踪管理。

基本知识

全球定位系统（Global Positioning System，GPS）是由一系列卫星组成的，它们24小时提供高精度的世界范围的定位和导航信息。准确地说，该系统是由24颗沿距地球2万公里高度的轨道运行的NAVSTAR GPS卫星组成，不停地发送回精确的时间和它们的位置。GPS接收器同时接收3～12颗卫星的信号，从而判断地面上或接近地面的物体的位置，还有它们的移动速度和方向等。

一、GPS的组成

（1）空间部分。
（2）地面监控系统。
（3）用户接收系统。

二、GPS的应用功能

1. 车辆跟踪

利用GPS和电子地图可以实时显示出车辆的实际位置，并任意放大、缩小、还原、换图；可以随目标移动，使目标始终保持在屏幕上；还可实现多窗口、多车辆、多屏幕同时跟踪。利用该功能可对重要车辆和货物的运输进行跟踪。

2. 提供出行路线规划和导航

提供出行路线规划是汽车导航系统的一项重要辅助功能，它包括自动线路规划和人工线路设计。自动线路规划是由驾驶员确定起点和目的地，由计算机软件按要求自动设计最佳行驶路线，包括最快的路线、最简单的路线、通过高速公路路段次数最少的路线等的计算。人工线路设计是由驾驶员根据自己的目的地设计起点、终点和途经点等，自动建立线路库。线路规划完毕后，显示器能够在电子地图上显示设计线路，并同时显示汽车运行路径和运行方法。

3. 信息查询

为用户提供主要物标，如旅游景点、宾馆、医院等数据库，用户能够在电子地图上根据需要进行查询。查询资料可以文字、语言及图像的形式显示，并在电子地图上显示其位置。同时，监测中心可以利用监测控制台对区域内的任意目标所在位置进行查询，车辆信息将以数字形式在控制中心的电子地图上显示出来。

4. 话务指挥

指挥中心可以监测区域内车辆运行状况，对被监控车辆进行合理调度。指挥中心也可随时与被跟踪目标通话，实行管理。

5. 紧急援助

通过GPS定位和监控管理系统可以对遇有险情或发生事故的车辆进行紧急援助。监控台的电子地图显示求助信息和报警目标，规划最优援助方案，并以报警声光提醒值班人员进行应急处理。

能力训练

1. 训练情景

配送中心近期经常接到客户投诉，送货准点率较差，使客户的正常经营受到了一定的影响。为了解决送货准点率低的问题，提高配送的服务质量，公司决定采用GPS系统对配送车辆进行跟踪管理。小王接受了该任务，他应该怎么做？

2. 训练注意事项

要先了解GPS的组成以及GPS的应用功能等。

3. 训练过程

序 号	步 骤	操作方法及说明	质 量 标 准
1	线路规划	通过线路规划功能进行车辆线路规划，包括两种方法： ① 自动线路规划：由驾驶员确定起点和目的地，由计算机软件按要求自动设计最佳行驶路线，包括最快的路线、最简单的路线、通过高速公路路段次数最少的路线等的计算 ② 人工线路设计：由驾驶员根据已知的目的地设计起点、终点和途经点等，自动建立线路库	会用GPS监控平台进行线路规划

（续）

序号	步骤	操作方法及说明	质量标准
2	设定行驶路线	通过指定行驶路线功能进行车辆行驶路线设定： ① 控制中心人员根据规划好的线路设定车辆的行驶路线 ② 同时设定一定的报警距离，如果车辆超出该距离，车载终端会向控制中心上报"越线"警情，控制中心可根据实际情况采取相应措施对车辆进行控制	会用GPS监控平台进行行驶路线设定
3	实时跟踪	通过车辆实时监控功能对车辆进行实时跟踪： ① 控制中心人员根据需要在系统中选择特定的车辆车牌号 ② 系统根据所选的车牌号，把车辆所在当前位置以地图形式显示出来，同时显示车辆行驶速度、方向，以及终端运行信息	会用GPS监控平台对车辆进行实时跟踪

问题分析

1. 如果要同时对多辆配送车辆进行实时监控，怎么办？

控制中心人员可以通过多窗口功能，实现多车辆、多屏幕同时跟踪。

2. 如果由于其他原因当下没有进行实时跟踪，但之后又要了解其具体行车情况，应该怎么办？

控制中心人员可以通过车辆轨迹查询功能，查询3天内保存在GPS数据库的所有车辆监控和报警数据，可以查询某一时段车辆的轨迹回放数据。

训练评价

序 号	评价内容	评价标准	评价结果（是/否）
1	线路规划掌握情况	能准确地进行线路规划	
2	行驶路线设定掌握情况	能准确地进行行驶路线设定	
3	车辆实时跟踪掌握情况	能准确地进行车辆实时跟踪	

职业能力4.4.2　货物送达交接和费用结算

学习目标

掌握送货作业的影响因素和送达服务的基本要求，能完成货物送达交接和费用结算。

基本知识

当货物送达货物交接地点后，送货人员应协助收货单位将货物卸车，放到指定位置，并与收货单位收货员一起清点货物，做好送货的确认交接工作。如果客户有退货、调货的要求，则应将退调商品随车带回，并办理有关单证手续。

一、送货作业的影响因素

（1）城市交通状况。
（2）车辆因素。
（3）管理因素。
（4）其他因素。

二、送达服务的基本要求

1. 时效性

时效性是配送的最重要因素，也就是要确保能在指定的时间内交货。影响时效性的因素有很多，除配送车辆故障外，所选择的配送线路不当、中途客户卸货不及时等均会造成时间上的延误。因此，必须在认真分析各种因素的前提下，用系统化的思想和原则，有效协调、综合管理，选择合理的配送线路、配送车辆和送货人员，使每位客户在预定的时间收到所订购的货物。考核配送作业水平的一项重要指标就是准点率。

2. 可靠性

可靠性是指将货品完好无缺地送达目的地，这是对配送中心的差错率、货损率的考核。要达到可靠性的目标，关键在于提高配送人员的素质，具体包括：

（1）装、卸货时的细心程度。

（2）运送过程中对货物的保护。

（3）对客户地点及作业环境的了解。

（4）配送人员的操作规范。

3. 沟通性

送货作业是配送的末端服务，即通过送货上门服务直接与客户接触，它是与客户沟通最直接的桥梁，也代表着公司的形象和信誉。所以，必须充分利用与客户沟通的机会，巩固与发展公司的信誉，为客户提供更优质的服务。

4. 便利性

配送以服务为目标，以最大限度地满足客户要求为宗旨。因此，应尽可能地让客户享受到便捷的服务。通过采用高弹性的送货系统，如采用应急送货、顺道送货与退货、辅助资源回收等方式，为客户提供真正意义上的便利服务。

5. 经济性

实现一定的经济利益是企业运作的基本目标。以较低的费用完成送货作业是企业建立双赢机制、加强合作的基础。因此不仅要满足客户的要求，提供高质量、及时方便的配送服务，还必须提高配送效率，加强成本管理与控制。

能力训练

1. 训练情景

配送中心要送一批微波炉到灵龙超市，货物具体信息见表4-4。小王接受了该送货任务，他应该怎么做？

表4-4 送货单

收货单位：灵龙超市　　　送货单号：2021102501　　　送货日期：2021年10月25日

编 号	货 号	名称/型号	包 装	单 位	数 量	备 注
1	3362	美的微波炉 PJ21C-BF	纸箱	箱	30	
2	4025	格兰仕微波炉 WP700P21	纸箱	箱	40	
	合 计				70	

送货人签字：　　　　　　　　　　　　　　　　收货人签字：

2. 训练注意事项

要先了解送货作业的影响因素和货物送达的基本要求等知识。

3. 训练过程

序 号	步 骤	操作方法及说明	质量标准
1	单据核对	①把送货清单与客户的订单进行核对 ②核对的内容包括货物的名称、规格型号、数量等，两者必须一致	会进行单据的核对
2	卸货清点并签收确认	①协助客户将货物卸车，放到指定位置 ②与收货人员一起清点验收货物 ③清点无误后，收货人在送货单备注栏填上实收数量，最后互相签字确认	会进行货物清点与签收工作
3	费用结算	配送部门的车辆按照指定的计划完成配送工作后，就要通知财务部门进行费用结算： ①送货人将货物送完后，将结算联和客户回执联按顺序逐一摆放，并在客户回执联和结算联签上所属运输公司名称、车号，到销单处进行销单 ②销单员将结算联和客户回执联认真核对，查看型号是否相符，客户是否已在回执联上签名 ③经核对无误后，送货人与销单员进行单据交接，交接时需注明当天日期、送货人所属公司名称、车号、件数及送货人签名 ④销单完毕后，销单员将送货结算联交财务部门结算	会进行费用的结算

问题分析

1. 如果在货物交接过程中发现货物数量短缺，怎么办？

货物数量短缺在规定范围内的，可按原数交接；对于数量短缺较大的情况，可选择按实数签收并及时进行补发。

2. 如果在货物交接过程中发现部分货品外包装出现严重破损、变形、水渍等情况，怎么办？

做好验收记录单，退回该部分货品并进行补发。

训练评价

序 号	评 价 内 容	评 价 标 准	评价结果（是/否）
1	单据核对掌握情况	能准确进行单据核对	
2	货物清点验收掌握情况	能准确进行货物清点验收工作	
3	费用结算掌握情况	能准确进行费用结算	

任务总结

本任务以配送送达服务为主线，通过对任务的实施，引领学生掌握GPS的概念与功能、送货作业的影响因素、送达服务的基本要求等知识，使学生具备货物跟踪管理、货物送达交接、费用结算的职业能力。

> **拓展训练**

配送送达服务调研实训项目

【实训情景】

各组学生以送货员的身份到当地配送中心调查其送货、货物交接的实际情况,结合实际写一篇调研报告,内容包括以下几点:

(1)分析送货员的岗位职责。

(2)分析配送中心送货作业、货物交接合理与不合理的地方。

(3)提出具体的改善建议。

【实训目标】

通过该实训,使学生熟悉送货的作业过程,并锻炼学生分析问题和解决问题的能力。

【实训准备】

掌握送货作业的影响因素和货物送达的基本要求。

【实训步骤】

(1)自由组合成小组,每组4~6人。

(2)各组确定调查范围,进行调查,收集资料。

(3)各组讨论分析形成配送中心送货员的岗位职责。

(4)各组讨论分析得出配送中心送货作业、货物交接合理与不合理的地方。

(5)各组讨论分析提出具体的改善建议。

【实训评价】

教师和同学共同对各组调研报告做出综合评价。

小组序号:			学生姓名:		
小组成绩:			个人最终成绩:		
考核内容	满分	得分	考核内容	满分	得分
资料收集、整理、分析	10		小组分解得分	70	
送货员岗位职责	15		个人角色与执行	20	
送货作业合理与不合理的地方	15				
改善建议	20		团队合作	10	
组织与分工的合理性	10				
合 计	70		合 计	100	
评定人:			评定时间:		

> **工作领域小结**

本工作领域以配送中心配载送货为主线,具体分解为四个工作任务,即配送车辆调度、配送车辆配载、配送路线优化、配送送达服务。通过该工作领域的学习和任务的实施,提高学生进行配送车辆合理调度、配送车辆合理配载、配送路线优化、配送货物跟踪管理的能力。

补充笔记插页

_____
_____
_____
_____
_____
_____

课后练习

工作领域四
课后练习

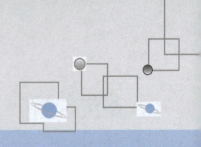

工作领域五

现代配送中心信息处理

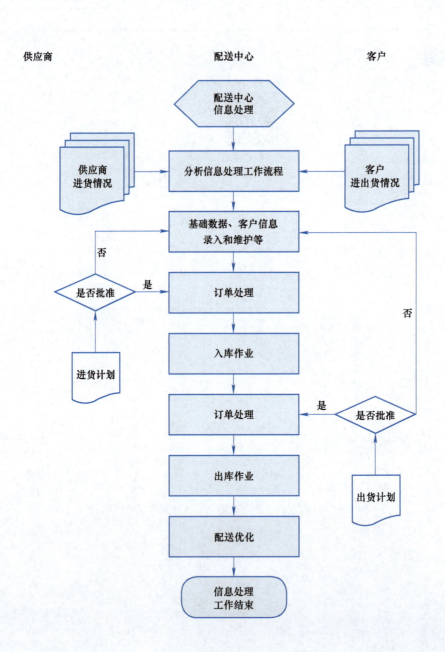

工作领域五 现代配送中心信息处理

现代配送中心信息处理工作任务和职业能力分析

工 作 任 务	职业能力要求	知识素养要求
配送管理信息系统功能与流程分析	➢ 能分析配送管理信息系统的基本功能 ➢ 能分析配送管理信息系统的操作流程	➢ 理解配送管理信息系统的概念 ➢ 熟悉配送管理信息系统的构成 ➢ 掌握配送管理信息系统的作用 ➢ 掌握配送管理信息系统的功能 ➢ 掌握配送管理信息系统的基本结构和操作流程
配送管理信息系统操作	➢ 能熟练使用RF手持终端设备进行数据的采集与无线传输 ➢ 能熟练操作配送管理信息系统进行配送作业	➢ 理解无线手持终端的概念 ➢ 掌握无线手持终端的工作原理和功能 ➢ 掌握配送管理信息系统的作业流程

工作任务5.1 配送管理信息系统功能与流程分析

职业能力5.1.1 分析配送管理信息系统的基本功能

学习目标

熟悉配送管理信息系统,能分析配送管理信息系统的基本功能。

基本知识

配送管理信息系统是指对配送过程中的进货、验收、入库、上架、拣货、加工、包装、配货、出货检验、装货、运输等的信息进行分析和处理的管理信息系统。

一、配送管理信息系统的构成

(1)硬件。包括计算机硬件系统、网络通信设备,以及非计算机系统的信息收集、处理设备(如摄影、录音等记录装置,扫码设备、无线通信设备等)。

(2)软件。包括系统软件(如数据库管理系统)和应用软件(如为支持条码和射频设备所需的软件等)两大类。系统软件是配送管理信息系统运行的基础,而应用软件是实现各项具体功能所必需的。

(3)数据。包括数据库、模型库、知识库、规则库、方法库。

(4)人员。包括计算机和非计算机的操作、维护人员,程序设计员,数据库管理员,系统分析员及信息系统的有关管理人员。

(5)规章制度。包括关于各类人员的权利、责任、工作规范、工作程序、相互关系及奖惩办法的各种规定、规则、命令和说明文件,有关信息采集、储存、加工、传输的各种技术标准和工作规范,各种设备的操作、维护规程等有关文件。

二、配送管理信息系统的作用

1. 业务管理

主要用于物流配送中心的入库、验收、分拣、堆码、组配、发货、出货、输入进（发）货数量和打印货物单据等的管理，便于仓库保管人员确认货物。

2. 统计查询

主要用于物流配送中心的入库、出库、残损及库存信息的统计查询，可按相应的货物进行编号、分类，便于供应商、客户及仓库管理人员进行统计查询。

3. 库存盘点

主要用于物流配送中心的货物盘点清单制作、盘点清单打印、盘点数据输入、盘点货物确认、盘点结束确认、盘点利润统计、盘点货物查询、浏览统计、盘亏盘盈统计等，便于实行经济核算。

4. 库存分析

主要用于物流配送中心库存货物结构变动的分析，各种货物库存量、品种结构的分析，便于分析库存货物的积压和短缺问题。

5. 库存管理

主要用于物流配送中心库存货物的管理。

用于对库存货物的上下限报警：对库存数量高于合理库存上限或低于合理库存下限的货物进行信息提示。

用于库存呆滞货物报警：对有入库但没有出库的货物进行信息提示。

用于货物缺货报警：对在出库时库存货物为零但又未及时订货的货物进行信息提示，便于对在库货物进行动态管理，以保持相应合理的库存货物。

6. 库存货物保质期报警

主要用于物流配送中心库存货物的质量管理。

对超过保质期的货物进行报警：对库存货物的保质期在当天到期的货物进行信息提示，对超过保质期的货物进行报警，以便及时进行处理。

对货物保质期查询：对库存货物的保质期进行查询，便于仓库对在库货物进行质量管理，及时处理超过保质期的货物，提高货物库存质量。

7. 货位调整

主要用于物流配送中心对库存货物的货位进行调整，进行货位调整查询，以便仓库管理人员掌握各种货物的存放情况，便于仓库及时、准确地查找在库货物。

8. 账目管理

主要用于物流配送中心核算某一时间段每种货物的明细账、每类货物的分类账和全部在库货物的总账，便于仓库实行经济核算。

9. 条码打印

主要用于物流配送中心货物自编条码打印、货物原有条码打印等，便于仓库实行条码管理，自动生成、打印各种货物的条码。

三、配送管理信息系统的功能

（1）数据传输、数据存储、数据加工和输出。

（2）预测功能。应用现代教学方法、统计方法和模拟方法，根据过去的数据预测未来的情况。

（3）计划功能。根据企业提供的约束条件，合理安排各职能部门的计划，按照不同的管理层，提供相应的计划报告。

（4）控制功能。根据各职能部门提供的数据，对进货的执行情况进行检测，比较执行与计划的差异，对差异情况分析其原因。

（5）辅助决策功能。采用各种数学模型和所存储的大量数据，及时推导出有关问题的最优解或满意解，辅助各级管理人员进行决策，以期合理利用人、财、物和信息资源，取得最大的经济效益。

能力训练

1. 训练情景

随着配送业务量的日益增长和市场的日益扩大，原有的配送管理信息系统已经无法满足现在的需求，因此配送中心对原有的配送管理信息系统进行了升级改造。为了使员工能够更快地适应新系统，公司决定由信息部小张对员工进行配送管理信息系统培训。小张首先要求大家理解配送管理信息系统各功能模块的基本功能。

2. 训练注意事项

要理解配送管理信息系统的基本功能，必须先认识配送管理信息系统各功能模块的基本功能。

3. 训练过程

序号	步骤	操作方法及说明	质量标准
1	认识基础数据模块基本功能	基础数据模块的基本功能是设置配送业务所必需的基础数据，主要包括：仓库信息设置、仓位信息设置、托盘信息及物料信息设置等	理解基础数据模块各项功能
2	认识客户管理模块基本功能	客户管理模块的基本功能是设置配送业务涉及的客户信息，包括客户编号、客户名称、客户简称、客户类型、客户地址、客户电话、联系人等	理解客户管理模块各项功能
3	认识订单管理模块基本功能	订单管理模块的基本功能是根据制订的储配方案来制订相应的客户订单，包括入库计划、客户订单、订单处理	理解订单管理模块各项功能
4	认识入库管理模块基本功能	入库管理模块的基本功能主要包括：入库作业、RF组托、RF上架、入库完成、入库单打印等	理解入库管理模块各项功能
5	认识出库管理模块基本功能	出库管理模块的基本功能主要包括：出库计划、重型货架拣货、立体与电子标签拣货、阁楼货架拣货、拣货单打印等	理解出库管理模块各项功能
6	认识配送优化模块基本功能	配送优化模块的基本功能主要包括：生成配送订单、配送路线选择、模拟配送、车辆配载、配送单打印、实时路况查询、配送签收等	理解配送优化模块各项功能
7	认识库存管理模块基本功能	库存管理模块的基本功能主要包括：库存查询、可视化库存	理解库存管理模块各项功能

问题分析

1. 配送管理信息系统的基本功能有什么？

数据传输、存储、加工和输出功能，预测功能，计划功能，控制功能，辅助决策功能等。

2. 配送管理信息系统一般分成哪几个模块？

基础数据模块、客户管理模块、订单管理模块、入库管理模块、出库管理模块、配送优化模块、库存管理模块等。

训练评价

序号	评价内容	评价标准	评价结果（是/否）
1	基础数据模块分析	理解基础数据模块的各项功能	
2	客户管理模块分析	理解客户管理模块的各项功能	
3	订单管理模块分析	理解订单管理模块的各项功能	
4	入库管理模块分析	理解入库管理模块的各项功能	
5	出库管理模块分析	理解出库管理模块的各项功能	
6	配送优化模块分析	理解配送优化模块的各项功能	
7	库存管理模块分析	理解库存管理模块的各项功能	

职业能力5.1.2　分析配送管理信息系统操作流程

学习目标

进一步了解配送管理信息系统，能分析配送管理信息系统的操作流程。

基本知识

一、配送管理信息系统的基本结构

一个完整的配送管理信息系统的基本结构如图5-1所示。

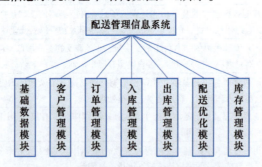

图5-1　配送管理信息系统的基本结构

二、配送管理信息系统的操作流程

针对不同企业的配送管理信息系统的业务流程是有所不同的，在系统的设计上会考虑

到企业的实际应用要求。现以智慧物流技能大赛中使用的配送管理信息系统为例，简单介绍信息系统的操作流程。

配送管理信息系统的操作流程：基础数据录入—订单处理—入库作业—出库作业—配送—库存管理。

在进行系统操作的时候，需要注意系统的操作流程，前一项流程是后一项流程的数据来源，同时要注意除配送管理信息系统外其他自动化设备的操作要求，以及其他自动化设备操作与配送管理信息系统的对接和数据共享。

能力训练

1. 训练情景

通过小张对配送管理信息系统各模块的讲解与培训，员工已经理解了其基本功能。为了让员工能够更快地进行实际操作，小张要求大家进一步掌握配送管理信息系统操作流程。

2. 训练注意事项

要掌握配送管理信息系统的操作流程，首先要理解配送管理信息系统各模块的操作流程。

3. 训练过程（详细过程可扫码阅读配送管理信息系统操作手册）

序号	步骤	操作方法及说明	质量标准
1	基础数据录入（可扫码观看配送管理信息系统基础数据录入视频）	1. 仓库信息设置 ①点击【基础数据/仓库信息】进入仓库信息列表页面 ②新增仓库：点击【新增】按钮，进入新增页面 ③完善仓库信息 ④保存仓库信息：点击【保存】按钮 2. 仓位信息设置 ①点击【基础数据/仓位信息】进入仓位信息列表页面 ②新增仓位：点击【新增】按钮，进入新增页面 ③完善仓位信息 ④保存仓位信息：点击【保存】按钮 3. 托盘/周转箱信息设置 ①点击【基础数据/托盘/周转箱信息】进入托盘/周转箱信息列表页面 ②新增托盘：点击【新增】按钮，进入新增页面 ③完善托盘/周转箱信息 ④保存托盘/周转箱信息：点击【保存】按钮 4. 物料信息 ①点击【基础数据/物料信息】进入物料信息列表页面 ②选中物料：点击【包装明细】查看物料信息及换算关系 ③新增物料：点击【新增】按钮，进入新增页面 ④完善物料信息 ⑤保存物料信息：点击【保存】按钮	掌握基础数据模块操作流程
2	熟悉客户管理模块操作流程	①点击【客户管理/客户信息】进入客户信息列表页面 ②新增客户：点击【新增】按钮，进入新增页面 ③完善客户信息 ④保存客户信息：点击【保存】按钮	掌握客户管理模块操作流程

配送管理信息系统基础数据录入视频

（续）

序号	步骤	操作方法及说明	质量标准
3	熟悉订单管理模块操作流程	1. 入库计划制订 ①点击【订单管理/入库计划】进入入库计划页面 ②新增入库计划：点击【新增】按钮，进入新增页面 ③完善入库计划信息 ④保存入库计划信息：点击【保存】按钮 2. 客户订单制订 ①点击【订单管理/客户订单】，进入客户订单页面 ②点击【新增】按钮，进入新增客户订单页面 ③完善客户订单信息 ④保存客户订单信息：点击【保存】按钮 3. 订单处理 ①点击【订单管理/订单处理】进入订单处理页面 ②订单处理：点击一个或多个订单，点击【确认】按钮确认或者合并客户订单信息	掌握订单管理模块操作流程
4	熟悉入库管理模块操作流程	1. 入库作业 ①点击【入库管理/入库作业】，进入入库订单列表页面 ②选择一个入库单：点击【确认】按钮，入库单状态由"未确定"变为"已确定"，并且组托状态变为待组托，上架状态变为待上架 2. RF组托 ①用账号登录RF ②在NOS-WMS-RF主界面，点击【入库作业】按钮，进入NOS-WMS-RF入库作业页面 ③在NOS-WMS-RF入库作业页面，选择一个入库单状态是待组托的入库单，点击【组托】按钮，进入NOS-WMS-RF入库作业-组托页面 ④在NOS-WMS-RF入库作业-组托页面，将光标移动到"托盘"的输入框内，用RF扫描托盘的标签 ⑤扫描托盘标签之后，将光标移动到"货品"输入框内，用RF扫描货品的标签，RF会自动将扫描的货品数量，显示在"数量"输入框中 ⑥如果放到此托盘上的所有货品扫描完成，点击【确认】按钮 ⑦重复第④～⑥步，组托本入库单上其他的货品，本入库单所有货品组托完毕，点击【提交组托】按钮 ⑧收到提交组托成功的提示 3. RF上架 ①用账号登录RF ②在NOS-WMS-RF主界面，点击【入库作业】按钮，进入NOS-WMS-RF入库作业页面 ③在NOS-WMS-RF入库作业页面，选择一个入库单状态是已组托的入库单，点击【上架】按钮，进入NOS-WMS-RF入库作业-上架页面 ④在NOS-WMS-RF入库作业-上架页面，将光标移动到"托盘"输入框内，用RF扫描托盘的标签 ⑤扫描托盘标签之后，将光标移动到"仓位"输入框内，用RF扫描仓位的标签 ⑥重复第④步和第⑤步，上架本入库单上其他的托盘，本入库单所有托盘上架完毕，点击【提交上架】按钮 ⑦提交上架成功的提示 4. 入库完成 ①点击【入库管理/入库完成】进入入库单打印列表页面 ②入库完成：选择入库单号，点击【入库完成】按钮，系统提示"入库完成" 5. 入库单打印 ①点击【入库管理/入库单打印】进入入库单打印列表页面 ②打印入库单：点击"入库单号"，进入打印预览页面 ③点击【打印】按钮，完成打印	掌握入库管理模块操作流程

（续）

序号	步骤	操作方法及说明	质量标准
5	熟悉出库管理模块操作流程	1. 出库计划 ①点击【出库管理/出库计划】进入出库计划页面 ②选中出库任务单点击【出库计划】按钮，进入出库任务单页面 ③点击【选择】，选择包装类型 ④包装完成后点击【确定】，进入仓位分配页面 ⑤分配完成后点击【下一步】，进入各种类型仓库出库 2. 重型货架拣货 ①点击【出库管理/重型货架拣货】，进入拣货作业单列表页面 ②选择一个拣货作业单，点击【拣选】按钮，进入拣货作业页面 3. 重型货架（散货）播种拣货 ①点击【出库管理/重型货架（散货）播种】进入页面 ②选择状态是"拣货完毕"的单据，点击【播种】，进入重型货架播种到拣货小车页面 ③选择完仓库和播种柜号后，到电子标签小推车上操作 4. 立体与电子标签拣货 ①点击【出库管理/立体与电子标签拣货】，进入拣货作业单列表页面 ②选择一个拣货作业单：点击【拣选】按钮，进入拣货作业页面 ③拣货完成后点击【添加周转箱】 ④完成后点击【发送】按钮，将单据发送 ⑤发送成功后使用RF手持完成周转箱确认 ⑥输入周转箱号后点击【确认】将电子标签点亮 5. 立体与电子标签拣货接收 ①点击【出库管理/立体与电子标签拣货接收】进入立体库电子标签拣货接收页面 ②选择拣货作业单，点击【接收】 ③接收完成后点击【出库确认】，确认完成出库 6. 阁楼货架拣货 ①点击【出库管理/阁楼货架拣货】，进入拣货作业单列表页面 ②选择一个拣货作业单，点击【拣选】按钮，进入拣货作业页面 ③拣选完成点击【拣选确认】按钮，使用手持完成出库拣货 7. 拣货单打印 ①点击【出库管理/拣货单打印】进入拣货单打印列表页面 ②打印拣选作业单，点击拣选作业单号，进入打印页面 ③点击【打印】按钮，完成打印	掌握出库管理模块操作流程
6	熟悉配送优化模块操作流程（可扫码观看配送优化操作）	1. 生成配送订单 ①进入主系统，点击【配送作业】按钮，进入【配送作业】页面 ②点击"新增"，选择之前从仓储里面出库的订单 ③选择订单之后点击【生成配送作业订单】 2. 配送线路选择 ①进入主系统，点击【配送线路选择】按钮，进入【配送线路选择】页面 ②根据需要配送的客户从配送点开始按顺序选择最优线路 ③如想删除选择的路线，可点击【删除线路】 3. 模拟配送 ①进入主系统，点击【模拟配送】按钮进入模拟配送页面 ②选择需要进行模拟配送的客户订单进行模拟配送 4. 车辆配载 ①进入主系统，点击【车辆配载】按钮进入车辆配载页面 ②选择某个配送成功的订单，为该订单选择适合的车辆进行配载操作 配送优化操作视频	掌握配送优化模块操作流程

（续）

序号	步骤	操作方法及说明	质量标准
6	熟悉配送优化模块操作流程（可扫码观看配送优化操作）	5. 配送单打印 ①进入主系统，点击【配送单打印】按钮进入配送单打印页面 ②选择某个订单，点击打印，可对该订单进行打印操作 6. 实时路况查询 ①进入主系统，点击【实时路况查询】按钮进入实时路况查询页面 ②实时路况正常页面 ③实时路况异常页面（虚线路段表示随机故障路段） 7. 手持签收 ①使用手持进入系统登录页面 ②选择配送签收菜单，进入配送签收页面 ③选择某个未签收的订单点【下一步】进行手持签收 ④选择配送客户订单点【签收】确认 ⑤签收完成后点【返回】，再次选择该订单点【下一步】，即可查看已签收的订单 ⑥进入配送单打印页面查看该订单签收的详情	掌握配送优化模块操作流程
7	熟悉库存管理模块操作流程	1. 库存查询 ①点击【库存管理/库存查询】进入库存信息页面 ②打印库存报表：点击【打印】按钮，进入库存报表页面 ③在库存报表页面中，点击【打印】按钮，完成打印 2. 可视库存 ①点击【库存管理/可视库存】进入页面 ②点击所需查找的仓库类型，点击【查询】按钮	掌握库存管理模块操作流程

问题分析

1. 完善仓库信息时，所有的信息都要填完整吗？

仓库编号、仓库名称、仓库类型、仓库级别、仓库公司为必填项，其他可以不填，但考虑仓库信息的完整性，尽量填完整。

2. 入库管理模块包括哪些操作？

包括入库作业、RF组托、RF上架、入库完成、入库单打印等。

训练评价

序号	评价内容	评价标准	评价结果（是/否）
1	基础数据模块操作流程分析	掌握了基础数据模块的操作流程	
2	客户管理模块操作流程分析	掌握了客户管理模块的操作流程	
3	订单管理模块操作流程分析	掌握了订单处理模块的操作流程	
4	入库管理模块操作流程分析	掌握了入库管理模块的操作流程	
5	出库管理模块操作流程分析	掌握了出库管理模块的操作流程	
6	配送优化模块操作流程分析	掌握了配送优化模块的操作流程	
7	库存管理模块操作流程分析	掌握了库存管理模块的操作流程	

工作领域五 现代配送中心信息处理

任务总结

本任务以配送管理信息系统功能分析为主线,通过对任务的实施,引领学生掌握配送管理信息系统的概念、配送管理信息系统的基本结构、配送管理信息系统的作用与操作流程等知识,使学生具备应用配送管理信息系统的职业能力。

拓展训练

沃尔玛强大的物流信息技术应用

美国的物流配送业发展起步早,经验成熟,尤其是信息化管理程度高,对我国物流发展有很大的借鉴意义。下面以沃尔玛配送中心为例,分析其强大的物流信息技术。

灵活高效的物流配送体系是沃尔玛达到最大销售量和低成本存货周转的核心。沃尔玛在100多家零售卖场中央位置的物流基地周围建立一个配送中心,可以同时满足100多个销售网点的配送需求,以此缩短配送时间,降低送货成本。同时,沃尔玛首创交叉配送的独特作业方式,进货与出货几乎同步,没有入库、储存、分拣等环节,由此加速货物流通。在竞争对手每5天配送一次商品的情况下,沃尔玛每天送货一次,大大减少中间过程,降低管理成本。数据表明,沃尔玛的配送成本仅占销售额的2%,而一般企业这个比例高达10%。这种灵活高效的物流配送方式使沃尔玛在竞争激烈的零售业中技高一筹、独领风骚。沃尔玛物流配送体系的运作流程如图5-2所示。

配送中心"灵活高效"说起来容易做起来难,是什么使卓越的理念转化为沃尔玛强大的竞争力?答案是现代化的物流信息技术。沃尔玛能长期在世界500强企业中独占鳌头,很大程度上归因于其强大的信息系统的支持。它利用信息技术,如EDI(电子数据交换系统)、EOS(电子订货系统)、POS(销售终端)等技术提高物流配送效率,增强其经营决策能力。沃尔玛正是在这些信息技术的支撑下,做到了商店的销售与配送中心、配送中心与供应商的同步。

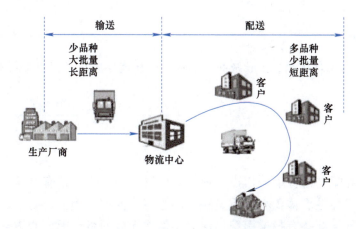

图5-2 沃尔玛物流配送体系的运作流程

沃尔玛强大的物流信息技术还体现在以下几个方面：

（1）挑战"无缝点对点"物流系统。在物流方面，沃尔玛尽可能降低成本，为客户提供快速服务。为了做到这一点，沃尔玛为自己提出了一些挑战，其中的一个挑战就是要建立一个"无缝点对点"的物流系统，能够为商店和客户提供最迅速的服务。这种"无缝"的意思是使整个供应链达到一种非常顺畅的连接。

（2）自动补发货系统。沃尔玛之所以能够取得成功，还有一个很重要的原因是有一个自动补发货系统。每一个商店都有这样的系统。

自动补发货系统使沃尔玛在任何一个时间点都可以知道，目前某个商店中有多少货物，有多少货物正在运输过程中，有多少货物是在配送中心等。

同时，自动补发货系统也使沃尔玛可以了解某种货物上周卖了多少、去年卖了多少等情况，而且可以预测将来的销售情况。

（3）零售链接系统。沃尔玛还有一个非常有效的系统，叫作零售链接系统，可以使供货商直接进入沃尔玛的系统。任何一个供货商都可以进入这个零售链接系统了解他们的产品卖得怎么样，昨天、今天、上一周、上个月和去年卖得怎么样，可以知道各种商品卖了多少，而且可以在24小时内更新。供货商可以在沃尔玛公司每一个店当中，及时了解有关情况。

问题：

（1）沃尔玛公司主要用了哪些物流信息系统来提高物流配送效率？
（2）沃尔玛公司的自动补发货系统有怎样的作用？
（3）如果想做到整个物流系统"无缝点对点"，可以从哪些方面入手？

工作任务5.2 配送管理信息系统操作

职业能力5.2.1 熟练使用无线手持终端设备进行数据的采集与无线传输

学习目标

掌握无线手持终端的工作原理和功能，能熟练使用RF手持终端设备进行数据的采集与无线传输。

基本知识

无线手持终端是指将条码扫描装置与数据终端一体化，带有电池、可离线操作的终端设备，具有一体性、体积小、重量轻、高性能、便携、手持、防水、防尘、防摔等特点。无线手持终端配备有扫描引擎，内置多模式无线网络，因而侧重数据的采集与无线传输。

一、无线手持终端的工作原理

无线手持终端通过GPRS无线网络将用户设备数据传输到联网的主机上,实现数据远程透明传输,永远在线,自动重连。它可以直接与各种需要远程无线通信的用户设备通过串口连接,如智能仪器仪表、PLC、DCS、数据终端、触摸屏、工控机等设备,同时能与组态软件、人机界面、触摸屏、测控终端等工控产品实现自由协议、MODBUS协议的组态,主要用在零售行业的条码数据采集、电力行业的抄表、物流行业的收派件、医药行业的药品盘点、仓储管理中的出入库管理等领域。

二、无线手持终端的功能

1. 数据采集

将商品的条码通过扫描装置读入,对商品的数量直接进行确认或通过键盘录入,并在存储装置中以文本数据格式存储,格式为"条码(Barcode)-数量(Number)-规格(Model)"等定制格式。

2. 系统管理

系统管理功能主要包括检查磁盘空间和系统日期、时间的调校。

3. 数据传送

(1)数据下载。将需要数据采集器进行确认的商品信息从计算机中传送到数据采集器中,通过数据采集器与计算机之间的通信接口,在计算机管理系统的相应功能中运行设备厂商所提供的数据传送程序,传送内容可以包括商品条码、名称和数量。通过数据下载,可以在数据采集时方便地显示当前读入条码的商品名称和需确认的数量。

(2)数据上传。将采集到的商品数据通过通信接口传送到计算机上,再通过计算机系统的处理,将数据转换到相应的数据库中。

4. 数据删除

数据采集器中的数据在完成了向计算机系统的传送后,需要将数据删除,否则会导致数据再次读入的叠加,造成数据错误。有些情况下,数据可能会向计算机传送多次,待数据确认无效后,方可实行删除。

能力训练

1. 训练背景

配送中心对配送管理信息系统升级改造后,配送效率比以前有了大幅度的提高,但还存在数据采集和录入效率低、数据信息无法实时同步等问题。为此配送中心引进了无线手持终端设备来解决该问题。我们应该如何操作?

2. 训练注意事项

要能熟练使用无线手持终端设备进行数据的采集与无线传输,首先要理解无线手持终端的工作原理与功能。

3. 训练过程（详细过程参见物流管理信息系统操作手册）

序号	步骤	操作方法及说明	质量标准
1	系统登录	①双击桌面上wdms系统，在弹出的登录页面上，输入账号和密码，然后点击【登录】按钮（地址是服务器IP，端口是1024） ②登录成功后，会出现RF主界面	会进行RF仓储管理系统登录
2	入库作业	①点击【入库作业】按钮，进入入库单列表页面 ②选择一待组托的入库单，点击【组托】按钮，弹出框点击【OK】按钮 ③选择已组托的入库单，点击【上架】按钮 ④输入托盘、仓位信息后点击【保存】按钮，再点击【提交】按钮	会利用RF手持终端设备进行入库作业
3	出库作业	①入库作业完成后，返回主界面 ②点击【出库作业】按钮，进入出库单列表页面 ③选择一待拣货的出库单，点击【拣货】按钮 ④输入仓位条码、货品条码、数量，选择已配货的出库单，点击【提交拣选】按钮，点击【OK】完成	会利用RF手持终端设备进行出库作业
4	电子标签周转箱扫描	①点击进入单证标签周转箱扫描页面 ②输入周转箱编号，点击【确认】按钮	会利用RF手持终端设备进行电子标签周转箱扫描作业
5	B2C播种扫描	①点击【B2C播种扫描】按钮进入B2C播种页面 ②输入拣货单编号和货品编号点击【确认】按钮	会利用RF手持终端设备进行B2C播种扫描作业
6	配送签收	①点击【配送签收】按钮，进入配送签收页面 ②选择配送单据点击【签收确认】按钮确认签收成功	会利用RF手持终端设备进行配送签收作业

问题分析

1. 无线手持终端的特点和应用领域是什么？

（1）特点：一体性、体积小、重量轻、高性能、便携、手持、防水、防尘、防摔等。

（2）应用领域：零售行业的条码数据采集、电力行业的抄表、物流行业的收派件、医药行业的药品盘点、仓储管理中的出入库管理等。

2. 无线手持终端具有什么功能？

（1）数据采集。

（2）系统管理。

（3）数据传送。

（4）数据删除。

训练评价

序号	评价内容	评价标准	评价结果（是/否）
1	入库作业掌握情况	能正确利用无线手持终端设备进行入库作业	
2	出库作业掌握情况	能正确利用无线手持终端设备进行出库作业	
3	电子标签周转箱扫描掌握情况	能正确利用无线手持终端设备进行电子标签周转箱扫描	
4	B2C播种扫描掌握情况	能正确利用无线手持终端设备进行B2C播种扫描	
5	配送签收掌握情况	能正确利用无线手持终端设备进行配送签收	

职业能力5.2.2　熟练操作配送管理信息系统进行配送作业

学习目标

能综合运用配送管理信息系统，熟练操作配送管理信息系统进行配送作业。

基本知识

一、进货作业流程

（1）进货作业计划。
（2）进货前的准备。
（3）接运与卸货。
（4）分类与标识。
（5）核对单据。
（6）入库验收。
（7）进货信息的处理。

二、配送进货作业信息处理流程

配送进货作业信息处理流程包括：入库计划、入库作业、RF组托、RF上架、入库完成、入库单打印等。具体如图5-3所示。

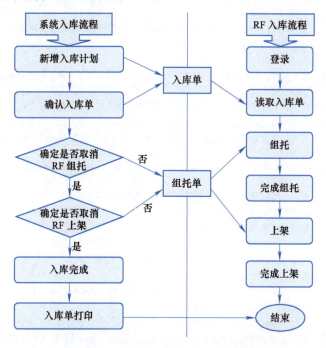

图5-3　配送进货作业信息处理流程图

能力训练

1. 训练情景

配送中心接到人民商贸有限公司的入库任务通知，具体信息见表5-1。请应用配送管理信息系统进行入库操作。

表5-1 入库任务单

入库任务单编号：R2021041901　　　　计划入库时间：到货当日

序号	商品名称	商品条码	包装规格（长×宽×高）（mm×mm×mm）	单价（元/箱）	重量（kg/箱）	入库（箱）
1	完达山加锌奶粉	6911988007803	400×300×150	200	5	50
2	中华皓白柠檬薄荷牙膏	6931528109163	330×250×160	200	4.5	30

供应商：人民商贸有限公司

2. 训练注意事项

要先掌握配送管理信息系统的操作流程。

3. 训练过程（详细过程参见配送管理信息系统操作手册）

序号	步骤	操作方法及说明	质量标准
1	基础数据模块操作	1. 新增仓库 进入仓库信息列表页面，根据任务要求新增仓库并完善和保存仓库信息 2. 新增仓位 进入仓位信息列表页面，根据任务要求新增仓位并完善和保存仓位信息 3. 新增托盘/周转箱 进入托盘/周转箱信息列表页面，根据任务要求新增托盘/周转箱并完善和保存其信息 4. 新增物料 进入物料信息列表页面，根据任务要求新增物料并完善和保存物料信息	能根据任务正确进行基础数据模块操作
2	客户管理模块操作	进入客户信息列表页面，根据任务要求新增客户并完善和保存客户信息	能根据任务正确进行客户管理模块操作
3	订单管理模块操作	进入入库计划页面，根据任务要求新增入库计划并完善和保存入库计划信息	能根据任务正确进行订单管理模块操作
4	入库管理模块操作	1. 入库作业 进入入库订单列表页面，根据任务要求选择并确认入库单 2. RF组托作业 用账号登录RF，根据操作流程和任务要求进行货品的入库组托作业 3. RF上架作业 用账号登录RF，根据操作流程和任务要求进行货品的入库上架作业 4. 入库完成作业 进入入库单打印列表页面，根据任务要求选择入库单号，点击【入库完成】按钮，系统提示"入库完成" 5. 入库单打印 进入入库单打印列表页面，根据任务要求点击入库单号，进入打印预览页面，点击【打印】按钮，完成打印	能根据任务正确进行入库管理模块操作

问题分析

1. 如何进行订单管理操作？

（1）点击【订单管理/入库计划】进入入库计划页面。

（2）新增入库计划：点击【新增】按钮，进入新增页面。

（3）完善入库计划信息。

（4）保存入库计划信息：点击【保存】按钮。

2. 如何利用RF进行入库组托作业操作？

（1）用账号登录RF。

（2）在NOS-WMS-RF主界面，点击【入库作业】按钮，进入NOS-WMS-RF入库作业页面。

（3）在NOS-WMS-RF入库作业页面，选择一个入库单状态是待组托的入库单，点击【组托】按钮，进入NOS-WMS-RF入库作业-组托页面。

（4）在NOS-WMS-RF入库作业-组托页面，将光标移动到"托盘"的输入框内，用RF扫描托盘的标签。

（5）扫描托盘标签之后，将光标移动到"货品"的输入框内，用RF扫描货品的标签，RF会自动将扫描的货品数量，显示在"数量"输入框中。

（6）如果放到此托盘上的所有货品扫描完成，点击【确定】按钮。

（7）重复第（4）步、第（5）步和第（6）步，组托本入库单上其他的货品，本入库单所有货品组托完毕，点击【提交组托】按钮。

训练评价

序 号	评价内容	评价标准	评价结果（是/否）
1	基础数据模块操作掌握情况	能正确进行基础数据模块操作	
2	客户管理模块操作掌握情况	能正确进行客户管理模块操作	
3	订单管理模块操作掌握情况	能正确进行订单管理模块操作	
4	入库管理模块操作掌握情况	能正确进行入库管理模块操作	

任务总结

本任务以配送管理信息系统操作为主线，通过对任务的实施，引领学生掌握无线手持终端的工作原理与功能、配送管理信息系统的构成、进货作业流程等知识，使学生具备熟练使用无线手持终端设备进行数据的采集与无线传输、熟练操作配送管理信息系统的职业能力。

拓展训练

系统入库操作系统实训项目

【实训情景】

配送中心接到中汇百货有限公司的入库任务通知,具体信息见表5-2。请应用配送管理信息系统进行入库操作。

表5-2 入库任务单

入库任务单编号:R2021041425　　　　计划入库时间:到货当日

序号	商品名称	包装规格(长×宽×高)(mm×mm×mm)	单价(元/箱)	重量(kg/箱)	入库(箱)
1	立邦油漆	220×180×170	200	5	50
2	可口可乐	270×180×200	200	10	60
3	百事可乐	270×210×240	200	23	19
4	椰树牌椰汁	300×230×240	200	18	30
5	泰山仙草蜜	330×210×190	200	8	5

【实训目标】

通过对配送管理信息系统进行入库操作,进一步掌握配送管理信息系统操作流程。

【实训准备】

掌握配送管理信息系统的基本操作流程。

【实训步骤】

(1)自由组合成小组,每组4~6人。

(2)各组进行基础数据模块操作。

(3)各组进行客户管理模块操作。

(4)各组进行订单管理模块操作。

(5)各组进行入库管理模块操作。

【实训评价】

教师和同学共同对各组配送路径做出综合评价。

小组序号:			学生姓名:		
小组成绩:			个人最终成绩:		
考核内容	满分	得分	考核内容	满分	得分
基础数据模块操作	10		小组分解得分	70	
客户管理模块操作	10		个人角色与执行	20	
订单管理模块操作	10				
入库管理模块操作	30		团队合作	10	
组织与分工的合理性	10				
合计	70		合计	100	
评定人:			评定时间:		

工作领域小结

本工作领域以配送中心信息处理为主线,具体分解为两个工作任务,即配送管理信息系统功能与流程分析、配送管理信息系统操作。通过该工作领域的学习和任务的实施,提高学生配送管理系统功能与流程分析的能力,提高学生配送管理信息系统操作的能力。

补充笔记插页

课后练习

工作领域五
课后练习

工作领域六

特殊货物的配送管理

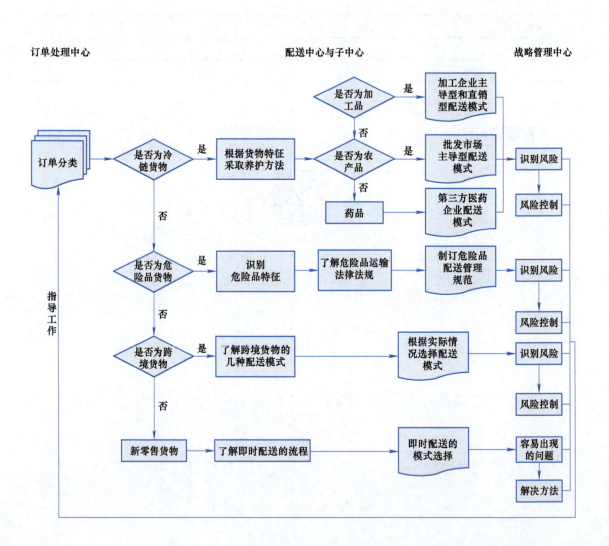

工作领域六 特殊货物的配送管理

特殊货物的配送管理工作任务和职业能力分析

工作任务	职业能力要求	知识素养要求
冷链货物配送管理	➢ 能有效养护冷链配送中的货物 ➢ 能根据冷链货物特征选择配送模式 ➢ 能有效控制冷链配送管理风险	➢ 能识别冷链配送货物，掌握其质量变化及影响因素 ➢ 能制订冷链配送货物的养护计划，根据计划实施日常养护工作，能发现问题货物并即时处理分析 ➢ 能制作相应台账和报表 ➢ 掌握三种类别冷链货物的不同配送模式 ➢ 理解冷链配送管理中的商品风险识别及风险控制
危险品货物配送管理	➢ 能有效识别危险品特征 ➢ 能根据危险品运输法律法规制订相应的配送管理规范 ➢ 能识别并控制危险品配送作业风险	➢ 能识别各类危险品，掌握各类危险品的特征 ➢ 理解危险品运输的特点 ➢ 熟悉危险品运输的法律法规 ➢ 能制订危险品配送管理规范 ➢ 能识别危险品配送作业的风险 ➢ 掌握危险品配送作业风险的控制方法
跨境货物配送管理	➢ 能正确选择跨境货物的配送模式 ➢ 能识别并控制跨境货物配送风险	➢ 理解各种跨境货物配送模式 ➢ 能根据实际情况合理选择配送模式 ➢ 能识别跨境货物配送的风险 ➢ 理解跨境货物配送风险的控制方法
新零售货物配送管理	➢ 能根据新零售货物特点设计即时配送流程和选择模式 ➢ 能解决企业新零售下的各种配送问题	➢ 了解新零售的特点 ➢ 理解即时配送的流程 ➢ 熟悉即时配送的模式 ➢ 了解企业新零售下的各种配送问题 ➢ 掌握解决配送问题的方法

工作任务6.1 冷链货物配送管理

职业能力6.1.1 有效养护冷链配送中的货物

学习目标

能识别冷链配送货物，掌握其质量变化及影响因素；能制订冷链配送货物的养护计划，根据计划实施日常养护工作；能发现问题货物并即时处理分析；能制作相应台账和报表。

基本知识

冷链配送是对时间和配送设备要求高且涉及较多学科的一种特殊配送形式，日益成为人们生活中必不可少的物流形式。

一、冷链配送商品的特点

1. 生鲜易腐性

冷链配送的货物都是生鲜易腐产品，涉及面广，主要包括：

冷链供应商的
优质服务视频

（1）农产品。包括蔬菜类、肉类、禽蛋类、鲜奶类、海鲜产品类、观赏植物类等。

（2）加工食品。包括速冻食品（如速冻水饺和速冻包子等），禽、肉、海鲜类产品的包装熟食（如加工后的火腿肠和鱼丸等），酸奶和冰淇淋，快餐原料等。

（3）特殊商品。如药品、疫苗、血液制品等。

这些产品容易在整个冷链配送环节的任何一环发生腐坏变质。温度如果控制不合适就会影响生鲜产品的品质。湿度同样对产品的品质产生影响，湿度控制不合适会造成产品表面微生物的繁殖，从而产生货损。所以冷链配送的对象有着不同于常温配送的特殊性。

2. 时效性

冷链配送的货物都是生鲜易腐产品，对于时间的要求很高，如果产品超出最佳的配送和运输时间，产品的质量就会受到影响。在销售过程中，产品也不会得到消费者的青睐，从而影响企业的收益。最小化产品从生产加工基地到销售地点的时间才能最大限度地保证产品的质量。

3. 货损较大性

由于冷链配送货物的生鲜易腐特性，其在配送过程中，温度或者湿度控制稍有不慎，就会造成巨大的货损。产品在配送过程中，冷冻（冷藏）车辆和设备的开启也会带来一定的货损。又由于产品对时间要求高，超过最佳时间的产品也会遭受一定的货损。

二、冷链配送货物容易发生的质量变化

1. 物理变化

物理变化是指只改变物质本身的外部形态，而不改变其本质，在变化的过程中没有新物质的生成，并且可以反复进行改变的现象。例如：挥发、熔化、溶化、渗漏、串味、沾污、干裂、沉淀等。

2. 化学变化

化学变化是指不仅改变物质的外观形态，也改变物质的本质，并生成新物质的现象。商品发生化学变化，即商品质变的过程。严重时使商品失去使用价值和价值。常见的化学变化有：氧化、化合、分解、聚合、老化、风化、燃烧与爆炸等。

3. 生理生化变化

生理生化变化是指生命活动的有机体在生长发育的过程中，为了维持生命活动，其自身发生的一系列变化。例如：呼吸作用、胚胎发育、发芽、后熟作用等。

4. 生物学变化

生物学变化是指商品在外界有害生物作用下受到破坏的现象。例如：虫蛀、鼠咬、霉腐等。

三、冷链配送管理中影响商品质量变化的因素

相对于一般物流配送过程，冷链配送中影响商品质量变化的因素更多侧重于温度和湿度的控制。

1. 空气温度

气温是影响商品质量变化的重要因素。温度能直接影响物质微粒的运动速度：一般商品在常温或常温以下，都比较稳定；高温能够促进商品的挥发、渗漏、熔化等物理变化及各种化学变化；而低温又容易引起某些商品的冻结、沉淀等变化；温度忽高忽低，会影响商品质量的稳定性。此外，温度适宜时会给微生物和仓库害虫的生长繁殖创造有利条件，加速商品腐败变质和虫蛀。因此，控制和调节商品的温度是冷链配送商品养护的重要工作内容之一。

2. 空气湿度

空气的干湿程度称为空气湿度。空气湿度的改变，能引起商品的含水量、化学成分、外形或结构等的变化。湿度下降，将使商品因失去水分而降低含水量，减轻重量，如水果、蔬菜、肥皂等会发生萎蔫或干缩变形，纸张、皮革制品等失水过多会发生干裂或脆损；湿度升高，商品含水量和重量相应增加，如食糖、食盐等易溶性商品结块、膨胀或进一步溶化，钢铁制品生锈，纺织品、竹木制品、卷烟等发生霉变或被虫蛀等。湿度适宜，可保持商品的正常含水量、外形或结构和重量，所以，在商品养护中，必须掌握各种商品的适宜湿度要求，尽量创造商品适宜的空气湿度。

四、冷链配送管理货物养护计划制订

许多配送单位往往对养护计划不太重视，要么简单地列出几条，要么干脆就没有制订，冷链配送货物具有易损易坏的特殊性，如果延续业界一贯做法，损失的成本将大大超过普通商品。其实在物流单位内部，各项工作的计划制订是非常重要的，养护计划也是如此。通过养护计划，可以指导有关人员在一定时期内（通常为一年）正确开展养护工作，明确要达到的目标，使其对养护工作重点心中有数，日常养护工作有的放矢。制订养护计划可以参照企业上年度养护工作中存在的问题和薄弱环节，结合企业年度质量评审的内容，考虑本年度业务经营工作发展的要求和企业配送条件的实际。计划的内容要具体，目标要明确，指标要尽可能量化，定性指标应当表述清楚。养护计划要突出重点：在品种上突出主营品种、量大品种、需要重点监督的品种和质量易变化的商品；在工作措施上重点抓改进和完善；在工作方法上重点放在如何确保商品质量上，等等。养护计划在时间安排上要合理，可以分月（季）安排具体的养护工作内容。

五、冷链配送货物日常养护指导工作

冷藏商品的配送应符合配送时限规定，配送中不得开启冷藏（保温）箱，确保在规定的温度范围内冷链配送。

冷链配送中的商品温度监控和监测要求如下：

（1）温度监控：冷链商品在收货、验收、贮存、养护、发货、运输过程中必须进行温度监控。

（2）温度记录间隔：冷库的温度记录每次间隔时间不能超过30分钟，冷藏车的温度记

录每次间隔时间不超过10分钟，冷藏（保温）箱的温度不能超过商品贮存要求。

（3）温度报警装置应能在临界状态下报警，应有专人即时处置，并做好温度超标报警情况记录。

（4）制冷设备的启停温度设置：冷藏应在3～7℃，冷冻应在-23～-12℃。

（5）温度记录的要求：温度记录应保存3个月到5年左右。

（6）对生鲜食物按特性，采取干燥、充氮、熏蒸等方法养护。

（7）指导人员依照分类储存的要求和贮藏条件的规定对货物进行合理储存和堆放。

（8）对养护设备，除在使用过程中随时检查外，每年应进行一次全面检查。对空调机、除湿机、制冷机等应有养护设备使用记录。

（9）建立健全货物养护档案，内容包括货物养护档案表和养护记录、台账、检验报告书、查询函件、质量报表等。

（10）每季度应组织对配送货物进行抽检，发现问题与质量管理部门联系予以复查处理。

六、问题货物的处理

（1）养护中发现内包装破碎的货物，不再整理出售。

（2）养护工作中发现货物质量问题时，应悬挂明显标志，并应移交退货区暂停发货，同时填写货物质量复检通知单，转质管部门。

（3）质管部门一般在2个工作日内复检完毕，如不合格应填写货物停售通知单，转仓储、业务等部门。

（4）有问题货物的处理在有关单据和商品实物交接手续上应当完备，处理时间上要做出规定。

能力训练

1. 训练情景

RX冷链物流公司位于无锡市某郊区，拥有冷库资源1万平方米，自有冷链车辆设备200余辆，承接来自各类生鲜农产品、电商公司等冷链货物物流业务。该公司以往的工作重心为冷链货物的高效配送，没有重视货物质量变化带来的成本损失，也没有成立专门的养护部门，更无详细的规章和工作人员。公司近期经调研分析发现，货物质量变化成本的支出较大。小张是公司多年的管理人员，平时工作认真负责，成绩显著，领导于是安排其负责管理冷链配送货物的养护工作。为了更快地将养护工作运转起来，小张应该从哪些方面入手？

2. 训练注意事项

（1）实训基地的调研过程需遵守基地规章制度，防止因设施设备使用不当造成经济损失和人员伤害。

（2）因接触的实训对象大多为食品，参训人员均需接受健康检查。

3. 训练过程

涉及表格可扫码参考冷链设施设备台账、冷链设施设备管理报表。

冷链设施设备台账

冷链设施设备管理报表

序号	步骤	操作方法及说明	质量标准
1	冷链配送货物养护计划制订	通过教师讲解和实地调研等方式,掌握冷链货物的特征及质量影响因素,根据去年执行薄弱环节,制订冷链配送货物的养护计划	学会制作一份详细养护计划的过程
2	日常养护指导工作	通过实训基地上岗,遵守基地各项制度,按照所订养护计划执行日常养护工作	能按照要求操作一次流程,并做好相关记录
3	问题货物的处理	按照实训基地要求,能将问题货物即时处理,并定期撰写分析报告,不断调整养护计划	学会处理问题货物
4	记录台账与报表	将设施设备的运行及异常等状态、需要统计的实时数据等记录下来,并以表格形式汇总或报表上报	学会记录设施设备台账与报表

问题分析

1. 根据冷链货物的质量变化,如何选择冷链货物的包装材料?

冷链货物的包装材料应根据冷链货物的类型、形状、特性及周边环境的影响选择,确保在冷链物流配送服务过程中冷链货物及周围环境安全卫生。包装材料应符合GB/T 34344—2017的规定。包装上应标明的信息包括但不限于冷链货物的名称、净重、数量、保存条件和有效期。包装应对冷链货物具有保护性,在确保冷链货物温度要求的同时避免其在装卸、暂存和配送过程中受到损伤。温控材料应无毒、无害、无污染,符合货物安全规定且具有良好的稳定性。

2. 计划制订的依据主要有哪些?

计划的制订主要依据行业标准和该企业以往计划执行中的薄弱环节。2020年6月1日,由中物联冷链委牵头,上海安鲜达物流科技有限公司、厦门市标准化研究院等多家单位共同起草制定的《食品冷链末端配送作业规范》(WB/T 1104—2020)行业标准正式发布实施,规定了食品冷链末端配送的基本养护要求和作业要求。此标准的发布为配送货物的养护提供了指导,有助于提高食品的冷链配送服务水平,促进冷链配送行业快速、稳妥发展。

训练评价

序号	评价内容	评价标准	评价结果(是/否)
1	冷链配送货物养护计划制订	能制订一份规范的冷链配送货物养护计划	
2	日常养护指导工作	能严格按照计划实施至少一次养护流程,并提交相应记录	
3	问题货物的处理	能将问题货物按要求即时处理,并能定期制定情况分析报告,提供一些改进计划的方案	
4	记录台账与报表	能规范记录设施设备台账,实时填制数据报表,及时上报	

任务总结

本任务介绍了如何对冷链配送货物进行有效养护，如何在一定的情景实践中识别冷链配送货物，掌握其质量变化及影响因素，如何制订冷链配送货物的养护计划，根据计划实施日常养护工作，发现问题货物并即时处理分析，制作相应台账和报表。

拓展训练

生鲜食品巧养护

生鲜食品的库存养护是指鲜蛋、蔬菜、水果、速冻食品（如水饺、汤圆等）储存在商品高温冷藏仓库中（又称冷风库），库温一般控制在-1~5℃。生鲜食品入库前应做好仓间消毒。仓间消毒采用紫外线消毒、抗霉剂消毒、消毒剂消毒三种方式。

对于冷库内使用的工具、设备及操作人员穿戴的工作服、工作帽等，可用紫外线辐射杀菌消毒，也可用10%~20%的漂白粉溶液或2%的热碱水或双氧水消毒。

仓库内发现有异味，可采用臭氧消毒或用2%的甲醛水溶液，5%~10%醋酸与5%~20%的漂白粉溶液消除异味。

1．鲜蛋的冷藏养护

进库要合理堆垛，否则就会缩短储存时间，降低鲜蛋的品质。蛋箱、蛋篓之间要留有空隙，码垛不宜过大过高，一般不超过2~3kg，高度要低于风道口0.3m，要留缝通风，墙距0.3m，垛距0.2m，保持温度均衡。鲜蛋不能同水分高、湿度大、有异味的商品同仓间堆放。每个堆垛要挂货卡，严格控制温湿度是鲜蛋储存中质量好坏的关键，最佳仓间温度为-1~1.5℃，±0.5℃。相对湿度为85%~88%为宜，±2%。为有效控制温湿度，必须做到：每次进入仓库的鲜蛋数量不宜过多，一般不超过仓容量的5%；仓库温差不得超过2℃；冷风机冲霜每周2次，时间不宜过长；仓间温度在-15℃时，即可关闭制冷机；应定时换入新鲜空气，换入每昼夜相当于2~4个仓间容积；定期抽查和翻箱，一般每10天抽查2%~3%；压缩机房应每隔2小时对仓间温度检查一次。

2．果蔬的冷藏养护

（1）降温。进仓后要采取逐步降温的方法，因为果蔬采摘后，商品还存在一定的热量，如这时未经冷却而直接进入仓间，易使商品产生病害，达不到保质的目的。

（2）温度调节。果蔬在储存期间，尤其应严格控制温度，温度过高易变质腐烂，过低易造成"冻害"增加干耗。如果存放在适宜温度里，能减慢其成熟，使物质消耗降到最低水平，延长储藏时间。

（3）湿度调节。果蔬中含有大量水分，但在储存过程中，水分将逐渐蒸发，大部分果蔬的干耗超过5%时，就会出现枯萎等现象，鲜度明显下降。特别是水果，当干耗超过5%，就不能恢复原状。另外，如储存环境的空气湿度过低，也会加速鲜果的枯萎，降低其价值。

（来源：中华合作时报·超市周刊）

问题：
（1）如何区别鲜蛋和果蔬的养护？
（2）如何进行生鲜食品仓库的设备工具管理？

职业能力6.1.2　根据冷链货物特征选择配送模式

学习目标

掌握三种类别冷链货物的不同配送模式，能根据冷链货物特征选择配送模式。

基本知识

冷链配送模式是指企业对冷链配送所采用的基本战略和方法，是指构成配送活动的各种要素的组合形态及其活动的标准形式，是适应经济发展需要并根据冷链配送对象的性质、特点及工艺流程而相对固定的配送规律。冷链货物具有较普通货物相比的特殊性，总体来说，可归纳为三大类：第一是农产品；第二是加工类食品；第三是特殊类；如药品等。每一类货物的流通模式不同也决定了物流的配送过程中使用的冷链模式不同，主要包括以下几种：

冷链批发市场模式和生鲜电商模式介绍视频

一、传统农产品冷链配送模式

目前我国农产品主要的供应渠道是批发市场，相应的农产品冷链物流配送模式也是以批发市场为主导。农产品批发市场是在集贸市场的基础上建立并发展起来的，根据其功能可分为两种：一种是农产品产地批发市场，作为农产品的集散地，其主要功能是为农产品生产者（农户）和农产品批发商建立一个交易平台；另一种是农产品销地批发市场，主要分布在人口集中的大中型城市，其主要功能是为农产品批发商、分销商和零售商建立一个交易平台。

目前国内农业生产依然以农业个体户为主，具有分散、小规模、多样化的特征，为了形成规模效应，将农产品在产地农产品批发市场汇集，经主渠道运到销地农产品批发市场，再经分销送到零售企业或消费者手中，形成产地市场与销地市场相结合的"双市场"模式，如图6-1所示。

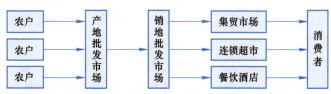

图6-1　"双市场"农产品冷链物流配送模式

对于产地市场，如果消费群体也比较大，农产品通过产地批发市场流通到当地的零售企业或消费者手中，便形成了"产地中心市场"模式，如图6-2所示。

图6-2 "产地中心市场"农产品冷链物流配送模式

在产地建立农业合作社，进行有计划的农产品规模化生产，农产品通过农业合作社经主渠道运到销地农产品批发市场，形成"销地中心市场"模式，如图6-3所示。

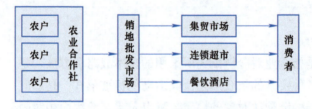

图6-3 "销地中心市场"农产品冷链物流配送模式

批发市场主导型配送模式具有以下特点：

（1）流通环节过多，流通层级复杂。农产品要经过多次流通转换才能从产地送到消费者手中，每增加一次物流转换势必增加一笔物流配送的成本；过多的流通环节势必会产生较高的交易成本，农产品层层加价，造成"农户不赚钱、居民消费高"的现象。因此，批发市场主导型配送模式从整体上呈现出物流效率低、交易成本高的特点。

（2）农产品生产者处于弱势地位。目前国内的农产品生产者一般采取分散经营的生产方式，其与批发市场一般为小规模交易，导致小生产与大市场的矛盾。农产品生产者在价格谈判等方面处于弱势地位，不符合现代农产品冷链物流的发展要求。

（3）信息功能不健全。大部分农产品批发市场的信息化建设滞后，农产品生产者不能有效获得市场信息，导致农产品生产的盲目性，势必承担巨大的市场风险。

二、加工型产品的冷链配送模式

农产品加工企业主导型配送模式是现在国内较常用的一种农产品物流配送模式。大型农产品加工企业围绕一种或多种农产品，通过与农户签订合约，规定农产品的规格与类型，农户按照合同约定进行农业生产，企业按照合约收购农户的农产品，经过加工、包装后配送给零售商进入市场，如图6-4所示。在这种模式下，农产品加工企业选择的生产基地一般设立在农产品生产相对集中并已形成一定规模的地区，通过与当地的农户签订收购合同以稳定货源。农产品加工企业对初级农产品进行加工、保鲜、包装，增加农产品的附加值，可以相应地增加农民收入。同时，农产品加工企业有更充分的市场信息和技术信息，可对农户的生产进行信息引导和技术指导，其雄厚的资金也可为农户提供资金支持，降低了农户生产的自然风险和市场风险。

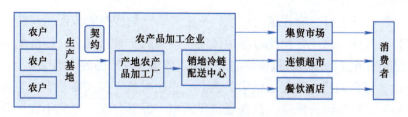

图6-4 加工企业主导型农产品冷链物流配送模式

加工企业主导型配送模式具有以下特点:

（1）冷链物流基础设施投资成本高。在该农产品物流配送模式中,农产品加工企业大多自行建设冷链物流基础设施,如冷库、冷链配送中心、低温分拣加工中心等,有的自行建立冷链运输车队,大大增加了投资成本。

（2）配套的第三方冷链物流发展不足。冷链运输相对于普通货物运输的成本高,冷藏车的购置成本也比普通运输车辆高。对于大型的农产品加工企业,为控制冷链物流过程,保证农产品的质量,通常采用自营配送模式,通过自身建设冷链物流,但运营成本较高,且物流效率低。而一些中小型加工企业无力自建冷链物流,为寻求较低的物流成本,采用普通货运车辆运输农产品,其质量得不到保证,不仅造成严重的农产品损耗,还造成农产品营养物质的流失,这样的农产品流通到餐桌很可能会危害人们的健康。

三、电商直销模式

随着社会交易形式的改变,电商直销的占比越来越大,电商直销模式下的农产品冷链配送又包含以下几种:

1. 农超对接

"农超对接"模式是指由农户或农业生产合作社向超市、便民店直供农产品的流通方式,如图6-5所示。在"农超对接"模式中,超市利用自身在市场信息、管理方面的优势参与到农业生产、加工、流通过程中,为农业生产提供技术、物流配送、产品销售、信息咨询等服务,成为农户与市场的纽带,将农户的小生产与大市场有效连接起来,发挥流通带动生产的作用。

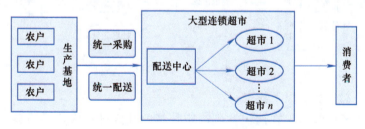

图6-5 "农超对接"模式

"农超对接"模式具有以下特点:

（1）流通环节少。超市直接与农产品生产基地对接,由超市的配送中心将农产品配送至各连锁超市,省去了中间的交易环节,大大缩短了流通渠道,降低了交易成本。

（2）可保证农产品的质量和提高农产品的附加值。大型超市对农产品的包装、加工、运输、配送等物流环节有一套详细的标准,一般有自己的冷链物流配送车队,或者与第三方冷链物流公司合作,以便在物流过程中保证农产品的质量。同时,冷链配送中心对农产品进行一定程度的清洗、分割、包装等加工处理,能增加农产品的附加值。

(3)通过签订合同建立稳定的供求关系。"农超对接"模式需要农户与超市之间建立稳定的交易关系,降低经营风险。但在现实生活中,因部分农户受到小农意识的限制和相关法律法规存在漏洞,容易出现农户违约现象,一定程度上增加了连锁超市的交易成本。

(4)有效反馈市场信息。大型连锁超市拥有营销信息监控系统,能迅速、及时地将农产品的销售信息反馈到农业合作社,引导农户及时调整产品结构和生产规模,尽量降低农业生产上的盲目性和市场风险。

2. 社区直销

"社区直销"模式是指农民专业合作社与城市社区达成意向协议,由农民专业合作社向社区的居民提供农产品的流通方式,主要为优质农产品进入社区搭建平台,构建市场经济下的产销一体化。"社区直销"模式一般有3种:开设直营店全天售卖式、在社区空地固定时间地点集中售卖式、一车一棚流动售卖式。这种直销模式使农户的蔬菜收购价格提高了10%左右,而蔬菜的销售价格比农贸市场低10%左右。农业合作联社"社区直销"模式如图6-6所示。

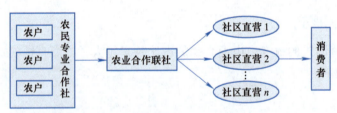

图6-6 农业合作联社"社区直销"模式

农批市场"社区直销"模式如图6-7所示。

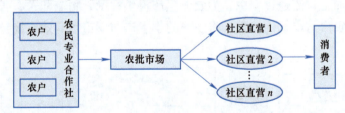

图6-7 农批市场"社区直销"模式

"社区直销"模式具有以下特点:

(1)建设社区直营店。在居民达到一定数量的社区开设农产品直营店,以"预约订购、定量包装、净菜配送、社区直供"的形式,直接将农产品运输到社区居民家门口。社区直销模式能够实现农产品的统一配送,减少农产品流通环节,有效降低流通成本。不同的社区,居住人群和生活环境可能不同,社区直营店的选址和规模需要因地制宜。

(2)搭建社区直销信息平台。农业合作联社或农批市场建立农产品网络销售平台,充分发挥电子商务的作用。直营店每天统计农产品销售情况,根据统计结果,并结合前期的市场调研，做出第二天的农产品需求量预测，再根据预测结果组织人员进行果蔬的采摘和物流配送，及时满足居民的需求。直营店能保证果蔬等农产品的新鲜，购买方便，并能及时掌握市场需求信息。

3. 团体直供

"团体直供"模式是指针对一次性购买量大、消费渠道固定的集体食堂、团体单位等消费大户，农民专业合作社与医院、大专院校、酒店、企业、部队、机关事业单位等消费团体合作，通过固定有组织的平台，相互开展稳定的农产品供销关系，建立农产品直供服务，使团体单位能够享受到价格合理、质量可靠的农产品。"团体直供"模式较为常见的形式有农校对接、农企对接、农医对接等，如图6-8所示。

图6-8 "团体直供"模式

"团体直供"模式具有以下特点：

（1）销售渠道稳定。学校、企业、医院、部队等单位的农产品采购量大且需求稳定，一旦建立良好的合作机制，农户按照消费大户的要求规范生产，能极大规避市场风险，并能减少交易时间，缩短流通渠道，降低流通损耗，能增加农民的收入，也能降低企事业单位的农产品采购成本。

（2）保证按时供应。企事业单位对果蔬等农产品的配送时间要求较高，需要按时供应，"团体直供"模式可以保证按时供应。

（3）建立良好的合作机制。消费团体大户与农民专业合作社需要建立良好的合作机制，建立有效的沟通渠道。农业生产者积极了解消费大户的需求，不仅能满足消费大户对农产品的特定需求，也有助于农民专业合作社自身的成长与发展。

4. 生鲜电商

生鲜电商，即生鲜产品电子商务，是指通过电子商务的手段在互联网上直接销售生鲜类产品，包括新鲜果蔬、生鲜肉类、生鲜水产品等，如图6-9所示。"生鲜电商"模式以传统的B2C模式为基础，针对生鲜农产品的易腐性、鲜活性、时效性等特点，结合电子商务高效率、低成本的优势，以达到快速配送、准确定位、及时服务的目的。

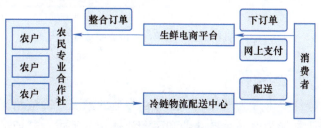

图6-9 "生鲜电商"模式

"生鲜电商"模式主要有以下特点：

（1）农产品品种繁多。农产品是生活必需品，市场需求大。生鲜农产品具有时效性，不同种类的农产品适宜的冷藏和运输温度不同，这就给生鲜农产品的物流配送增加了很大的难度。

（2）配送技术要求较高。生鲜电商直接面对消费者，订单量小，品类重复购买率高，生鲜电商的物流配送呈现小批量、多频次、高效率的特点。生鲜农产品容易在配送过程中变质，所以生鲜电商对物流配送的要求比较高，需要严格控制供货渠道，并在配送距离、配送时间和运输条件上进行优化，以有效防止生鲜农产品变质。其实，生鲜农产品的"最后一公里"配送一直制约着生鲜电商的发展。

（3）配送过程中损耗率高。生鲜农产品易腐的特点，导致产品在运输过程中容易损耗，生鲜农产品的损耗率通常达到10%～30%，而普通电商产品损耗率不到1%。

（4）物流成本高。在网上销售生鲜农产品的毛利率是比较高的，据统计，海鲜的毛利达到50%以上，普通水果约20%，冻肉20%～30%。但物流配送成本居高不下，物流成本平均占总成本的15%～20%，有的甚至达到30%～40%。所以经营生鲜农产品这种高毛利率的电商企业，仅1%能盈利，大部分商家的毛利被高昂的运输成本、包装配送成本所吞噬，最终只能亏本经营。

5. 直销模式下的第三方冷链物流配送模式

直销模式下的物流配送呈现多批次、小批量的特点，势必增加物流配送成本。第三方冷链物流公司通过冷链物流信息平台，整合以上四种直销模式下的农产品货源，统一提供冷链物流配送服务，达到规模效应，可以有效降低冷链物流配送成本。这种模式下，农产品从产地运送到城市的低温配送中心进行集散，在低温配送中心进行加工、包装、冷藏，最后配送到分散在城市的客户，如图6-10所示。

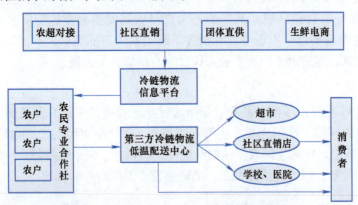

图6-10 直销模式下的第三方冷链物流配送模式

四、医药冷链物流配送模式

医药领域对冷链的要求最为严格，一般交由专业的第三方冷链物流服务商处理。第三方医药冷链物流企业是指为医药生产企业和医药流通企业提供全部或部分符合《药品经营质量管理规范》（GSP）要求的冷藏药品验收、存储、养护、配送、管理等物流服务的外部供应商。

第三方医药冷链物流企业在冷藏药品供应链中处于一个特殊位置，它集"医药企业物流"与"物流企业"于一身，既可以是医药生产者的成品库，又可能成为批发交易的终端（医疗单位或零售商）寄存库。当委托方（制药厂、批发商、零售药店、医院等）向其上级供货商下达采购订单时，供货商从其仓库发货至第三方医药冷链物流中心，第三方医药冷链物流中心按照GSP监管标准进行验收入库，并进行冷藏药品的存储及专业化管理，当委托方将到货预报发给第三方医药冷链物流中心时，第三方医药冷链物流中心根据其要求进行全程冷链配送活动。同时，上级供货商可将其冷藏药品全部或部分储存在第三方医药冷链物流中心，当下级订货商向上级供货商下达订单时，第三方医药冷链物流中心可代理进行订单处理、配送等活动。在整个运作模式中，第三方医药冷链物流中心采用物联网、云技术以及如基于互联网的GIS、GPS、EDI、RFID射频技术等先进的信息化技术进行全程温湿度监管和数据记录，并与国家药品监督管理局等监管部门以及医药生产企业及流通企业进行实时双向数据交换和共享，实现信息同步化，保障从生产企业到消费者的全流程追溯防伪，当冷藏药品出现质量问题时也便于进行责任追溯，可以从一定程度上保障冷藏药品的质量安全。

能力训练

1. 训练情景

2020年初，新冠疫情暴发，全国人民以居家防疫作为我国艰难抗疫工作的坚定支持，随之而来的商品交易发生巨大变化，电商采购家庭基本生活用品呈浪涌之势，带来了物流界的极大挑战，如何安全地将每日基本食物及用品准确快速送达老百姓家中，成为各大物流公司面临的首要问题。小王是RX冷链物流公司战略部一名工作多年的管理者，公司决定由他安排部署接下来的冷链配送工作。小王决定首先对冷链抗疫货物进行分类，然后根据每种货物特点选择合适的冷链配送模式，积极应对各种难题。

2. 训练注意事项

（1）需要入户调查需要冷链配送的抗疫商品，应做好消除对方戒备心理的准备工作。

（2）需要到各配送中心调研各种类型的货物配送模式，应遵守不同配送中心的规定，注意安全防护。

（3）各种模式的选择需要借助辅助工具画图，可以事先了解学习画图工具。

3. 训练过程（问卷设置平台可参考微信公众号"问卷星"）

序 号	步 骤	操作方法及说明	质 量 标 准
1	调查居家防疫的商品种类并分类	准备一份调查问卷，通过入户调研居家防疫的日常需求商品种类并统计分类	至少实地调研五家，将需求商品分成三类
2	分析三大类商品的冷链配送模式及特点	通过上述调研结果归纳得出三大类商品特征，然后调研各配送中心，分别总结目前三大类商品的冷链配送模式及特征	能画出三大类商品的冷链配送模式图
3	归纳分析本公司的冷链配送模式	通过前期工作，归纳分析本公司涉及的各类冷链商品配送模式	能用图表示出本公司的冷链配送模式

问题分析

入户调查问卷的设置需要注意什么问题?

①对于需求商品的品种范围设定,不能偏离;②对问题回答的可能性要有一个基本的估计,不能含有侵犯个人隐私的问题;③问题不能太多,以免调研时间太长,引起调查对象的反感;④同类问题排列在一起,问题排列的先后以先易后难为原则,开放性问题尽量放在后面;⑤问题不能带有倾向性,不能诱导受访者回答;⑥问卷草拟后,应该邀请其他人扮演受访者,尝试回答问卷中的题目。这些经验可以大大提升问卷的质量。

训练评价

序 号	评价内容	评价标准	评价结果(是/否)
1	调查居家防疫的商品种类并分类	能通过调研得出三大类冷链商品	
2	分析三大类商品的冷链配送模式及特点	能根据特征正确画出三大类冷链商品的配送模式图	
3	归纳分析本公司的冷链配送模式	能归纳本公司的冷链配送模式	

任务总结

本任务介绍了三种类别冷链货物的不同配送模式,主要包括:传统农产品冷链配送模式("双市场"农产品冷链物流配送模式、"产地中心市场"农产品冷链物流配送模式、"销地中心市场"农产品冷链物流配送模式);加工型产品的冷链配送模式,主要以加工企业主导型农产品物流配送模式为主;电商直销模式(农超对接、社区直销、团体直供、生鲜电商、直销模式下的第三方冷链物流配送模式);医药冷链物流配送模式。

拓展训练

盒马鲜生配送体系

盒马鲜生是阿里巴巴对线下超市完全重构的新零售业态。盒马是超市,是餐饮店,也是菜市场,但这样的描述似乎又都不准确。消费者可到店购买,也可以在盒马App下单。而盒马最大的特点之一就是快速配送:门店附近3公里范围内,30分钟送货上门。盒马鲜生多开在居民聚集区,下单购物需要下载盒马App。实际上,在强推支付宝支付背后,是盒马未来将对用户消费行为大数据挖掘的野心。阿里巴巴为盒马鲜生的消费者提供会员服务,用户可以使用淘宝或支付宝账户注册,以便消费者从最近的商店查看和购买商品。盒马未来可以跟踪消费者购买行为,借助大数据做出个性化的建议。

与传统零售最大的区别是,盒马运用大数据、移动互联、智能物联网、自动化等技术及先进设备,实现人、货、场三者之间的最优化匹配,从供应链、仓储到配送,盒马都有自己的完整物流体系。

不过,这一模式也给盒马的前期投入带来巨大成本。公开报道显示,盒马鲜生的单店开店成本在几千万元不等。盒马能做到30分钟配送到家,在于算法驱动的核心能力。据店员介绍,店内挂着金属链条的网格麻绳是盒马全链路数字化系统的一部分。盒马的供应链、销售、物流履约链路是完全数字化的。从商品的到店、上架、拣货、打包、配送任务等，作业人员都是通过智能设备去识别和作业，简易高效，而且出错率极低。整个系统分为前台和后台，用户下单10分钟之内分拣打包，20分钟实现3公里以内的配送，实现店仓一体。

问题：

（1）请调研盒马鲜生的冷链配送，分析其属于本任务中介绍的哪一类型。

（2）请针对如何弥补订单延迟问题制订一套方案。

职业能力6.1.3 有效控制冷链配送管理风险

学习目标

理解冷链配送管理中的商品风险识别及风险控制，能有效控制冷链配送管理风险。

基本知识

风险是指未来损失发生的不确定性和未来收益发生的不确定性，发生在冷链配送领域内的风险为冷链配送风险。在物流运作过程中，如果能先识别运作环节的风险就能提早控制风险，如果不能提前识别风险就不能及时控制，将会引起很严重的损失。检验入库、储存、拣货出库和配送四个核心环节组成了冷链配送的主要运作流程，以下对于这四个环节中涉及的风险进行详细分析和识别，并介绍相应的控制措施。

一、风险识别

风险识别是指在风险事故发生之前，人们运用各种方法系统地、连续地认识所面临的各种风险以及分析风险事故发生的潜在原因。

1. 检验入库环节风险识别

检验入库环节的作业流程如图6-11所示，结合仿真软件构建的模型分析可知，检测质量和农药残留、整理加工、检测温湿度、入库操作等步骤都存在一定的风险。进货计划和信息记录为后续各作业环节的操作提供了理论依据，因此也存在一定的风险。

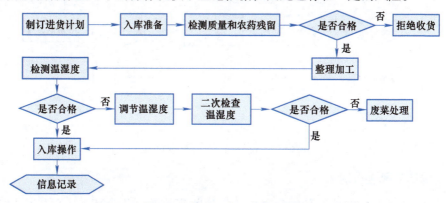

图6-11 检验入库环节作业流程

2. 储存环节风险识别

储存环节的作业流程如图6-12所示，结合仿真软件构建的模型分析可知，在生鲜农产品库存管理、商品养护、盘点作业等步骤都存在一定的风险。存储计划和信息记录为后续各作业环节的操作提供了理论依据，因此也存在一定的风险。

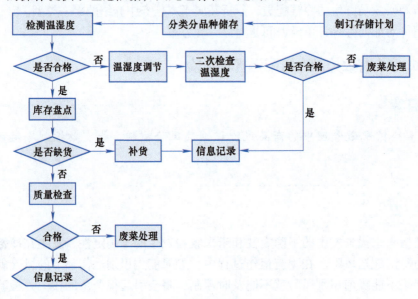

图6-12　储存环节作业流程

3. 拣货出库环节风险识别

拣货出库环节的作业流程如图6-13所示，结合仿真软件构建的模型分析可知，在拣选作业、内复核、外复核环节都存在一定的风险，分拣作业计划和信息记录为后续各作业环节的操作提供了理论依据，因此也存在一定的风险。

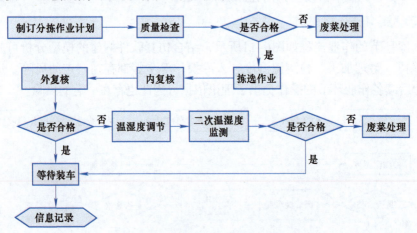

图6-13　拣货出库环节作业流程

4. 配送环节风险识别

由于冷链产品的特殊性，配送环节对其来说相当关键，这个环节主要指从配送中心送到客户手中直至客户验收的过程，此过程需冷藏配送，在配送过程中要保持一定的温度。装车时应采用先进后出的原则，还需对冷藏车内的堆垛情况进行详细检查，配送过程需严格控制，以确保冷链产品的新鲜度和安全性。配送环节主要包括制订送货计划、配装、配送运输、送达服务、配送环节的信息记录等，如图6-14所示。

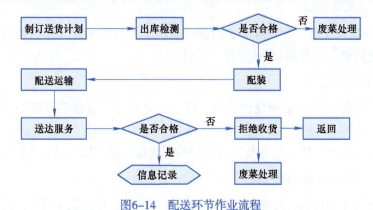

图6-14　配送环节作业流程

根据配送环节的作业流程以及仿真软件构建的模型分析可知，在配装作业、配送运输、送达服务等环节都存在一定的风险，送货计划和信息记录为后续各作业环节的操作提供了理论依据，因此也存在一定的风险。

二、风险控制

由以上可知，冷链物流运作流程的风险主要发生在检验入库、储存、拣货出库和配送四个关键环节，其中配送环节最为突出。

（一）检验入库环节控制措施

1. 进货计划风险控制

对冷链产品的供需情况进行有效的预测，相关管理人员应使用科学的计算方法并结合相关经验，进行全面的分析，合理制订进货计划，确保冷链产品不出现缺货、积压的现象。

2. 质量和生鲜农产品农药残留检测风险控制

首先，要对检测人员进行培训，提升检测人员的工作水平；其次，农药是检测人员无法用肉眼估量和判定的，因此先进的检测设备是检测农药残留的关键，配送中心需要购置一套先进的检测设备，并严格规定超标的产品一律拒收。

3. 温湿度检测风险控制

首先，检测人员无法直接观测冷链产品的温湿度，因此要有先进的温湿度检测设备辅助；其次，监测人员的责任心也很重要，检测人员要细心、有责任心、工作不马虎。

4. 检验入库环节信息记录风险控制

通过对企业员工的培训，培养员工的责任心、责任感，提高企业员工的综合素质水平，以保证相关工作人员所记录信息是准确的，没有漏记，这样可使检验入库环节信息可追踪。

（二）储存环节控制措施

1. 储存计划风险控制

引进高水平管理人才，为冷链产品的储存做科学合理的规划，并把相关责任划分到人头，实行个人负责制，确保出现问题时能追溯源头。

2. 商品养护风险控制

对于冷链产品储存期间温湿度的控制，需要先进的温湿度监测设备辅助，一旦仓库内温湿度超出规定水平就会引发报警，相关人员就可以采取应急措施；另外，高素质的作业人员对质量的控制相当重要，培养员工的责任感和敬业精神，以免出现检测失误的情况。

3. 储存环节信息记录风险控制

通过对企业员工的培训，培养员工的责任心、责任感，提高企业员工的综合素质水平，以保证相关工作人员所记录信息是准确的，没有漏记，这样可使储存环节信息可追踪。

（三）拣货出库环节控制措施

1. 分拣作业计划风险控制

引进高水平管理人才，为冷链产品的分拣作业做科学合理的规划，也为之后的配送环节打下一个好的基础。

2. 质量及温湿度监测风险控制

冷链产品拣货出库期间同样需进行温湿度的控制，需要先进的温湿度监测设备辅助，相关人员需在出现异常情况时采取应急措施。

3. 拣货出库环节信息记录风险控制

通过对企业员工的培训，培养员工的责任心、责任感，提高企业员工的综合素质水平，以保证相关工作人员所记录信息是准确的，没有漏记的，这样可使拣货出库环节信息可追踪。

（四）配送环节控制措施

1. 送货计划风险控制

在制订送货计划时要综合考虑客户订单信息、客户收货时间、运输路线等，好的配送路线可以提高送货的效率，以及提高服务水平。

2. 配装风险控制

冷链产品的配装情况与员工素质有很大关系，企业员工必须仔细核对订单信息，确保数量、种类、质量等不存在问题，还应清洁冷藏车、检查冷藏车内部温度，避免发生安全事故。

3. 配送运输作业风险控制

配送运输作业需要先进的温湿度监测设备辅助，一旦冷藏车内温湿度超出规定水平就会引发报警，相关人员就可以采取应急措施；另外，由于配送环节要与客户直接接触，因此要提高员工的素质水平，使其从容面对各种紧急突发情况。

4. 送达服务风险控制

冷链产品送到客户手中，客户拒收95%的原因是质量检验不合格，因此，要保证冷链产品的温湿度在控制范围内并可以向客户提供全程温湿度监控记录。

5. 配送环节信息记录风险控制

通过对企业员工的培训，培养员工的责任心、责任感，提高企业员工的综合素质水平，并且要采用先进的运输管理系统，以保证相关工作人员所记录信息是准确的，没有漏记，这样可使配送环节信息可追踪。

能力训练

1. 训练情景

RX冷链物流公司在总结会上对近期出现的问题做了统计，发现配送的各个环节出现了货物损失、设备运转异常等不同程度的问题，虽然之前也存在，但近期的损失率呈明显上涨趋势。为了查出原因，减少损失，公司派经验丰富的管理人员小李负责调查。

2. 训练注意事项

（1）为分析各个环节容易出现的风险，需要实地调研冷链配送中心，应遵守配送中心规定，做好安全防护。

（2）风险识别需要用到一些仿真软件，可以尝试学习。

冷链配送实时监控方案介绍视频

3. 训练过程（扫码观看冷链配送实时监控方案介绍视频）

序号	步骤	操作方法及说明	质量标准
1	各环节风险识别	通过冷链配送检验入库环节、储存环节、拣货出库环节和配送环节分析其风险识别项目	每个环节都能分析出可能存在的风险
2	总结各环节风险的控制方法	通过查阅大量资料和实地调研考察分析，总结该公司各环节的风险控制方法	正确总结出控制各环节风险的方法

问题分析

1. 风险的特征有哪些？

（1）损失性。风险本身就具有潜在的损失，而这种损失往往是风险因素潜伏积蓄到一定程度才爆发出来，且带来的损失多种多样。

（2）不确定性。风险为预期的概念，未来的损失产生只有可能性，没有必然性。损失的程度也无法确定。

（3）客观性。不管是自然灾害（地震、台风等）还是意外事故（战争、冲突等），都是客观存在的，它独立于人的意识之外，不以人的意志为转移。

2. 冷链配送风险如何进行管理？

冷链配送中出现各种不同类型的风险后，需要先对风险进行辨识，判断是何类风险，危害程度如何，对相关活动造成的影响程度如何，对整体物流的影响有多大，对配送的风险进行具体评估，然后筛选出多种可控制方案，最终确定解决办法。

训练评价

序号	评价内容	评价标准	评价结果（是/否）
1	各环节风险识别	经考察每个环节都能分析出其中存在的风险	
2	总结各环节风险的控制方法	经分析能总结出恰当的控制方法	

任务总结

本任务介绍了冷链配送管理中的商品风险识别及风险控制，主要包括针对物流配送运作中的检验入库、储存、拣货出库和配送环节会遇到的风险识别以及各环节风险控制方法。

拓展训练

密集开店，落地县镇，探访苏鲜生背后的真正实力

9月12日苏鲜生张家港店开业，这不仅仅是苏州地区首家门店，更是全国范围内落地县镇市场的第一家门店。虽然当天是工作日，消费者的热情却丝毫未减。一大早，就有很多热情的县镇居民前来围观。据悉，苏鲜生张家港店位于张家港市杨舍镇步行街2号国际购物中心1楼，占地1 000多平方米，对于县镇市场来说无疑是一个"庞然大物"，可以说是巨型生鲜超市了。苏鲜生能够成功落地县镇市场，也得益于其自身的价格优势。凭借着"自营+联营"的方式，苏鲜生在全国优选本地商品、生鲜特产和全球直采进口商品及优质食材，最大限度地降低商品成本，重新定义行业价格标准，打造更为亲民的价格，让利给顾客。

短短3个月的时间，苏鲜生在全国范围内密集开店7家，这在连锁精品生鲜超市开业的历史上可以说是绝无仅有。而苏鲜生快速落地全国，无疑展现了苏宁在互联网转型、智慧零售战略布局上的加速推进。

苏鲜生已在北京、成都、广州、济南、徐州、滁州等全国7个城市开店且势头良好。随着张家港门店的开业，苏鲜生突破了精品生鲜超市县镇市场开业的困局，成功由一三级市场普及到四六级市场。

一直以来，苏鲜生不断从数据生态、技术生态、服务生态、管理生态四个维度构建智慧供应链综合服务能力，在运营模式上推进生鲜自采，增加餐饮面积，提供门店食材现场加工服务，提升顾客的享受体验，这也正是苏宁集团"服务是我们的唯一产品"理念的具体实践。

随着全国范围内的加速落地，苏鲜生也会不断加快物流配送，不仅仅要实现周边3公里

最快1小时急速达，还要引进苏宁自有物流体系，最大限度地保障承诺时效，覆盖范围内免费配送，减少顾客下单成本。

与此同时，苏鲜生会针对不同地域特色建立区域特色的地采供应链，直接采购当地商品和特产，并且加强人工智能的运用，自助收银、自助点单，满足消费者的多重需求。

（来源：《江南时报》）

问题：
（1）如何采取措施减少地域给生鲜冷链配送带来的风险？
（2）智慧供应链综合服务中可能出现的问题有哪些？

工作任务6.2　危险品货物配送管理

职业能力6.2.1　有效识别危险品特征

> **学习目标**
> 识别各类危险品，掌握各类危险品的特征。

> **基本知识**

危险品指具有燃烧、爆炸、腐蚀、中毒、放射性等性质的货物，并且在运输、装卸和储存过程中容易造成人员伤亡和财产损失。国际海事组织颁布的《国际海运危险货物规则》根据危险货物的不同风险将危险货物分为9个大类、20个子项目，其中9个大类分别为：爆炸品，气体，易燃液体，易燃固体、易自燃物质、遇水放出易燃气体的物质，氧化物质和有机过氧化物，有毒和感染性物质，放射性材料，腐蚀性物质，杂类危险物质和物品。

下面主要从9个大类介绍危险品的特点以及各自的配送作业注意事项。

一、爆炸品

爆炸品是指《国际海运危险货物规则》列为第1类的危险货物，包括具有整体爆炸危险，具有抛射危险但无整体爆炸危险，具有燃烧危险并兼有较小爆炸（局部爆炸）或较小抛射（局部抛射）危险之一或兼有这两种危险但无整体爆炸危险，无重大危险，具有整体爆炸危险的很不敏感和不具有整体爆炸危险的极不敏感的物质。

爆炸品主要有以下特点：

1. 爆炸性

爆炸物质的爆炸性是由其成分和性质决定的。爆炸的难易程度取决物质本身的敏感性。一般来说，敏感性较高的物质更容易爆炸。在外部条件的影响下，爆炸物易因受热、撞击、摩擦、暴露于明火或酸碱中而爆炸。

2. 殉爆性

当炸药爆炸时，它会导致位于一定距离之外的炸药也发生爆炸，这种现象称为殉爆，这是炸药所具有的一种特殊性质。殉爆的发生是冲击波的传播作用，距离越近，冲击波越强。

二、气体

本类危险物质指在50℃下蒸气压力大于300kPa，或在20℃、标准大气压101.3kPa下完全处于气态的物质。根据气体的性质可将气体分为易燃气体、非易燃无毒气体和毒性气体三类。为了便于储存、运输和使用，气体通常要在高压下被压缩并填充到钢瓶中，由于各种气体的不同性质，加压包装供运输时有的是气体，有的是液体，前者称为压缩气体，后者称为液化气体。所有压缩气体都有危险性质，因为它们处于高压之下，有些气体易燃、易爆、助燃、含毒，当受热或受到冲击时，很容易引起燃烧、爆炸或中毒事故。

气体危险品主要有以下特点：

1. 易燃性

例如易燃气体，在常压下遇明火、高温即会发生燃烧或爆炸，燃烧时其蒸气对人、畜有一定的刺激毒害作用。

2. 爆炸性

例如非易燃无毒气体，包括液化石油气、压缩天然气、氧气等。

3. 毒性

一些毒性气体如液氯、催泪瓦斯等，其毒性或腐蚀性会危害人体健康。

三、易燃液体

本类危险品是指易燃的液体、液体混合物或含有固体物质的液体，但不包括因其危险特性而被列入其他类别的液体。其闭杯试验闪点等于或低于61℃。

易燃液体危险品主要有以下特点：

1. 高度易燃易爆性

易燃液体的易燃程度通常用闪点来表示，闪点越低，液体越容易燃烧，易燃液体的闪点不高于61℃，因此在常温下，遇到火源时容易燃烧。当易燃液体表面蒸气浓度达到其爆炸浓度的极限范围时，遇到火源就会发生爆炸。

2. 挥发性大

大多数易燃液体的分子量小，沸点低（100℃以下），易挥发。蒸气压力大，液面上的蒸气浓度也大，这可能会导致表面蒸气暴露在明火中时闪燃。其燃点也低，通常比闪点高1～5℃。当达到燃点时，燃烧不仅仅局限于液体表面蒸气的闪燃，而是会因液体中可燃蒸气的持续供应而继续燃烧。

3. 流动性大

大多数易燃液体是低黏度液体，一旦泄漏，它们将迅速四处流动，从而增加燃烧和爆炸的风险。

四、易燃固体、易自燃物质、遇水放出易燃气体的物质

易燃固体危险品是指燃点低，对热、撞击和摩擦敏感，容易被外部火源点燃，燃烧迅速，可能会释放有毒烟雾或气体的固体，但不包括被列入爆炸品的物品。易自燃物质是指自燃点低，易于在空气中发生氧化反应、散发热量，而自行燃烧的物品。遇水放出易燃气体的物质是指在遇水或受潮时，由于严重的化学反应而散发大量易燃气体和热量的物品。有的在没有明火的情况下，也会燃烧或爆炸。

易燃固体危险品主要有以下特点：

1. 需明火点燃

这类物品虽然燃点较低，但自燃点较高，在常温下不易达到自燃点，故不会自燃。一般需要明火点着以后，才能继续燃烧，但个别品种如硝化纤维素（硝化棉）、赛璐珞在遇热分解过程中也能引起自燃。

2. 高温条件下遇火星即燃

外界温度越高，着火就越容易，当外界的温度达到这些物品的自燃点时，它们就会自燃。

3. 粉尘有爆炸性

这些物品的粉尘与空气接触的表面积很大，在空中达到一定浓度，如果碰到火星，就会爆炸。

4. 与氧化剂混合能形成爆炸性混合物

许多混合炸药就是由易燃固体与氧化剂按一定的比例混合而成的。一些易燃固体，如萘和樟脑将直接从固态转化为气态，升华后的蒸气与空气混合时会爆炸。

五、氧化剂和有机过氧化物

氧化剂危险物品是指处于高氧化状态，具有强氧化作用，易于分解并放出氧气和热量的物质。包括含有过氧基的有机物，其本身可能不可燃，但可能导致可燃材料的燃烧，可能与松软的粉末状可燃物形成爆炸性混合物，对热、震动或摩擦较为敏感，如氯酸钾、高锰酸钾、高氯酸、过硫酸钠。有机过氧化物危险品指分子组成中含有过氧基的有机物，易燃易爆，易分解，对热、震动或摩擦极为敏感，如过氧乙醚。

氧化剂和有机过氧化物危险品主要有以下特点：

1. 强氧化性

大多数氧化剂是由碱金属、碱土金属的盐或过氧化基组成的化合物。其特点是氧化价高，易分解，具有强氧化性；它本身不会燃烧，但是与可燃物作用能发生着火和爆炸。因此，当氧化剂遇到易燃物质、可燃物质、有机物、还原剂等时，会发生剧烈的化学反应，导致燃烧爆炸。

2. 受热、被撞分解性

目前氧化剂管理中包括的危险物品中，除了有机硝酸盐以外，所有都是不可燃的。然而，当受热、被撞击或摩擦时容易分解出氧气，如果与易燃物、有机物接触，尤其是与木炭粉、硫黄粉、淀粉等混合时，会引起火灾和爆炸。特别是有机过氧化物分子组成中的过氧基很不稳定，容易释放出原子氧，并且有机过氧化物本身是可燃的，容易着火燃烧，受热分解的生成物均是气体，更有可能引起爆炸。所以，有机过氧化物比无机氧化物有更大的火灾和爆炸风险。

3. 与可燃液体作用自燃性

一些氧化剂可以与可燃液体接触引起自燃，例如高锰酸钾与甘油或乙二醇接触，过氧化钠与甲醇或醋酸接触，铬酸丙酮与香蕉水接触等，都能自燃起火。

4. 与酸作用分解性

大多数氧化剂在遇到酸时会发生反应，反应通常很激烈，甚至会引发爆炸，如过氧化钠、高锰酸钾与硫酸，氯酸钾与硝酸接触都十分危险。

5. 与水作用分解性

一些氧化剂，特别是过氧化钠（钾）等活泼金属的过氧化物，在遇到水时释放氧气和热量，具有助燃作用，能让可燃物燃烧，甚至爆炸。此外，漂精粉（主要成分是次氯酸钙）吸水后，不仅能放出氧气，还能放出大量氯气；吸水后，高锰酸锌形成液体，当与纸张、棉花等有机物接触时，会立即引起燃烧。所以，这类氧化剂在储运中要严密包装，防止受潮、雨淋。着火时禁止用水扑救，也不能用二氧化碳扑灭。

6. 强氧化剂与弱氧化剂作用分解性

在氧化剂中，强氧化剂与弱氧化剂之间的接触会发生双重分解反应，这种反应会因高热而引发火灾或爆炸，因为弱氧化剂虽然具有强氧化性，但在遇到更强氧化性的氧化剂时，会表现出还原性。例如，漂白粉、亚硝酸盐、亚氯酸盐、次氯酸盐等。

7. 毒性和腐蚀性

许多氧化剂也具有一定的毒性和腐蚀性，会毒害人体和烧伤皮肤。例如，三氧化铬（铬酸）具有毒性和腐蚀性双重属性，扑救此类火灾时应采取安全防护措施。因而，氧化剂和有机过氧化物这类危险品在物流运作流程中稍不注意，就会有引起燃烧、爆炸的危险。

六、有毒和感染性物质

这种化学物质是指进入人体后，积累达到一定的量，会对体液和器官组织产生生化或生物物理影响，扰乱或破坏身体的正常生理功能，导致某些器官和系统暂时或持续的病理变化，甚至危及生命。感染性物质是指已知或有理由认为含有病原体的物质，病原体是会使动物或人感染疾病的微生物或微生物重组体。

有毒和感染性物质危险品主要有以下特点：

1. 毒性、腐蚀性和易燃性

有毒物质具有一定的毒性和腐蚀性，能毒害人体，烧伤皮肤，吸入或皮肤接触后可能造成死亡或严重受伤或健康损害。

2. 其主要危险是传染疾病，危害健康

一旦接触到感染性物质危险品，能引起病态，甚至死亡。

七、放射性材料

本类化学品系指放射性比活度大于$74×10^4$Bq/kg的物品。其危险性在于辐射污染，最终使人受到辐射伤害。放射性材料是自发和连续地放射出某种类型辐射的物质，这种物质对健康有害，但却不能被人体的任何器官觉察到。

放射性材料危险品主要有以下特点：

1. 放射性

放射性材料发出的射线可分为四种类型：α射线，也称为甲种射线；β射线，也称为乙种射线；γ射线，也称为丙种射线；还有中子流。各种射线对人体的危害很大。

2. 许多放射性材料毒性很大

不能用化学方法中和使其不放出射线，只能设法把放射性物质清除或者用适当的材料予以吸收屏蔽。

八、腐蚀性物质

腐蚀性物质是指某些能灼伤人体组织并对金属和其他物品造成损害的固体或液体。这类物质包括与皮肤接触时，在4h内，皮肤出现可见的坏死现象，或温度在55℃时，对20号钢的表面均匀年腐蚀率超过6.25mm的固体或液体。

腐蚀性物质危险品主要有以下特点：

1. 强腐蚀性

腐蚀性物质的化学性质比较活泼，可以与许多金属、有机化合物、动植物机体等发生化学反应。这种物质会灼伤人体组织，对金属、动植物机体、纤维制品等有很强的腐蚀性。大多数腐蚀性物质具有不同程度的毒性，其中一些还是剧毒品。

2. 易燃性

许多有机腐蚀性物质都具有易燃性，如甲酸、冰醋酸、苯甲酰氯、丙烯酸等。

3. 氧化性

硝酸、硫酸、高氯酸、溴素等，当这些物品接触木屑、食糖、纱布等可燃物时，会发生氧化反应，引起燃烧。

九、杂类危险物质和物品

杂类危险物质和物品指存在危险但不能满足其他类别定义的物质和物品，包括危害环

境物质、高温物质、经过基因修改的微生物或组织等。

杂类危险物质和物品主要有以下特点：具有磁性、麻醉、毒害或其他类似性质，如永久磁铁、干冰、榴莲、大蒜油等，可能让人烦躁不安，从而影响驾驶的安全。

能力训练

1. 训练情景

RY危险品物流公司是一家专业从事危险品物流配送服务的企业，主要承接科学研究、环境测试、化学试剂开发、药物开发等企业的原料配送服务。小王是公司新聘的仓库管理员，为了有效管理配送货物，适应新工作，保护人员和运输安全，领导要求小王首先熟悉各类危险品及其特点。

2. 训练注意事项

（1）因训练对象具有较大危险，所有的考察与训练均需遵守配送中心规章制度，注意做好安全防护。

（2）可以适当提前预习有关基础化学的知识，便于理解和记忆。

3. 训练过程

序号	步骤	操作方法及说明	质量标准
1	配送中心现场参观	通过实地调研考察，认识各类危险品及特点	至少实地考察一家危险品配送企业
2	危险品资料查阅	通过查阅大量资料和实地调研考察，理解危险品的特点（参考GB 12268—2012《危险货物品名》）	能理解各类危险品特点
3	总结归纳危险品特点	通过上述实地考察和查阅资料，总结归纳各类危险品特点	能识别各类危险品

问题分析

根据标准危险货物品名表（GB 12268—2012），分析一些特殊规定。

（1）硅铝粉，如有涂层，不作为危险货物运输。

（2）非晶形硅粉，呈任何其他形状时，不作为危险货物运输。

（3）氰氨化钙，如碳化钙不超过0.1%，不作为危险货物运输。

（4）硅铁，如含硅低于30%或高于90%，不作为危险货物运输。

（5）铁氰化合物和亚铁氰化合物不作为危险货物运输。

（6）锑的硫化物和氧化物，按总质量计算的含砷不超过0.5%，不作为危险货物运输。

（7）镁金属或镁合金，如含镁不超过50%，不作为危险货物运输。

（8）碱石灰（白色或米黄色粉末，疏松多孔，是氧化钙、氢氧化钠和氢氧化钾的混合物），若其含氢氧化钠不超过4%，不作为危险货物运输。

（9）氧化钙（生石灰的主要成分），仅在空运时作为危险货物运输。

（10）过氧化氢水溶液，如含过氧化氢少于8%，不作为危险货物运输。

（11）氯化亚汞和一硫化汞不作为危险货物运输。

（12）固态铝酸钠，仅在空运时作为危险货物运输。

（13）动物纤维，或植物纤维，烧过的、湿的或潮的，仅海运时作为危险货物运输。

（14）植物纤维，干的，仅海运时作为危险货物运输。另根据ISO8115:1986，密度不低于360kg/m³的干棉花，装在封闭的运输装置中的，不作为危险货物运输。

（15）二氯异氰尿酸的二水合钠盐不作为危险货物运输。

（16）蓖麻籽或蓖麻粉或蓖麻油渣或蓖麻片，如做过充分的热处理而使其在运输期间不呈现任何危险性，不作为危险货物运输。

（17）种子油饼，含油不超过1.5%、含水不超过11%，不作为危险货物运输。

（18）采用溶剂提取过油的大豆粗粉，若含油不超过1.5%、含水不超过11%，且基本上不含有易燃溶剂时，不作为危险货物运输。

（19）酒：①按体积含乙醇不超过24%的，不作为危险货物运输；②Ⅲ类包装的酒如采用不超过250L的容器装运，不作为危险货物运输，空运除外；③Ⅱ类包装的酒，如采用不超过5L的容器装运，不作为危险货物运输，海运和空运除外。

（20）活性炭，如在试验时不符合易自燃的物质的定义标准，则不作为危险货物运输。

（21）石棉，如浸没或固定于天然或人造黏合剂（如水泥、塑料、沥青、树脂或矿石）中，从而在运输中不会有危险数量的可吸入石棉纤维逸出，则不作为危险货物运输。含有石棉又未达到上述要求的制成品，如其包装做到在运输中不会有危险数量的可吸入石棉纤维逸出，也不作为危险货物运输。

（22）硫酸钡不作为危险货物运输。

（23）喷雾器，如有防意外排放的保护装置，同时仅装有无毒成分且容量不超过50mL的，不作为危险货物运输。

（24）商品级硝酸钙化肥，如其成分主要是复盐（硝酸钙和硝酸铵），且硝酸铵的含量不超过10%且含有不少于12%的结晶水时，不作为危险货物运输。

（25）电池，如满足下列条件，则不作为危险货物运输：①能经受"振动试验"和"压差试验"而没有电池液泄漏；②55℃时，电解液不会流出且不存在可能发生泄漏的游离液体；③在包装供运输时已对电极做防短路保护。

（26）硫黄，如做成某种形状（如小球、颗粒、丸状、锭状或薄片），即不作为危险货物运输。

（27）硝酸铵若在任何运输条件下都处于溶液中，则含可燃物质不超过0.2%且浓度不超过80%的硝酸铵水溶液不作为危险货物运输。

（28）用油浸湿、弄潮或沾染的干草、禾秆或碎稻草和稻壳禁止运输，除非有关主管机关特别批准。

（29）未用油浸湿、弄潮或沾染的干草、禾秆或碎稻草和稻壳，仅在海运时作为危险货物运输。

训练评价

序 号	评价内容	评价标准	评价结果（是/否）
1	配送中心现场参观	至少实地考察一家危险品配送企业	
2	危险品资料查阅	能理解各类危险品特点	
3	总结归纳危险品特点	能识别各类危险品	

任务总结

本任务介绍了各类危险品的特征，学生通过学习本任务，能有效识别各类危险品，掌握各类危险品的特征，能根据情景综合识别危险品特征，掌握物流标记，实地调研考察情景单位，查阅各类资料，遵守规定，避免因危险品物流操作不当引起的损失。

拓展训练

查阅《危险货物命名原则（GB/T 7694—2008）》，了解关于危险货物运输名称选择和命名的规定。

职业能力6.2.2 根据危险品运输法律法规制订相应的配送管理规范

学习目标

理解危险品运输的特点，熟悉危险品运输法律法规，能制订相应的配送管理规范。

基本知识

危险品运输是特种运输的一种，指专门的组织或技术人员对非常规物品使用特殊车辆进行的运输。一般只有经过国家相关职能部门严格审核，并且拥有能保证安全运输危险货物的相应设施设备，才能有资格进行危险品运输。

一、危险品运输的特点

1. 门类品种多

确认某一种货物是否属于危险品是危险品运输管理的前提，为此国家在前面各项规定的基础上又发布了国家标准《危险货物品名表》，列举了将近4 000种常运危险品具体品名表；又由于各种运输方式的特殊性，所以在引用国家标准品名表时，又按各自的要求，对品名表中各种危险品在储运过程中的注意事项、包装要求等进一步做了具体说明，例如1992年交通部制定了《汽车危险货物运输品名表》。同时，根据《汽车运输危险货物规则》，对未列入品名表的某种危险品，必须根据各种危险货物的分类标准，由托运单位提出技术鉴定书；经过其主管部门审核和运输管理部门批准后，才能运输。

2. 危险性大

危险品具有特殊的物理、化学性能，运输中如防护不当，极易发生事故，并且事故所造成的后果较一般车辆事故更加严重。例如，液化石油气在运输过程中可能遇到着火、爆炸等危险。

3. 运输管理的规章制度多

危险品运输是一个附加值比较高的业务，也是危险性比较大的业务，稍有不慎即会给企业、国家造成巨大损失，给社会造成巨大的危害，给人民群众造成巨大的灾难，这就要求危险品运输企业必须规范管理与运作，承运车辆必须符合危险品运输的条件并配备相应的设备，危险品操作人员必须经过各类操作培训持证上岗。

4. 专业性强

危险品运输是一项技术性和专业性强的工作，不仅要满足一般货物的运输条件，严防超载、超速等危及行车安全的情况发生，还要根据货物的物理和化学性质，满足特殊的运输条件。

（1）业务专营。国务院《危险化学品安全管理条例》及交通运输部《道路危险货物运输管理规定》明确规定，只有符合规定资质并办理相关手续的经营者才能从事道路危险货物运输经营业务。同时还规定，凡从事道路危险货物运输的单位，必须有5辆以上专用车辆的经营规模、配有相应的专业技术管理人员，并已建立健全安全操作规程、岗位责任制、车辆设备保养维修和安全质量教育等规章制度。

（2）车辆专用。装运危险货物的车辆不同于运输普通货物的车辆，交通运输部发布的《危险货物道路运输规则》（JT/T 617—2018）和《道路运输车辆技术等级划分和评定要求》（JT/T 198—2016）对装运危险货物的车辆技术状况和设施做了特别的规定，运输危险货物的车辆、容器、装卸机械及工具必须符合规定条件，并经道路运政管理机关审验合格。

（3）人员专业。危险货物运输业是一个特殊的行业，从事道路危险货物运输的相关人员必须掌握危险运输的有关专业知识和技能，并做到持证上岗。从事道路危险货物运输的驾驶员、押运员和装卸人员必须了解所运载的危险货物的性质及危害特性、包装容器的使用特性和发生意外时的应急措施。

二、危险品运输法律法规

由于危险货物具有易爆、易燃、毒害、腐蚀、放射性等属性，如果运输储存不当，容易发生燃烧、爆炸等事故，直接关系到社会的安定和人民生命财产的安全，所以世界各国都对危险货物运输储存实行立法管理。危险货物运输管理是一项技术性很强的工作，其管理法规涉及行政法、合同法、刑法和技术标准法，具体内容如下：

1. 关于确认物品危险性质的法律规定

确认某一种物质或物品是否具有危险性以及具有什么性质的危险性,是整个危险品运输法规的核心和基石。我国确认物品危险性质的法规有:国家标准《危险货物分类和品名编号》(GB 6944—2012)、《危险货物品名表》(GB 12268—2012)以及交通行业标准《危险货物道路运输规则》(JT/T 617—2018)。

2. 关于危险品运输包装的法律规定

运输包装是运输安全的保障,我国规定危险货物运输包装的主要法规有:《危险货物运输包装通用技术条件》(GB 12463—2009)、《放射性物品安全运输规程》(GB 11806—2019)、《公路、水路危险货物运输包装基本要求和性能试验》(JT 0017—1988)。

3. 关于危险品运输包装标志和标签的法律规定

包装标志是在收运、装卸、储存、保管直至送达交付的运输全过程中区别和辨认货物的基础,是包装货物正确交接、安全运输和完整交付的基本保证。我国有关运输包装标志的法规有:《运输包装收发货标志》(GB 6388—1986)、《包装储运图示标志》(GB/T 191—2008)、《危险货物包装标志》(GB 190—2009)、《化学品安全标签编写规定》(GB 15258—2009)、《气瓶颜色标志》(GB/T 7144—2016)。

4. 关于危险品运载工具的法律规定

各种运输方式对运载工具有不同的规定。由于民用航空器的适航性规定非常严格,而且民航只承运包装件的危险货物,故法律没有对航空器适合或不适合承运的危险货物另做规定,只对某种危险货物"仅限货机"或"可用客货两用机"运载做了规定。然而,陆路和水路运输,除包装件外还有大量的散装货物,这就对用于运载散装危险货物的运输车辆和船舶提出了很严格的专业技术要求。目前,我国已制定或适用的关于危险货物运载工具的法律法规、行业标准和国际惯例有:原国家机械工业局《运油车、加油车技术条件》(QC/T 653—2000)、原国家劳动部《液化气体汽车罐车安全监察规程》、中国船级社《散装运输液化气体船舶构造与设备规范》、国际海事组织《国际散装运输危险化学品船舶构造和设备规则》、国际航运公会《油轮安全指南》。

三、危险品运输企业的资质要求

1. 要有符合要求的专用车辆及设备

(1)自有专用车辆5辆以上。

(2)专用车辆技术性能符合《机动车安全技术检验项目和方法》(GB 38900—2020)的要求,车辆外廓尺寸、轴荷和质量符合国家标准《汽车、挂车及汽车列车外廓尺寸、轴荷及质量限值》(GB 1589—2016)的要求,车辆技术等级达到行业标准《道路运输车辆技术等级划分和评定要求》(JT/T 198—2016)规定的一级技术等级。

(3)配备有效的通信工具。

(4)有符合安全规定并与经营范围、规模相适应的停车场地。具有运输剧毒、爆炸和

Ⅰ类包装货物专用车辆的，还应当配备与其他设备、车辆、人员隔离的专用停车区域，并设立明显的警示标志。

（5）配备与所运输的危险货物性质相适应的安全防护、环境保护和消防设施设备。

（6）运输剧毒、爆炸、易燃、放射性危险货物的企业，应当具备罐式车辆或厢式车辆、专用容器，此外，车辆还应当安装行驶记录仪或定位系统。

（7）罐式专用车辆罐体应当经质量检验部门检验合格。运输爆炸、强腐蚀性危险货物的罐式专用车辆的罐体容积不得超过$20m^3$，运输剧毒危险货物的罐式专用车辆的罐体容积不得超过$10m^3$，但罐式集装箱除外。

（8）运输剧毒、爆炸、强腐蚀性危险货物的非罐式专用车辆，核定载重量不得超过10t。

2. 要有符合要求的从业人员

（1）专用车辆的驾驶人员应取得相应机动车驾驶证，年龄不超过60周岁。

（2）从事道路危险货物运输的驾驶人员、装卸管理人员、押运人员须经所在地区的市级人民政府交通主管部门考试合格，取得相应从业资格。

3. 要有健全的安全生产管理制度

安全生产管理制度包括安全生产操作规程、安全生产责任制、安全生产监督检查制度以及从业人员、车辆、设备安全管理制度。

四、危险品配送管理规范的制订

1. 危险品入库出库管理

（1）凭采购和送货单进行危险品实物验收。

（2）配送至生产现场的物资，仓管员必须到现场进行实物验收。

（3）对不能计数的危险品必须计量后方可入库验收。

（4）领货员不得自由进出仓库，需保管员全程陪同，禁止单独从货架取货。

（5）负责供货质量评价表的发放和危险品报检工作。

（6）入库验收需检查运输车辆资质，不符合要求的运输车辆拒绝下货验收。

（7）对危险品包装不符合要求的，拒绝验货验收入库。

（8）对特殊气体（如氧气、乙炔、丙烷、氮气）入库时要检测压力是否达到要求，不符合不准入库。

（9）做好危险品出入库登记台账。

（10）每天做好库内温湿度检查记录。

2. 危险品储存安全管理

（1）入库前严格检查，入库后定期检查，入库时需要有相应的标识。

（2）各种危险品应分库堆放，库内通风、干燥、避免阳光直射，如遇高温天气，库内温度高于35℃时，应打开仓库门进行通风。

（3）危险品仓库中的消防通道不能堵塞，灭火器必须确保在有效期内。

（4）严禁将火种带入危险品仓库，检查进入仓库的领料人员是否携带火种，做好检查台账以备查。

（5）仓库内除叉车外，禁止任何机动车辆的进出，对进出库的叉车要检查是否装好阻火器，并做好台账以备查。

（6）危险品保管员必须经过专业培训，实行持证上岗。

（7）送货车辆必须停在黄线外卸货。

（8）禁止在危险品仓储区域内堆积可燃性废弃物。

3. 危险品配送运输管理办法

危险品配送除需要遵循国家法律法规外，还需要符合如下管理规定：

（1）运输配送员在配送车出车前必须对驾驶车辆的连接、传动、制动、电路、灯光、灭火器等进行详细检查，保证车辆技术性能和关键部位符合安全行车条件。

（2）配送途中禁止吸烟，驾驶员要根据装载的危险品特性和车辆各部件安全技术状况，进行自查，发现不安全因素要立即排除。自身无法排除的，要立即汇报，禁止车辆带故障行驶，禁止装载的货物带隐患行驶。

（3）车辆必须配备与运输的危险品性质相适应的消防设施设备。灭火器应放置在易于取用的位置。

（4）配送员要穿戴工作服、工作鞋、手套等劳动防护用品。

（5）车上装载货物不许超重、超宽、超高。

（6）遇特殊雨雪天气，需对货物进行防护。

（7）叉车装载货物不能超过司机视线高度。

（8）使用电动车运输时，必须采取加固措施，电瓶口朝向必须保持一致，且不可超高。

（9）卸车时应将货物放到配送的指定地点，与各部门人员做好交接工作。

能力训练

1. 训练情景

RY危险品物流公司的业务发展迅速，最近新招聘一批实习生，经过紧张有序的培训后，公司准备对他们进行考核。考核题为如何为本公司制订物流配送管理规范，回答这一问题需要从危险品货物运输特征、国家的危险品运输法律法规等方面考虑。假如你是这批实习生中的一员，该如何作答？

2. 训练注意事项

实地考察期间应遵守公司规章制度，因涉及危险品，更应该在考察前熟悉基础化学的各项知识，注意安全防护。

3. 训练过程

序 号	步 骤	操作方法及说明	质 量 标 准
1	配送实地考察	通过实地调研考察，了解危险品货物运输的特点，比较与一般货物运输的区别	至少实地考察一家危险品配送企业配送环节，总结危险品货物运输的特点
2	危险品配送资料查阅	通过查阅大量资料和实地调研考察，找出国家关于危险品货物运输的各类法律法规，如《危险货物道路运输规则》（JT/T 617—2018）	能整理出危险品运输的各类法律法规
3	制订公司危险品配送管理规范	结合前面的步骤，制订一套详细的公司危险品配送管理规范	能写出一套适合的危险品配送管理规范

问题分析

1. 危险品配送和普通货物配送过程有什么需要注意的地方？

危险品品类繁多，性质各异，配送中需要注意在包装时不能混装，如爆炸品中引爆装置等就不能与炸弹等混装；一级氧化剂不能与二级氧化剂混装，有的必须隔离2m以上。危险品的运输除要遵守道路货物运输共同的规章，如《中华人民共和国道路交通管理条例》和《高速公路交通管理办法》等外，还要遵守许多特殊规定（如联合国相关规定等）；不仅要满足一般货物的运输条件，严防超载、超速等危及行车安全的情况发生，还要根据货物的物理和化学性质，满足特殊的运输条件。其专业性主要表现为：车辆专用、人员专业等方面。储存中仓库和场地必须符合所储存货物的要求，如干燥通风、防火。仓库内照明等必须使用防爆灯具并须与货物保持一定距离，开关等应该设置在安全地方。仓库周围按规定要求装置避雷针。铺设场地的水泥必须按规定配料以防止引起火星。仓库必须按货物专储。

2. 危险货物包装标志有哪些？

我国危险货物包装标志如图6-15所示。

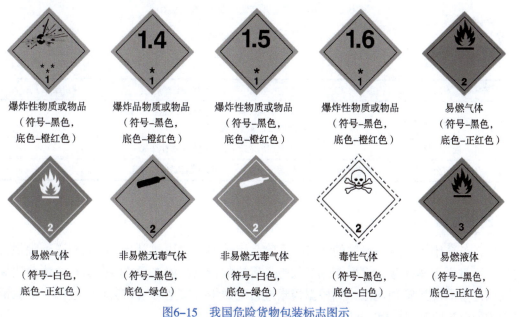

图6-15 我国危险货物包装标志图示

图6-15 我国危险货物包装标志图示（续）

训练评价

序 号	评价内容	评价标准	评价结果（是/否）
1	配送实地考察	至少实地考察一家危险品配送企业配送环节，总结危险品货物运输的特点	
2	配送资料查阅	能整理出危险品运输的各类法律法规	
3	制订公司危险品配送管理规范	能写出一套适合的危险品配送管理规范	

任务总结

本任务介绍了危险品运输的特点、危险品运输的法律法规以及危险品配送管理规范的制定。通过学习本任务，学生能理解危险品运输的特点，能熟悉危险品运输的法律法规，能制订危险品配送管理规范，能根据情景进行配送中心实地考察和资料的查阅，根据情景中所述公司的情况制订相应的危险品配送管理规范。

拓展训练

请对当地的一家危险品配送公司进行调研,判断其配送的危险品属于什么类型并根据《道路危险货物运输企业等级》(JT/T 1250—2019)判断其等级。

职业能力6.2.3 能识别并控制危险品配送作业风险

学习目标

能识别危险品配送作业的风险,掌握危险品配送作业风险的控制方法。

基本知识

危险品配送是指按用户订单的需求,在配送中心或其他物流节点进行危险品货物配备,以合理的方式送交用户,实现危险品最终配置的经济活动。识别涉及危险品物流配送运作的所有环节中的安全风险因素是危险品物流企业运营风险管控的第一步。分拣、装卸搬运和运输是危险品物流运作中最易发生安全事故的三个作业环节,也是对保障危险品物流安全起关键作用的三个作业环节。任何环节的粗心操作都可能导致危险品泄漏或爆炸,不仅影响人身财产安全,还会对周围环境造成严重破坏。货运管理遍布整个物流作业流程,任一环节的运行都离不开货运管理的支持,因此,通过对分拣、装卸搬运、运输和货运管理环节的风险成因分析可以掌握整个配送作业的风险成因。

一、风险识别

(一)分拣

1. 分拣人员安全作业知识匮乏,自身学习不足

由于招聘培训机制的不完善,招聘的分拣作业人员没有相关的工作经验,缺乏系统的危险品安全作业培训,或是自身的学习不足,导致其未能充分掌握危险品配送的相关安全作业知识,使得其在进行危险品货物分拣分类作业时出现错误,引发危险品分拣作业的安全风险。

2. 分拣人员对危险品危害的认识不够,操作不规范

由于分拣人员对危险品的危害认识不够,思想上麻痹大意,未能严格按照危险品作业规范进行操作,导致危险品在分拣分类过程中发生安全事故。

3. 包装不合格,分拣时发生破损泄漏等事故

由于未将危险品进行正确的分类包装,在后续的分拣作业过程中极易发生包装破损或是泄漏等安全事故。

（二）装卸搬运

1. 装卸搬运人员安全知识匮乏，自身学习不足

由于招聘培训机制的不完善，招聘的装卸搬运作业人员没有相关的工作经验，缺乏系统的危险品安全作业培训，或是自身的学习不足，导致其未能充分掌握危险品配送的相关安全作业知识，使得其在进行危险品货物装卸搬运作业时出现错误，引发危险品装卸搬运作业的安全风险。

2. 装卸搬运人员对危险品危害的认识不够，操作不规范

由于装卸搬运人员对危险品的危害认识不够，思想上麻痹大意，未能严格按照危险品作业规范进行操作，比如装卸搬运过程中未能轻拿轻放，导致货物包装受损，导致危险品泄漏，引发安全事故风险；装卸搬运人员未将危险品按要求进行分类堆放，导致危险货物混装，在装车过程中未能按要求堆放和固定危险品货物，使得后续的运输作业存在安全隐患。

（三）运输

1. 硬件设备存在安全隐患

由于未定期对运输车辆或其他运输工具以及相关设备进行维修保养和相关检查，或者使用普通车辆代替危险品运输车辆，使得车辆和设备的安全性达不到危险品运输的要求，存在着安全隐患，由此导致危险品运输事故的发生概率就会加大。

2. 驾驶人员专业技能素养不够

从事危险品运输的驾驶人员必须要有危险品运输的驾驶证件，同时具备专业的危险品运输技能素养和应急处理能力，如果驾驶人员的专业技能素养不够，会在一定程度上威胁危险品运输的安全性，引发相应风险。

3. 驾驶人员缺乏责任心，有不安全驾驶行为

由于未建立完善的安全责任机制，驾驶人员缺乏责任心并存有侥幸心理，会有包括疲劳驾驶、非法驾驶和其他可能导致危险品运输事故发生的不安全驾驶行为，导致运输风险增加。

4. 道路或天气状况不良

未能选择安全的运输道路和合适的出行天气，会间接或直接导致危险品运输事故的发生。如道路急转弯、交叉口、路面颠簸不平或是人群密集的地方，都会影响驾驶员的视野，增加了危险性。

（四）货运管理

1. 对标记、标签脱落的或是包装破损的，未进行及时补救

若危险品包装破损或是标记和标签脱落，如果不能及时采取适当的补救措施，则在随后的危险品配送作业环节中，工作人员不能得到标签、标记上的安全警示和应急指导，工作人员不能按照规范的操作对危险品进行谨慎处理，极易发生安全事故。

2. 未对整个危险品物流作业实施实时安全监控工作

未对整个危险品物流作业环节进行实时的监控，未能在危险发生的第一时间发现，就会错过最佳的补救应急时间，从而会使危险品物流事故的危害进一步加大。

3. 应急处理措施不当

在整个危险品物流配送的各个环节中，任一环节出现问题或发生紧急事故，都应及时采取恰当的应急处理措施。危险品运输事故应急处置不合理，错过了最佳的处理时机，危险品紧急事件得不到有效的控制，将会导致事故风险进一步扩大。

二、风险控制

根据各环节的风险识别，可以从"人""机""法""料""环"五个方面考虑风险控制方法。

（一）对"人"的管控

人员包括寄件人、取件人、分拣工、装卸工、仓储员、驾驶员、押运员、派送员、收件人，其中，取件人、分拣工、装卸工、仓储员、驾驶员、押运员、派送员为企业的人员，这些人员的素质是决定危险品企业发展、生存的关键。人员素质主要体现在业务能力、责任心和防范意识三个方面，企业可以针对这三个方面采取有效管控措施。

1. 业务能力

（1）公司在招聘过程中，招聘一些有相关专业知识和相关工作经验的员工。

（2）加强员工业务培训和考核，进行评选和选拔工作，将有能力的人提升到关键岗位上，同时进行奖励，促进企业员工的学习热情和动力，提升员工的业务能力。

（3）对未取得危险品操作资质的员工进行解聘。

2. 责任心

责任心是做好一项工作的基础，对危险品掉以轻心是事故发生的常见原因之一。在各个危险品操作岗位上，这些人员都已经经过培训和考核，但在工作中还是会发生疏忽，都是因为责任心不足造成的。对于责任心因素的控制，一是要加强培训，二是要加大奖惩力度。

3. 防范意识

提高工作人员的防范意识是降低风险的重要因素之一，公司可以通过加大宣传力度和频率，通过形象生动的视频资料和宣传画册以及危险品模型展示，引导大家自觉增强防范意识。

（二）对"机"的管控

危险品配送企业的工具设备很多，包括运输车辆、装卸工具、分拣设备、包装容器、仓储设施等，就目前已经发生的危险货物运输中的安全事故来看，排除一些无法控制的安全因素，有很大一部分事故是由于物流设施和设备不符合标准要求，或是物流环节中的管理与服务标准的不健全。因此，加强危险品作业工具设备的风险控制可以在一定程度上降低安全事故发生的概率。对工具设备的控制可以从以下几方面进行：

1. 购买符合国家标准的工具设备

对于危险品配送物流作业标准化管理，主要可以分为危险品包装标准化、储存标准化、作业安全标准化、运输标准化四部分。危险品配送公司的工具设备必须符合国家相关要求，如运输车辆必须是危险品专用车，运输易燃、易爆物品的机动车，其排气管应装阻火器，并悬挂"危险品"标志。装卸工具必须是防爆的，放射性物品的包装箱必须是含铅的，仓库的消防设备必须是有泡沫的等。

2. 定期对工具设备进行保养

对工具设备要有保养制度，定期进行保养，并对保养经过进行记录。

3. 对老化的设备工具及时更新

任何设备都有使用期限，超过使用期限的工具设备都会带来各种风险，对超过使用期限的工具设备要及时淘汰，购买新的设备。

4. 对设备工具进行标准化

通过对危险品运输工具的标准化管理，能够进一步规范危险货物运输企业的安全生产活动，降低危险货物运输事故的发生率。

（三）对"法"的管控

1. 运用现代信息技术，实现实时动态作业监控与预警

危险品配送企业借助互联网、大数据、物联网等现代信息技术，在危险品物流作业中包括危险品的包装、装卸搬运、分拣、运输等环节进行针对性分步管理，构建全面的作业监控与预警系统。通过现代信息技术的完美融入，打造全面的作业监控系统，在实时数据反馈的基础上，结合历史数据，分析当前风险是否可以接受，当风险超过可接受范围时根据风险等级发生预警信号，能更好地帮助管理人员了解危险品所处状态、风险状况等，早发现问题早解决。

2. 建立信息处理中心，加强对待运物品事前审核

借助互联网技术，建立信息处理中心，加强对待运物品事前审核。由于危险品的种类太多，取件员很难全部掌握或在取件过程的短时间内识别出危险品的相关要求，对此可以由货主提前通过网上申请，正确填写待配送物品的名称、化学性质、运输条件、仓储条件等基本信息，并上传物品的化学品安全技术说明书（MSDS）或货物运输条件鉴定报告或危险货物运输性质鉴定报告或危险货物运输性质证明等。后台工作人员对需配送的物品进行危险分析审核，对于可以配送的物品，通知最近的收货点取件员上门取件或通知货主送到最近的收货点。

3. 建立严格、精确的危险品物流作业监督与责任机制

危险品配送公司可通过构建严格、精确的监督与责任机制，明确相关作业人员的责任与义务，以免员工出现侥幸心理而玩忽职守不认真工作，确保每一位作业人员能规范地、

尽职尽责地完成工作。将事故责任精确划分，由于疏忽或是其他原因造成重大安全事故的物流作业人员将依法承担责任，从而可以使物流作业监控与风险预警机制更好地发挥作用，以期使风险消除在萌芽状态。

4. 危险品物流作业标准化管理

虽然我国危险品物流管理体制已经基本形成，但在危险品配送企业的具体物流作业环节仍旧难以避免出现各种漏洞，比如危险品包装、箱体、车辆硬件设施等未达到标准要求，或者是在装卸、搬运、分拣时物流作业人员操作不符合标准等致使危险品运输事故的发生。因此，通过标准化的危险品物流作业，可以在一定程度上降低安全事故发生的概率。对于危险品配送物流作业标准化管理，主要可以分为危险品包装标准化、储存标准化、作业安全标准化、运输标准化四部分。

（四）对"料"的管控

1. 对物品能否运输的合法性管控

危险品配送公司须查验待配送物品，判断其是否为合法货物，例如"毒品"或"枪支弹药"等国家违禁物品，如有发现须及时向相关部门报案。

2. 爆炸品的风险管控

（1）选择合适的包装容器，并正确配装货物。

（2）当爆炸物散开时，应将它们转移到安全的地方，修理或更换其包装；对泄漏的炸药应该及时用水浸湿，以便当地公安消防人员处理。

（3）物流企业在选址的时候尽量远离城镇及居民聚居区，不处于人口稠密的城市地带，远离水源等。

（4）运输车辆要选用栏板货车。避免摩擦、撞击、震荡，严禁与氧化剂、酸、碱、盐、金属粉末和一些钢铁材料器具等混储混运。

（5）运输者在运输、停靠危险区域时，不准吸烟和使用明火。

（6）公路运输时要按规定路线行驶，勿在居民区和人口稠密区停留。

3. 气体危险品的风险管控

（1）钢瓶装气体要选用栏板货车；液化气体（含受压、低温两类）均应选用压力容器气罐车。

（2）在进行装运作业时，应根据危化品的不同危险特性，选择合格的包装容器，并正确配装货物。

（3）危险化学品的包装必须坚固、完整、严密不漏、外表面清洁。

（4）当储存压缩气体或液化气体的钢瓶发生泄漏时，应将其移至通风处，并对泄漏钢瓶进行浇水、冷却；当液氨泄漏时，可将钢瓶浸入水中；其他剧毒气体泄漏，应将钢瓶浸入石灰水中。

（5）在易燃气体破损包装件附近，不准吸烟，严禁任何明火，不得开启任何电器开关，不得使用手机，任何机动车辆不得靠近。

（6）公路运输时要按规定路线行驶，勿在居民区和人口稠密区停留。

4. 易燃液体危险品的风险管控

（1）严禁烟火，并远离火种和热源。

（2）注意包装，防止泄漏。

（3）车辆应选用轻质燃油罐车和化工物品专用罐车，同时应随车携带遮盖、防火等应急处理设备和劳动防护用品等。

（4）接触物品人员禁止使用易发生火花的铁制工具及穿带铁钉的鞋。

（5）易燃液体渗漏时，应及时将渗漏部位朝上，并及时移至安全通风的地方修补或更换包装，渗漏物用黄沙、干土盖没后扫净。

（6）公路运输时要按规定路线行驶，勿在居民区和人口稠密区停留。

5. 易燃固体危险品的风险管控

（1）注意包装，禁止遇水或受潮。

（2）当物质起火时，严禁用水、酸碱泡沫、化学泡沫扑救。

（3）储藏易燃易爆商品的库房，应冬暖夏凉、干燥、易于通风、密封和避光。

（4）注意粉尘爆炸，应根据自燃物品的不同特点采取相应措施。

（5）易燃危险品在炎热的季节应在上午10时前和下午3时后运输。

（6）当易燃固体物品散落时，应迅速将其移动到安全的地方，黄磷散落后应立即将其浸入水中；金属钠、钾等必须浸入装有煤油或无水液体石蜡的铁桶中。

（7）公路运输时要按规定路线行驶，勿在居民区和人口稠密区停留。

6. 氧化剂和有机过氧化物的风险管控

（1）防止危险品的包装和衬垫材料与所装物性质发生反应。

（2）储存在清洁、阴凉、通风、干燥的仓库中，远离火种和热源，以防止暴露在日光下。

（3）有机过氧化物对热、震动或摩擦敏感，更具有易燃甚至爆炸的可能性，在储存和运输过程中，应加适量的抑制剂或稳定剂。

（4）对在环境温度下会自行加速分解的物品，必须在温度控制下储运，车辆须选用控温厢型车辆。

（5）储运过程中，装卸和搬运应轻拿轻放，避免摩擦、撞击，防止引起爆炸。

（6）运输时，氧化剂和有机过氧化物应单独装运，不得与酸类、易燃物品、自燃物品等同车混装。

7. 有毒物质和感染性物质的风险管控

（1）外包装必须符合要求，以避免因包装问题而发生泄漏。

（2）现场人员要穿戴防毒面具和防护服，避免皮肤接触漏损的包装件，防止吸入有毒蒸气。

（3）液体剧毒物品，应选用化工物品专用罐车，且罐体底部和后封头均不得有卸料口和阀门；感染性物品，需选用适宜疫苗要求的恒温厢型车。

（4）搬运漏损包装件的人员，必须戴上专用的橡胶手套，并且在作业后5分钟内用流动的水把手洗净。

（5）公路运输时要按规定路线行驶，勿在居民区和人口稠密区停留。

8. 放射性物质的风险管控

（1）包装必须考虑到正常运输条件和可能的事故条件，严格按照有关规定进行设计、制造和试验，确保货包的完好性。

（2）采取辐射防护措施，把辐射照射控制在合理的、尽可能低的水平。

（3）根据具体需要建立健全辐射防护机构或设置专职（兼职）辐射防护人员，开展辐射防护监测工作，加强安全教育与技能训练。

9. 腐蚀品的风险管控

（1）运输时须选用耐酸坛或陶瓷瓶外普通木箱或半花格木箱或者是磨砂口玻璃瓶或螺纹口玻璃瓶外普通木箱来装运。

（2）仔细检查包装是否完好密封，特别是检查包装是否有磨损，如有，应立即想办法补救，坚决防止腐蚀品泄漏。

（3）接触人员需穿戴好防护用具防止腐蚀，对于放出有毒气体或烟雾的货物，应当配备防毒面具。

（4）一般装载腐蚀品的都是一些玻璃容器，相关人员在装卸过程中要小心谨慎，液体腐蚀性物质承受不了撞击、摩擦以及振动。

（5）严禁与易燃物或可燃物、还原剂、食用化学品等混装混运。

（6）运输时运输车辆应配备泄漏应急处理设备；运输途中应防暴晒、雨淋、防高温。

10. 杂类危险物品的风险管控

杂类危险品包括危害环境物质、高温物质、经过基因修改的微生物或组织等，这些危险品的管控需要注意以下几点：

（1）包装件必须使用杂项危险品的标签，并在包装中包含磁性材料。

（2）装卸时，注意自我保护，穿戴必要的防护设备，轻装轻卸，严禁摔碰、撞击、翻滚。

（3）根据危险品的性质选用合适的车辆。

（4）车厢内禁止吸烟，在危险区域运输或停车时，不允许吸烟和使用明火。

（五）对"环"的管控

1. 对储存环境的管控

（1）仓库必须通过国家相关部门的验收。

（2）仓库必须符合消防安全要求，对消防设施定期检查并记录。

（3）对过期的消防器材要及时更换并记录。

（4）控制货物的堆放高度和密度，确保安全间距。

危险品无人仓
介绍视频

2. 对运输道路周边环境的管控

（1）借助GIS技术进行危险品的运输线路规划，提前熟悉线路周边环境，对重点风险区域进行有效规避和监控。

（2）根据危险品的性质规划行驶路线，勿在居民区和人口稠密区停留。

3. 对自然环境的管控

如夏天天气炎热，控制中午时段不能室外作业，包括取件、运输和派送。

4. 对鉴定机构的管控

鉴定机构很多，有些机构没有资质，有些鉴定机构出具的鉴定报告质量不高；对没有资质的鉴定机构出具的鉴定报告拒绝采用；对质量不高的鉴定机构出具的鉴定报告可要求其他机构重新出具。

能力训练

1. 训练情景

RY危险品物流公司日常运营中经常会遇到这样一类问题：因单批次危险品数量少，物流时间长，运费也非常昂贵，很多客户为了节省时间和物流服务费用，将危险品伪装成普通商品，享受普通商品的物流服务，以节省时间和运费，这样既违反了国家有关规定，对物流服务人员来说也存在巨大风险，因此，对危险品的风险管控就变得非常重要。小王是该公司新来的实习生，进行风险控制方面的实习，请问小王应该从哪些方面入手？

危险品配送注意事项视频

2. 训练注意事项

（1）了解风险控制需要实地调研考察危险品物流公司，遵守危险品物流公司的各项规章制度。

（2）合理处理化学品等危险货物，注意安全防护等。

3. 训练过程（可扫码观看危险品配送注意事项视频）

序号	步骤	操作方法及说明	质量标准
1	危险品配送资料查阅	通过网络及书籍查阅，了解危险品容易发生的风险、已发生过的风险等	能根据查阅实例总结各案例的风险识别项目
2	危险品配送实地考察	通过实地调研考察，熟悉危险品可能存在的风险	至少考察一家危险品配送公司，熟悉其危险品可能存在的风险
3	危险品风险控制归纳分析	根据上述获取资料，归纳出危险品风险控制的方法	能按照逻辑归纳出风险控制的方法

问题分析

1. 风险识别过程中应该遵循什么原则？

（1）全面性原则：在风险识别过程中应遵循全面性原则，从整体出发全面考虑整个供应链的运行，在识别中不遗漏风险因素。

（2）系统性原则：危险因素的主要特征是相互间的突发性与关联性，因此，必须对整个系统进行全面分析，明确各个系统之间的对应关系。

（3）有效性原则：识别风险因素是一个复杂的过程，必须秉持有效性原则，找出最有可能对供应链造成危险的因素，并做出有效性的解释。

2. 危险品配送各环节的风险会带来哪些方面的损害？

（1）人口伤害。危险品泄漏爆炸产生的高温和强大的冲击波，可能给工作区人员和当地居民带来健康危害，如致死、致伤或致突、致癌、致畸等。大多易燃易爆危险品都有一定的毒性，泄漏的有毒物质会通过呼吸道、皮肤表面等进入人体内，达到一定数量时，会引起机体的损伤，破坏人体正常的生理功能，引起人员中毒甚至导致人员死亡。

（2）财产损失。易燃易爆品火灾爆炸可能对工作区的设施设备和周围建筑物产生破坏力，造成财产损失。

（3）环境损害。危险品火灾、爆炸或泄漏会导致环境损害，主要包括大气污染、水污染、土地污染、生态污染等，以及泄漏的危险品同时可能造成土壤破坏和生态污染。

训练评价

序号	评价内容	评价标准	评价结果（是/否）
1	危险品配送资料查阅	查阅网上资源，总结危险品容易发生的风险	
2	危险品配送公司现场参观	至少实地考察一家危险品配送企业，总结各环节可能发生的风险	
3	危险品配送风险控制方法归纳分析	能归纳出危险品配送风险的控制方法	

任务总结

本任务介绍了危险品风险识别与控制方法。通过学习本任务，学生能从分拣、装卸搬运、运输和货运管理方面分别了解危险品配送作业的风险；能从"人""机""法""料""环"五个方面掌握危险品配送作业风险的控制方法；能根据情景进行危险品配送资料的查询和现场参观，能进行危险品配送风险的归纳分析。

拓展训练

江苏南通一危险品运输车泄漏事故

20××年6月19日15时52分，南通市通州区应急管理局接到公安警情通报，在G15高速由北向南方向1 156公里（通州区刘桥高速入口往南约2公里）处，一辆危险品运输车辆发生泄漏。接报后，通州区应急管理局立即启动应急预案，迅速派员赶赴现场，协同公安、高速交警、消防、路政等部门进行应急处置，同时通知交通运输部、生态环境部、刘桥镇政府等部门和单位进行联动。

经现场初查，肇事车辆为如东沿海经济开发区某化工企业的运输车，此次运输拟将30吨聚合油运送至浙江萧山。当车辆行至该路段时，因阀门损坏而发生油料泄漏。当时该车驾驶员未自行发觉,过往车辆发现后进行提醒并及时报警,但已有约10t的油料泄漏到了雨水道中。通州区应急管理局紧急调派车辆对剩余油料进行了驳运,并组织刘桥镇政府应急分队对雨水道进行紧急封堵,避免油料泄漏到河道中对居民生活和周边环境造成进一步影响。

(来源:南通网)

问题:

(1)试分析如何避免此类危险品车辆泄漏事故发生?

(2)危险品运输事故发生后应该如何根据货物特征处理?

工作任务6.3　跨境货物配送管理

职业能力6.3.1　正确选择跨境货物的配送模式

学习目标

理解各种跨境货物配送模式,并能根据实际情况合理选择。

基本知识

跨境电商是指分属不同关境的交易主体,通过电子商务平台达成交易、进行支付结算,并通过跨境物流送达商品、完成交易的一种国际商业活动。跨境货物配送是指跨境物流将货物从一国关境转移到另一国关境后,再运送至对方国消费者手中的物流活动过程。

跨境货物的配送模式主要有以下几种:

一、直邮

直邮包括国际邮政和国际快递两种模式。

1. 国际邮政(e邮宝和EMS等都属于国际邮政包裹)

国际邮政分为普通空邮(非挂号)和挂号两种:普通空邮费用比较低,不提供实时追踪查询服务,时效性比挂号较慢;挂号需要交付挂号费,提供追踪查询服务。两者价格相对比较优惠,通关比较方便,在国际运输过程中选择空运。国际邮政小包对体积和重量有限制,要求重量在2kg以下,三边长度之和小于90cm,并且要求不能是非圆筒形货物,运输效率相对较低。如果物体大于2kg,可以选择邮政大包。不管是邮政小包还是邮政大包,在偏远地区送货都没有偏远附加费用,对于客户不急的订单、低价产品、收货地址比较偏远的地区都可以优先选择国际邮政配送。国际邮政配送模式的业务流程如图6-16所示。

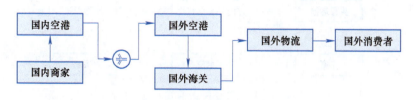

图6-16 国际邮政配送模式的业务流程

国际邮政具有全球性、费用低、便捷、通关效率高等特点。相对于其他的跨境电商物流配送模式其价格比较便宜，在某种程度上可以降低企业的物流成本。一般情况下也不会发生扣关，清关效率比较高。国际邮政可以在全球范围内发货，不受地域的限制，并且没有偏远地区配送附加费用，除了全球违禁用品以外，一般没有特殊的限制。

国际邮政一般在13～15天可以到达。国际邮政的价格是按照包裹重量进行计费的。其中包括：邮费、处理费、挂号费、保险费等，不包含燃油附加费，根据实际情况选择服务内容。由于国际邮政小包按包裹重量进行收费，所以不计首重续重。

2. 国际快递

国际快递主要包括UPS、DHL、TNT、FEDEX等。国际快递与国际邮政的共同点是都有自己的物流网络，基础设施和信息技术比较先进，并且有资质代理清关。国际快递的时效性都非常高，并且寄件安全性高，对于用户有极好的物流体验。国际快递相对于其他物流配送模式来讲，价格比较贵，所以，价值较大的货物、重量大于2kg的货物可以选择国际快递配送模式。国际快递对邮寄的货物也有一定的要求，对仿牌商品不进行配送，单件货物的邮寄要小于30kg。国际快递业务覆盖全球220多个国家和地区。在偏远地区发货会收取附加费用，并且收费比较高，另外还会有清关费、燃油费、地址变更费等费用，总之，其价格与其他物流配送模式相比没有竞争优势。

二、海外仓

海外仓是指建立在海外的仓储设施。在跨境贸易电子商务中，海外仓储配送模式是指国内企业将商品通过大宗运输的形式运往目标市场国家，在当地建立仓库、储存商品，然后再根据当地的销售订单，第一时间做出响应，及时从当地仓库直接进行分拣、包装和配送。海外仓根据服务类型可分为自建海外仓和租用海外仓。跨境电商卖家根据自己的实力可以自建仓库，也可以将仓库租给需要海外仓位的其他小型跨境电商卖家。卖家选择海外仓模式，可以减少因货品零散发货产生的物流费用，从而缩短其周转周期，但是货物如果不能及时卖出也容易造成仓库积压，产生变相的物流费用，所以在选择配送模式时，需要根据卖家商品销量、产品的特殊属性来判断是否采用海外仓储配送模式。

海外仓储配送模式的业务流程可以分为三部分：头程运输、海外仓储管理和尾程派送，如图6-17所示。

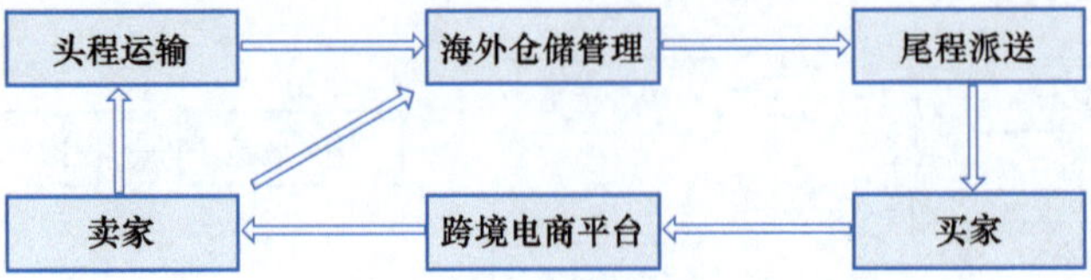

```
┌─────────┐      ┌───────────┐      ┌─────────┐
│ 头程运输 │─────▶│ 海外仓储管理 │─────▶│ 尾程派送 │
└─────────┘      └───────────┘      └─────────┘
     ▲ ▲              │                   │
     │ └──────┐       │                   │
     │        │       ▼                   ▼
┌─────────┐  ┌───────────┐         ┌─────────┐
│  卖家   │◀─│ 跨境电商平台 │         │  买家   │
└─────────┘  └───────────┘         └─────────┘
```

图6-17 海外仓储配送模式的业务流程

（1）头程运输。国内电商卖家将商品通过国际物流运输到海外仓库的过程，包括在本国的理货、订舱、报关、出境申请、国际运输、入境清关、入仓库等环节。

（2）海外仓储管理。海外仓库管理主要分为验收、上架、拣货、复核、包装、发运、盘点、移库、转仓等环节。

（3）尾程派送。在接到出库订单时，海外仓商家会与境外本地的物流公司合作，将商品送到顾客手中。

跨境电商商家使用海外仓配送的流程：跨境电商公司将产品发布在跨境电商平台上，国外买家根据需求在跨境电商平台上下单，卖家接收到订单后，将发货信息共享，通知海外仓管理人员将其提前寄送到海外仓的产品进行打包发货，海外仓人员会与境外的快递公司合作，将产品安全送达境外买家手中，如果收货地址比较偏远，会有额外的费用产生，如燃油费、偏远地区附加费等，但其物流速度会很快。海外仓储配送模式不仅提高了跨境电商公司到货的准时性，并且客户对其好评度也很高，这也是海外仓储比其他物流配送模式的优势所在，节省了清关等流程所需要耗费的时间，更加迅速地响应了客户需求。海外仓储配送模式虽然在物流时效上很占优势，但是也有来自同行业以及其他新兴物流配送模式（如边境仓等）的压力。

三、专线物流

专线物流是当前跨境电商交易活动中比较常见的一种物流配送模式，一般选择空运的方式将货物从国内运送到国外，会设计专门的运输路线，货物也是大批量运送，其地区针对性较强；其时效和物流费用介于国际快递和国际邮政之间，有门到门服务的水平，如果货物离其专线物流的仓储点较远，也会影响其整体的运输时长。清关服务也会比较好，通常采用大包DDP模式清关，可以大幅度降低清关成本，其他清关方式有FOB、CIF、DAP、DAT等。在国内，比较熟知的燕文物流、Equick、永利通达、中外运等都可以提供专线物流服务。他们会根据自身的优势推出新的产品，如中外运的"俄邮宝""澳邮宝"，俄罗斯小包专线有"E速宝""俄速通"等。

能力训练

1. 训练情景

RZ电子商务公司是一家从事袜子进出口贸易的电商企业，年交易额能达到千万，主要出口巴西、俄罗斯、中欧等国家和地区。公司依托的电商平台主要为速卖通、美亚等，出于中国纺织品的本身优势，加上公司商品推广有效，业务量呈现递增现象。小王是新入职的物流部员工，需要首先熟悉行业和公司情况，请问对于这样的跨境电商公司，可以选择的跨境物流模式有哪些？

2. 训练注意事项

（1）要了解跨境物流模式，需要到跨境电商公司实地考察，涉及的客户私人信息应合理规避。

（2）各国家的风俗习惯需要提前做好预习。

（3）需要注意遵守公司规章制度，避免纪律缺失带来的损失。

3. 训练过程

优质第三方跨境
物流服务视频

俄罗斯跨境电商配送
问题解决方案视频

序　号	步　骤	操作方法及说明	质量标准
1	跨境电商公司考察	通过实地调研考察，了解跨境电商公司的交易商品特征以及使用频率较高的物流模式	至少实地考察一家跨境电商公司了解其物流配送模式
2	跨境物流公司考察	通过实地考察跨境物流公司，了解公司可以提供的物流配送模式	至少实地考察一家跨境物流公司了解其提供的物流配送模式
3	业务往来国家（地区）的购物情况查阅	通过网络考察各个国家（地区）在购物习惯上的区别，了解因此带来的物流配送方式	能根据每个国家（地区）的习惯选择适合的物流配送模式
4	归纳分析跨境货物配送的模式	用适当的方法归纳分析一般情况下跨境货物配送的模式	能归纳分析跨境货物配送的模式

问题分析

1. 海外仓模式会出现什么样的风险？

无论是在什么市场，海外仓都面临一定的法律风险。从法律层面上来说，海外仓应该是一家当地的实体企业，而不是简单的"仓库"。从海外仓给当地消费者配送商品，是一种买卖的商业行为，必须依法缴纳消费税、营业税或综合税。欧洲国家已经开始重视这个问题，并在法务上给了中国卖家严重的警告。此外，海外仓的运作需要雇用当地人，因此须符合当地劳工法和工会组织的要求。当有货物需要销毁时，还涉及环境保护方面的问题，这些都必须符合当地法律法规。在欧美国家，法律对税收、用工和环保等都有严格的要求。在运作海外仓时，一定要注意防范法律方面的风险。

2. 跨境货物的配送因涉及区域面广，容易出现什么样的问题？

（1）客户服务水平低。由于跨境物流公司主要以配送和快递业务为主，对海外消费者的整体服务水平低。

（2）响应速度慢。跨境电商企业不能根据自身需求，要求跨境物流公司制订及时的、行之有效的物流配送计划方案。

（3）跨境物流公司覆盖区域较少。由于跨境物流公司很难实现全球的有效覆盖，影响企业业务开展速度和效率。

训练评价

序号	评价内容	评价标准	评价结果（是/否）
1	考察跨境物流公司	至少实地考察一家跨境物流公司，了解其提供的物流配送模式	
2	查阅业务往来国家（地区）的风俗	能根据每个国家（地区）的风俗习惯选择适合的物流配送模式	
3	归纳分析跨境货物配送的模式	能归纳分析跨境货物配送的模式	

任务总结

本任务介绍了跨境货物的配送模式，通过学习本任务，学生能够根据实际情况合理选择配送模式，能根据情景考察跨境物流公司，能了解业务往来国家或地区的风俗习惯，能对跨境货物配送的模式进行归纳分析。

拓展训练

百世集团联合菜鸟推出中马全链路跨境物流服务

2020年9月23日，百世集团联合菜鸟，为马来西亚消费者提供中国至马来西亚全链路跨境物流服务，并为新加坡消费者提供末端配送服务，进一步补充了菜鸟跨境包裹网络的运能。

当天傍晚，经菜鸟跨境包裹网络智能决策，一批包裹从东莞集货仓出发，前往蛇口码头。经海关报验后，这批产品将被运往马来西亚的巴生港，清关拆柜后，进入转运中心，再由百世当地的末端站点配送到消费者手中。

百世联合菜鸟推出的中马跨境物流服务整合了全链路资源，包括国内集货，国际干线运输，报关清关，境外的仓储、末端配送等，实现"一单到底"，并做到全程透明可视化。

跨境包裹使用统一的系统管理，降低了丢件、错发件风险，节约了转运时间，也便于用户实时查看物流信息。

随着东盟成为中国第一大贸易伙伴，以及东南亚国家电商发展，百世持续在东南亚主要国家建立快递网络。2020年7月，百世宣布完成了泰国、越南、马来西亚、柬埔寨、新加坡五个国家的快递网络布局，同时上线中国与这五国之间的全场景"门到门"寄递服务。2020年二季度百世在东南亚地区的快递包裹量同比激增近20倍。

目前，百世的快递网络已基本覆盖泰国、马来西亚和越南全境，各类包裹可触达绝大部分城市和乡村，境内快递配送最快当日达。中国与东南亚之间的双向B2B、B2C、C2C"门到门"跨境物流服务，满足海运、空运、国际快递等需求。其中，发往新加坡、马来西亚的航空小包从国内转运中心送到客户手上最快只需4天。

（来源：美通社）

问题：
（1）中马全链路跨境物流服务能对跨境贸易带来什么影响？
（2）请尝试绘制中马全链路跨境物流服务流程图。

职业能力6.3.2　识别并控制跨境货物配送风险

学习目标

能识别跨境货物配送的风险，理解跨境货物配送风险的控制方法。

基本知识

一、风险识别

跨境货物配送风险是指企业在进行跨境货物配送实际业务操作过程中，在受理、投递、运输、收货等环节或各环节的衔接之处有漏洞而引致的不确定因素。跨境货物配送风险主要包括以下几种：

1. 货物配送风险

配送实际上指的是一种短距离的货物物流的运作。要实现配送这一阶段作业，需要完成物流的全部要素，如货物的包装、装卸、暂时保管以及短距离运输等工作。在货物配送这一环节，涉及的地理和物流作业范围很广，产生的业务风险也相对高很多。虽然理论上来说，配送指的是商品位置近距离的移动，但其需要一套合理的配送体系，来保证不会出现配送延迟或出错的现象。如果管理层没有提前制定一套高效、高质的配送服务体系，很可能会因为配送路径选择错误或者道路状况不良等导致交货延迟等后果，引发客户对于企业的不满。对此风险一般会从受理环节、揽收环节、投递环节来进行识别。国际快递业务这一板块由于路程远、环节多，国际物流的作业速度慢，从发货到收货的时间基本要在7～15天，有时因为特殊原因，需要近一个月的时间才能将货物送达。而这种低速度的物流配送不满足物流服务时效性的要求，极大地降低了客户的服务体验，增加了其不满程度。货物配送风险产生的另一个重要因素是国际物流作业错误率较高，相比国内物流，其出现误送、丢件、延迟收货的概率要高得多，但是消费者为国际快递服务付出的成本比境内物流要高，这一不匹配的现象也使很多客户在抱怨。

2. 货物清关风险

当货物配送至国内口岸或国外口岸时，必须要执行的一项操作是清关。清关指的是货物在进出某国（地区）关境时，海关等机构对货物进行查验、检疫、收取关税的步骤。第三方物流企业对于去往同一目的地、收货时间相近的货物会进行统一的电子清关处理，个人在邮寄国际快递时，一般不会直接与海关进行对接，自行清关。除非是在清关时遇到问题，会要求客户协助第三方物流企业进行清关。电子订单、支付凭证、电子运单等由第三方物流实时传输给海关，按个人邮递物品征税。该模式符合国家海关监管政策，信息更透明，相对于小批量的清关会更加快速，但是往往由清关风险决定了国际快递服务质量。例如，英国海关由于之前长期的硬件发展和数据积累，对于进出口货物的监管由人工升级为系统智能化检测，非常严格。各个有权限管理的部门，根据自己的需求，在海关系统中备注哪类货物的抽检比例要提升，系统会自动根据要求进行查验，一些违禁物品受到扣留的可能性也就会增大。在实际操作中，有的企业对于进口国的海关规则了解少，一些货物属于禁止进口或有条件进口，因未提前了解，导致货物滞留情况严重。境内和境外目前清关规则会有不统一，遇到清关物品信息或申报金额不符合规定的情况，只能进行延期处理。这就大大延长了收货日期，增加了服务出现问题的风险。因此提前了解各国（地区）的清关手续和关税政策很重要。

3. 跨境运输风险

企业的运输能力主要体现在两个方面：一方面是在制订运输方案时选择最佳路线，针对不同定价和不同性质的货物其运输方式应是不同的。另一方面是协调相关部门的相互协作。国际货物运输不能凭企业自身完成，还需要客户、商检、海关、港口、目的国运输企业来协同进行。特别是作为国际快递业务的经营人，需要充分利用和调动企业机构间的相互配合，让物流流程更加顺畅，其实这也体现了企业的物流安排能力。

4. 人力资源风险

技术信息更新日益加快，用户需求也在不断更新，这是第三方物流企业面临的行业发展状况。我国第三方物流企业发展国际快递业务的时间不长，企业更倾向于选择有经验的人才，往往只重视现有人力资源的利用，而不是去选择新人才进行培训的方式。因为人力资源认为人才培训所需的成本是高于直接招聘的，而且培训的技术越高级，人才的流失也越快。

5. 信息系统风险

由于国际快递对于企业信息系统完善性和整合性的要求高，一些企业在开辟国际快递业务这一板块时，其国际物流信息系统有些跟不上。而物流信息系统就相当于物流的神经网络，遍布物流体系的每一个方面。一个先进的物流信息系统要求专业人才与丰富的技术手段来实现；一旦信息技术落后了，系统或者信息操作人员的错误操作增多，就很容易引起信息传递延迟或者其他信息错误，导致配送延迟或错发等后果。

二、风险控制

1. 提升国际物流服务的自动化水平

要想提升物流服务的自动化水平，最便捷的手段是提升企业的硬件和软件设备，通过先进的电子系统，例如全球GPS、条码扫描等技术手段，让客户和企业双方能够随时随地知道自己运送货物所在之处，使货物更加安全，客户也更加放心。企业同时也可以升级技术设备、系统，以实现搬运、装运的半自动化甚至是全自动化，减少业务操作过程中的人员参与，减少人为因素干扰，也减少各个环节可能会发生的差错，缩短物流运送的时间，同时提高安全性，向国际物流业巨头看齐。

2. 把关人力资源的各环节

当企业遇到与员工相关的问题时，首先要做的就是想办法改进现状同时提升员工的整体素质，其次要进行相关的人员培训，以有效地提升员工的整体素质，进一步提升快递服务的质量和客户的满意度。

3. 法律和制度防范

一方面，从法律规定出发，企业在进行人力资源业务风险防范时，需要认真研究与自身和员工有关的相关法律，多利用法律条款降低自身的风险。另一方面，从公司的制度设立来说，公司的制度是公司能够有序运营的重要依据，因此提升企业的制度建设也是提升企业管理水平的重要途径。

4. 建立风险监督机制

强化制度建设，明确监督机制的工作重点，也就是各个业务环节的风险点。监督机制必须责任到人，采取责任追究措施。

5. 改善企业物流信息系统

首先，需要加强企业内部物流信息系统高效运作的能力。其次，在企业之外与海外合作伙伴之间建立信息平台，实现共享的目的。再次，第三方物流公司也可以利用信息系统构建风险预警机制。最后，对于信息不断流动的企业来说，对于信息安全的监管也不能松懈。

能力训练

1. 训练情景

RW跨境物流公司是一家专业提供跨境物流服务的企业。近年来，跨境物流竞争者云集，公司危机重重，客户投诉率逐渐增长，令管理者压力很大。小王是国外知名大学毕业生，在该公司战略部门工作，面对这一现状，请问小王该如何处理跨境物流服务中出现的棘手问题？

2. 训练注意事项

（1）要分析跨境物流出现的风险需要实地考察跨境物流公司，应遵守物流公司各种规章制度。

（2）涉及的隐私问题需要主动规避。

3. 训练过程

序 号	步 骤	操作方法及说明	质 量 标 准
1	实地考察跨境物流公司	通过实地调研考察，了解跨境物流容易出现的各种风险	至少实地考察一家跨境物流企业，了解跨境货物配送容易出现的各种风险
2	查阅跨境货物配送风险资料	通过查阅大量资料归纳跨境货物配送的各种风险	结合实地考察，归纳跨境货物配送的各种风险
3	归纳分析跨境货物配送风险控制	归纳分析出跨境货物配送的风险控制	能归纳出跨境货物配送的风险控制

问题分析

在跨境货物配送风险控制中如何把握风险规避和成本要求之间的关系？

根据效益背反原理，风险控制程度高，成本随之变高；风险控制程度低，成本也随之变低。因此，需要找到适合该企业风险控制和成本控制的平衡点。成本主要包括运作的成本、网络维护成本、单证处理成本及其他管理费用等。科学快速的货物运输配送过程，可以使其业务最大化，任何一项成本的变动都可能导致其业务亏损，另外一个不容忽略的因素就是汇率问题。国际货物物流配送各环节的价格都是随汇率波动的，非常不稳定，也易受政治、经济的影响，所以成本的考虑在风险控制中也十分重要。

训练评价

序号	评价内容	评价标准	评价结果（是/否）
1	实地考察跨境物流公司	至少实地考察一家跨境物流企业，了解跨境货物配送容易出现的各种风险	
2	查阅跨境货物配送风险资料	结合实地考察，归纳跨境货物配送的各种风险	
3	归纳分析跨境货物配送风险控制	能归纳出跨境货物配送的风险控制	

任务总结

本任务介绍了跨境货物配送的风险识别与风险控制，通过学习本任务，学生能识别跨境货物配送的风险，能理解跨境货物配送风险的控制方法，能根据情景对跨境物流公司实地考察，能查阅相关资料，对跨境货物配送风险控制进行归纳分析。

拓展训练

菜鸟：跨境电商物流订单恢复至疫前水平

2020年4月10日，菜鸟国际宣布，中国到全球的跨境物流、海外仓仍然保持运转，跨境电商物流订单已经恢复至疫前水平。

受新冠肺炎疫情影响，多条跨境物流线路中断，菜鸟是少数能维持运转的全球物流网络，每天将数十万淘宝、速卖通商家发出的包裹运往欧洲、北美等全球重点区域，保持出口态势。

菜鸟欧洲区域负责人介绍，菜鸟全球包裹网络具有智能和普惠特点，通过连接全球物流要素，强控包机干线、eHub和卡车网络等关键节点，为跨境中小商家提供了商业快递的体验和普通邮政的价格。此外，通过欧洲海外仓，菜鸟疫情期间仍然能帮助商家快速发货，向欧洲消费者提供欧洲三日达、泛欧七日达等服务。

义乌丹均饰品有限公司从事跨境太阳眼镜等商品的销售。该公司副总经理介绍，由于物流没有保障，该公司关闭其他跨境平台，仅保留有菜鸟提供物流服务的速卖通店铺，销售额相较上年同期翻了5倍。销售智能摄像产品的小蚁科技则依托速卖通菜鸟海外仓实现了2020年一季度较上季度翻倍的销售成绩。

分析人士认为,疫情期间欧美零售业遭受重创,这导致中国外贸订单被批量取消。但2020年欧美电商已呈现大幅度增长,有数据称西班牙电商消费激增55%,给中国面向欧美个人消费者的跨境商家带来了新机遇。比利时列日机场副总裁证实,在菜鸟的带动下,2020年4月列日机场每天处理的来自中国的货量比一个月前增加了40%左右。

菜鸟总裁助理、速卖通出口物流事业部总经理介绍,进入4月后,跨境物流订单较3月呈现明显的增长态势,已逐步恢复到疫情前的日常水平。

(来源:极速聊科技)

问题:
(1)对于突发事件应该从哪几个方面将跨境电商物流配送的损失最小化?
(2)疫情后的跨境电商物流该如何采取措施应对各种问题的产生?

工作任务6.4　新零售货物配送管理

职业能力6.4.1　根据新零售货物特点设计即时配送流程和选择模式

学习目标

能了解新零售的特点,理解即时配送的流程,熟悉即时配送的模式。

基本知识

一、新零售的特点

新零售,即企业以互联网为依托,通过运用大数据、人工智能等先进技术手段,对商品的生产、流通与销售过程进行升级改造,进而重塑业态结构与生态圈,并对线上服务、线下体验以及现代物流进行深度融合的零售新模式。与传统零售相比,新零售具有以下特点:

1. 消费者优先化

消费者优先化是新零售最根本的特征。消费者优先化的突出表现是"消费决定生产",也就是根据消费者需求来决定产品,满足消费者的个性化需求,也就避免了盲目生产造成产品积压,有利于形成良性的生产销售模式,更好地把握供求。

2. 多场景购物灵活化

"场景"是新零售"人、货、场"重构的要素之一。新零售基于大数据分析构建消费场景,满足不同场景下的用户需求。消费者可以选择在店内消费,也可以通过购物App,或者在PC端、微商城上消费,在新零售中,线上线下各个场景之间自由选择、灵活切换。

3. 客户定位精准化

新零售的核心在于尽可能精准地把握用户需求,以大数据指导市场营销,借助自身大数据平台对用户行为进行分析,以此来对平台商品进行智能管理,从而灵活调配,接近消费者,迎合消费者需求,实现了需求到消费的高效率转化。

二、即时配送的流程和模式

(一)即时配送的流程

即时配送作为原始直接送达的物流形式,无须经过仓储、搬运、中转、分拨等物流环节,是直接从端到端实现即时送达的物流服务,其本质是及时性,能够在30~60分钟内满足顾客的订单需求。订单需求呈现出更多的多样化和本地化,其中大部分是离散的、突发的、社会性的,即时配送的流程如图6-18所示。

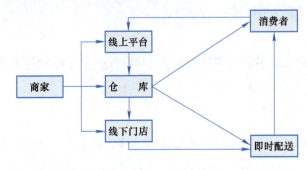

图6-18 即时配送流程图

(二)即时配送的模式

即时配送出现了以美团、蜂鸟、顺丰等为代表的快速发展案例:美团配送拥有强大的实时配送网络,旨在为商家提供全方位、全场景及一站式的高效配送服务和解决方案。蜂鸟即配是饿了么旗下的即时配送运力平台,2019年宣布品牌独立,专注于即时配送领域,本地生活最后一公里,提供任意时间的即时配送和同城配送服务。顺丰同城急送是顺丰集团旗下的即时配送公司,作为独立第三方配送平台,立足多元场景,满足客户全场景需求。此外还有:达达快送,众包模式即时配送平台的典型代表;闪送,一对一同城急送开创者。

随着即时配送管理的不断完善,一种新的职业——"网络订单即时配送员"应运而生,这种职业人员是指在即时物流行业中从事网络订单商品调度、配送的工作群体。即时物流行业从业者包括经理人、管理员、骑士等。

1. 即时配送人员的分类

从运力角度看,配送人员主要分为团队骑士和众包骑士两种:团队骑士即具有统一组织管理,按规定上下班的配送工作人员;众包骑士即按个人意愿接单的兼职骑士。这样,不同的工作模式带来了相应的工作差异,第一,配送任务来源不同,团队骑士订单主要靠系统分配,而众包骑士有较大的选择权。

美团快送模式动画视频

两种骑士的区别在于：①如图6-19所示，在界面设计中，众包的主界面比团队多了"待抢单"列表，订单任骑士挑选，并通过高亮展示价格提升抢单的决策效率。②配送范围不同，团队的配送范围一般是以站点为中心的3～5公里，而众包的配送范围取决于骑手意愿，所以更适合为他们分配远距离的配送任务。③稳定性不同，团队骑士受站长管理，出勤和配送单都较稳定，众包的出勤情况据时间段、天气情况波动较大，比如台风等恶劣天气，众包骑士数量就会迅速下降，因此，用户在台风天点外卖，之前能送到的店突然不能配送，无法下单，是平台根据运力变化做出了调整。④应对突发状况能力不同，团队骑士更方便协作，应对突发事件能力更强。比如车坏了，他们可以直接找同站点的同事帮忙，而众包基本上是单独行动的，遇到困难时，其运力更容易受到影响。

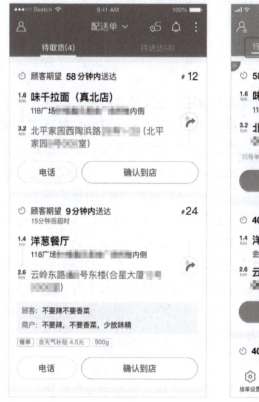
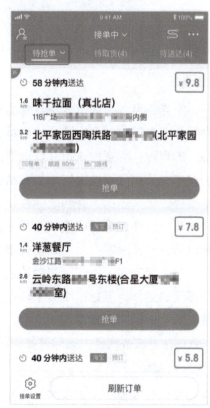

蜂鸟团队　　　　　　　　　蜂鸟众包

图6-19　团队骑士与众包骑士抢单界面设计

2. 骑士的新零售配送模式

骑士的新零售配送模式是伞状的，骑士在统一的前置仓取货（例如大润发的仓库），取个七八单，在30～60分钟内完成配送。没有特别明显的高峰期或者是低谷期。但是随着品类的多元化，配送难度也升级了，配送货品由餐品扩大到生鲜，甚至是3C产品、服装，对骑士的装备、培训、保险等提出了更高的要求，如图6-20所示。

骑士派单的秘密
动画视频

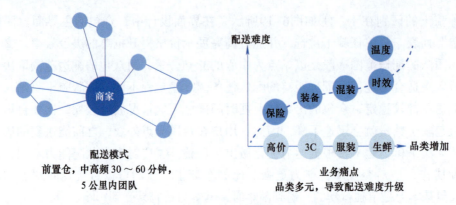

图6-20 新零售配送模式及难度升级图

能力训练

1. 训练情景

某市有一家连锁店,是该市老字号食品专营店,主要经营小吃,拥有近百年的历史。该店以其食物的独家配方、本市特有的食材,以及长期以来的良好口碑赢得了本市及国内其他省市游客的青睐,生意一直很好。近期,为了顺应社会发展,扩大品牌在国内的影响力,提高利润率,公司管理层决定增加商品品类,对食品食材以及相同种类的原材料品牌包装后新鲜出售,扩大店面,并和成品食物一起上线美团、微信小程序等平台,消费者除以前的到店购买渠道外还可以根据需要灵活选择线上付款后到店自取或配送至家,仅一个月就得到市民的喜爱,顾客一时间以倍数增长。小王是店里一位老员工,之前一直负责订单处理和外带包装等工作,由于顾客激增人手不够,管理者新分配给他线上订单处理和店内配送人员调度的工作,但是由于线上订单火爆,加上原有的线下客流量订单,网上订单存在无法按时送达的情况,顾客因物流服务不佳经常投诉,管理者也很苦恼,决定向专业人士求救。假如你是被咨询者,请问该如何回答?

2. 训练注意事项

新零售涉及的范围很广,主体不仅包含转型的实体,也有小商户电商,调查的难度较大,在调查期间应做好归类,以免增加工作量,也要避免涉及对方的隐私问题。

3. 训练过程

序 号	步 骤	操作方法及说明	质 量 标 准
1	零售实体调研	通过零售实体调研零售形态,了解相应的物流配送现状	至少实地考察两家新零售实体,了解配送情况
2	电商平台的调研	通过新零售实体使用的电商平台、电商小户的渠道调查,了解物流配送的现状	能总结新零售配送的现状
3	即时配送的流程和模式应用	通过即时配送的学习,能够对情景设计即时配送流程和模式	能根据情景分析即时配送模式,设计即时配送的流程

问题分析

1. 新零售对配送有什么新要求?

（1）配送服务时效性满足消费者购物后对商品的即可获得性。传统电商平台购物后消费者需等待快递运输，正常情况下消费者需等3～5天才能获得实际产品，在消费者急需产品或不愿花费时间等待的情况下，交易难以实现。新零售模式使消费者可随心所欲地通过线上线下购物，且通过大数据获取距消费者最近的配送网点，以此实现消费者购物的即可获得性。在此过程中，快递物流服务企业除通过优化服务流程来提升配送的时效外，运用信息技术开展智慧物流服务更是关键。

（2）配送服务应"降本增效"，推进新零售贸易活动成交量。电商平台购物活动主要由两部分构成：一是消费者通过平台进行商品的选择、支付，二是消费者等待快递物流服务企业进行产品配送服务。商家在进行销售的过程中除给出产品报价外，快递服务费也需消费者买单。当前虽多数商家打出免费快递服务的口号，但卖家往往会通过提高产品售价的方式来让消费者承担快递费用。部分商家在进行销售时打出满减快递费的口号，如多数冷冻速食产品质量较重，消费者要么支付较高的快递费用，要么买较多产品，如此导致交易活动有可能因快递物流费较高而无法实现。

（3）针对个性化消费者需求提供多样性物流服务产品。消费者多样化、个性化的消费需求不仅表现在对产品本身的诉求，配送服务作为支撑商务贸易活动的核心要素，多样化的配送服务需求亦是当前市场诉求。从物流产业发展进程来看，配送从开始的基本运输、仓储等服务到当前的提供货款代收、上门取货、送货、流通加工以及快递配送服务的限时达、次晨达等，充分说明物流业产品完善、创新的历程。然而，当前新零售模式运行过程中对配送服务产品的创新仍有待提升，线上线下全渠道融合过程中产品品类更加丰富、消费时效更加严格、产品包装更加精细，如此种种都迫切要求配送服务产品创新有所突破。

（4）对无接触服务和社区便利店自提的需求增加。快递员和外卖配送员在为消费者送货时，双方可约定把货物放到一个指定地点，减少互相接触的机会，智能快递柜、无人商店、无人售货机等无接触终端深受大众欢迎。面对城市内配送运力不足的问题，一些企业选择预约配送与门店自提。品牌连锁店的顾客在小程序下单，订单自动分配到消费者附近的门店。例如，饿了么与社区便利店合作，设立生鲜便利自提点，鼓励小区内自提。苏宁菜场的用户晚上在App下单，第二天早晨便可到社区便利店提货。可见，在本身配送能力不足的情况下，平台可通过增加收货点来缓解压力。

2. 即时配送目前的发展情况如何?

传统线上零售的配送模式以"全国仓+标准快递"及"RDC/城市仓+落地配"为主，伴随新零售模式逐步推进，消费者对配送及时性及服务性诉求不断提升，逐步演变成以"即时配送"及"店仓一体"为核心的点对点配送模式，如图6-21所示。尽管现阶段仍以生鲜、餐饮品类为主，但在配送时效上已经从以小时为单位直接提升至以分钟为单位。

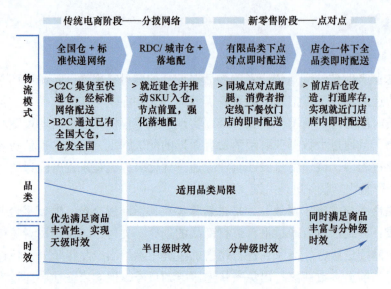

图6-21 即时配送模式图

训练评价

序 号	评价内容	评价标准	评价结果（是/否）
1	新零售实体调研	至少实地考察两家新零售实体，了解配送情况	
2	电商平台的调研	能总结新零售配送的现状	
3	即时配送的流程和模式应用	能根据情景分析即时配送模式，设计即时配送的流程	

任务总结

本任务需要能了解新零售特点，能理解即时配送的流程，能熟悉即时配送的模式，能根据情景对新零售实体和电商平台调研，能根据新零售货物特点设计即时配送流程和模式。

拓展训练

浴火重生——大润发：如何走通新零售之路

无论是作为过去的巨头，还是被阿里收购后，被认为是新零售的试点，大润发的一举一动都备受关注。

2018年阿里入局大润发后，当年营收和利润双降，许多人分析阿里入股让零售的业绩变糟了。并且整个新零售行业不景气，更让人坚信了这样的言论。对此，高鑫零售（大润发母公司）解释称，一方面是大润发和欧尚双品牌的整合对业绩产生了影响；另一方面则是非食品类面临不同渠道的竞争，业绩明显承压。

不过，随着2019年业绩的出炉，转型中的零售开始逐渐发挥战斗力。而且，其一小时配送的准点率已超过99%，页面的缺货率低于3%，出货的缺货率低于0.1%。顾客的差评率及客诉率均低于0.3%。让更多人看到新零售的未来。

"中国零售业还是会成长的，成长最多的主要还是来自线上，大概有20%的增幅，实体店大约有9%"，大润发相关负责人称，"线下的部分，大卖场为主要的贡献来源，2019年上半年卖场的降幅大约为3%，五月份大卖场的跌幅达到5%，增长其实主要来自便利店，这也是我们往新零售、往线上走的原因，这是消费者的选择趋势，如果不提前布局，未来面对的竞争会更加激烈。"

在关注大润发新零售数据的同时，人们总是会想当然地拿线下业绩的下滑作为对比。但是无论是大润发、永辉还是盒马鲜生，这些大商超所走的新零售道路都是建立在线下布局之上。

截至2019年上半年高鑫零售在中国有485家综合性大卖场，门店中约8%位于一线城市，16%位于二线城市，46%位于三线城市，22%位于四线城市，8%位于五线城市。2019年二季度，高鑫零售以8.2%的市场份额排名第一，华润万家（6.5%）、沃尔玛（4.8%）、永辉（4.1%）、家乐福（2.8%）分列2~5位。

这些大卖场的存在，是大润发能够快速布局淘鲜达的原因，并且以这些门店为依托，不断扩展配送范围。同时高鑫零售针对大润发、欧尚的改造也是基于此。据悉，2019年高鑫零售将完成大润发38家、欧尚7家的大卖场改造。第一家深度改造的上海大润发门店，增长率超过同城门店10%，并且生鲜实现了两位数的增长。

在大润发新零售业态增长的数据下，依然是商超系统的支撑。比起2017年不断被炒热，之后又消亡的各种新零售业态，大润发的新零售更像是对传统零售的升级，是真正线上与线下的融合，并且实现同步发展。

新零售业务的增长让我们看到了新零售发展的希望，但是新零售的道路远没有想象中那么顺利。阿里旗下的盒马鲜生也曾爆出各种问题，甚至面临闭店，出现了店面的亏损，被认为业务模式受到很大的限制，过度依靠店址周围的消费水平；同样永辉旗下的超级物种也曝出了缩减工坊、减少面积等各种变革；而以新零售为噱头从2017年开始野蛮生长的各种模式也多走向破产、倒闭的结局。

一条新的道路要走通，注定要有无数的牺牲者。但无论是旧零售还是新零售，都是万变不离其宗。与其说大润发走通了新零售，不如说回归了零售的本质——服务。

从阿里入局大润发开始，人们就一直在观察大润发的变化。淘鲜达的入驻、网红商品榜、无人支付等新鲜点不断出现，而这些出现的根本是方便消费者。

相比起其他新零售的轰轰烈烈，大润发的变化看起来很不起眼，更多地体现在潜移默化的服务上。淘鲜达把不愿意逛超市的消费者重新拉到线上，无人支付收拢了不愿意排队的消费者，网红商品榜也让一些不愿意上网的人看到了线上热卖的产品……

在我们看来，大润发一直以来做的就是服务上的改变，而阿里的介入是把它的服务在线下和线上融合在一起。新零售从来不是单独存在的，而是在原本零售体系上的升级和更完善的业态。没有过去的支撑，就没有现在的辉煌。

（来源：长三角创业汇）

问题：

（1）请调研大润发各门店的线下销售商品配送现状，分析其线上线下结合后带来哪些变化。

（2）新零售的渗入，配送成本方面可以通过哪些渠道得到改善？

职业能力6.4.2　解决企业新零售下的各种配送问题

学习目标

了解企业新零售下的各种问题，掌握解决问题的方法。

基本知识

一、新零售下的配送模式难题

1. 配送作业要求不断增加

随着商品种类的日益丰富，企业分销的难度系数也随之增大。例如，生鲜、果蔬品类需要配备更加先进的冷藏冷冻保鲜设备，以保证商品的质量；特殊商品（如急救药品）需要更加专业的储存设备，制订个性化的分钟级顶配方案，用来满足消费群体的突发性需求；而大件商品在即时配送中也占据了相当大一部分，这就要求商家端拓展更广阔的储备空间并投入更多的配送车辆，以构建更加专业化的即时配送交通体系。

2. 配送过程中人员的交通违规问题

当前的市场竞争机制以及市场管理规定还不够完善，对于物流企业的管理和约束，还没有规范的法律法规制度；随着即时配送行业的快速发展，骑手行车安全、违反交通法律法规等问题也频频发生。

3. 下沉市场有待开发

根据近几年行业提供的相关数据来看，即时配送的用户群体数量呈现出逐年上升的趋势，但大部分主要集中在经济及生活水平较高，智能服务、移动网络较为成熟的中部或沿海城市。而现如今大部分热门城市对于即时需求服务已经趋于饱和状态。相应的主流平台在一些一线城市和新一线城市的布局占比分别为27.7%和36.7%，可见目前市面上大部分即时配送主流平台在地域分布的下沉力方面仍有待提高。

4. 服务质量不稳定

即时配送需求的产生大多是紧急的或不可预测的，而且要求在非常短的时间内就要满足顾客需求，配送人员为了追求配送的速度，在配送的过程中难免会出现配送延迟、包装破损、挤压、侧漏、变质等影响顾客体验的情况。

5. 科学技术有待加强

随着新零售的发展，对物流配送的要求也越来越高，不仅需要有更先进的互联网技术和设施设备来支撑新物流配送模式的运作，使之能够更好地满足快速接受订单、快速发出货物并且迅速送达的需求，而且需要构架大量数据同步更新的智慧系统，从而有效提高服务质量，提高物流效率，降低物流成本。当前实现的模式还比较低级，很难实现大量的柔性生产，也很难实现全面的即时快达配送。

6. 与线上线下融合有待加深

一直以来，线上线下"各自为政"的问题广泛存在。线下的零售商对线上交易方式持怀疑态度，比如，天虹商场一直没有引用线上电商资金，而线上企业又由于资金、能力等方面的原因难以与线下融合；而阿里集团虽然对大数据有着垄断优势，但是其整合力不强，难以线下发展。由此可见，线上线下融合尚有待深入，两线与物流配送的融合难度更大。

二、新零售下配送模式优化

1. 针对配送作业需求进行升级改造

在面对繁多的商品种类以及巨大的分销压力时，商家要确保在优化基础配送速度的同时，能够保证其配送商品的质量。需要对商品进行更加细致的划分，以便投入最优的配送设备和存储环境。另外，针对用户个性化的需求，在未来的配送平台中可以选择从B端商家入手，通过库存系统、配送过程的深度连接和配送体验为商家提供数字化解决方案，全方位提升商品的品牌价值。

2. 对从业人员进一步规范和完善

随着新零售行业的火速发展，即时配送作为其附带的基础设施也随之迅速发展起来，越来越多的资本纷纷加入到即时配送行业的争夺战中。不同的省市先后颁布了快递外卖车辆实名记分措施，扣分达到标准将会限制从事该项工作。但是国家、地方监管部门以及行业自身要做到真抓实干，从源头上针对这些现象做出一定的响应，对配送行业准则做进一步的规范和明确，各部门需要加大监管力度；企业终端要严格遵守行业的制度规范，相关配送人员在正式作业之前要接受入职前的培训，召开交通安全宣讲会，宣传配送作业过程中有关的交通安全规则，提高配送人员的安全意识，共同引领全行业健康有序发展。

3. 调整配送地域的分布情况

即时配送目前已经成为各主流平台争相投资建设的一个领域，相较于对即时性服务需求已经趋于饱和的一线城市，企业可以将目光转移下沉市场中，把自身主力逐步向三四线城市转移，加快相关配送区域的投资建设和市场的开发，使整体区域的业务分布更加合理，进而推动全行业协同发展。

4. 全方位提高配送的服务质量

用户群体除了对即时配送的时效性有着较高的期待以外，对于自身享有的服务质量也有较高的要求。首先，业务员在配送过程中应该要遵循基本的食品安全准则，合理地对商品进行分类。其次，在配送过程中对商品采取一定的保护存储措施，如配备气泡垫、保温箱等。最后，在向客户交付商品的过程中，应该要具备较高的服务素质，多与客户进行沟通，避免一些不必要的冲突影响用户的体验。

5. 数字化程度加深

未来新零售下的物流配送模式数字化程度将会不断加深。首先是消费者的在线化、数字化，如今互联网的普及程度较高，越来越多的消费者已经习惯线上购买，通过消费者的数字化能促进需求信息的实时取得和传输；其次是数据和资源的数字化，即针对消费者的数据来制订生产及配送计划。物流配送模式优化的核心动力是云端数据，如图6-22所示，线上线下零售端和生产端即时更新数据至云端，云端下发指令给生产端，生产端按照消费者的需求交付产品给零售端，这样就能实现物流配送的高效运作。

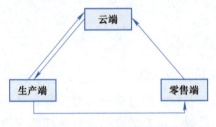

图6-22 物流配送数字化流程图

6. 与线上线下高度融合

新零售只有做好线上、线下、物流三者深度融合才能取得良好的发展，由此，物流模式将会发生较大变化：物流配送在融合线上大数据的情况下，可以利用大数据充分了解消费者的个性化需求，所以未来干线物流不会采用传统的渠道压货模式，而将会采用以用户订单驱动的直发模式，部分快消品将采用末端库存补货模式；新零售下的干线物流是工厂直接将产品运往消费者目的地的城市物流，物流配送也会更加专注于在城市之间的配送，像社区店就会是未来物流配送的一大潜力市场；未来干线物流采取的运输模式也不再是整车运输而是零担运输，零担运输更加契合以用户订单驱动的直发模式，这样可以更好地利用线上大数据来满足消费者的个性需求。

7. 新型供应链的构建

未来的供应链将由消费者主导，这种新型供应链将会是一个逆向拉动的过程，即从消费者的角度出发，消费者需要什么，上游企业就提供什么。比较经典的做法，如图6-23所示：客户使用线下扫码或线上App的方式购买自己需要的产品，其购买的产品将会由货源区运送到仓储区，接着仓储区不仅可以先将产品运至体验销售区，再运往合流配送区，也可以采用自动化运输系统直接将产品运到合流配送区，最后将合流配送区的产品通过末端配送到客户手中。这样的物流配送模式更需要"快、狠、准"，并且保持成本的合理，配合供应链整合商和基础设施发挥自己的专长，从而提高物流效率，节约运输成本。

配送终端出入库——菜鸟驿站视频

工作领域六　特殊货物的配送管理

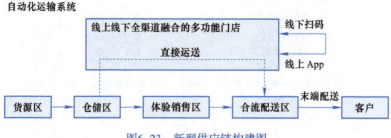

图6-23　新型供应链构建图

能力训练

1. 训练情景

FJ生鲜食品有限公司成立于2016年，倡导自然生活，主营餐桌上的原生态食材和半成品，目前与新零售O2O结合，业务量猛增，随之而来的物流配送问题也日益凸显。为了能给终端客户提供更加贴心的服务，假如你是公司管理人员，该如何解决问题？

2. 训练注意事项

分析新零售配送存在的问题需要调研各类企业，严格遵守各公司不同的规章制度，注意比较，做好安全防护措施。

3. 训练过程

序号	步骤	操作方法及说明	质量标准
1	调研新零售企业	通过实地调研考察，熟悉各类企业配送的现状	至少实地考察两家新零售企业，熟悉配送现状
2	分析调查数据，总结存在的问题	通过查阅大量资料和实地调研考察，分析调查的结果，总结出新零售配送存在的主要问题	能合理总结新零售配送存在的问题
3	归纳分析如何解决新零售配送问题	归纳合适的措施，解决新零售配送存在的问题	能归纳出合适的措施，解决新零售配送存在的问题

问题分析

如何将智慧物流应用到新零售中？

传统物流配送作业中主要存在分货拣货验货效率不高、补货滞后、配送路线重复导致配送成本过高等问题。新零售时代，提升配送效率和降低配送成本已成为各大商家竞争的根本，对配送管理环节中如何优化配送路径、如何智能补货提醒、如何准时收货发货、如何高效分拣及准确验货提出了更高的要求。通过实施智慧配送项目，实现配送路线的智能化决策、提货送货时快速验货、配送货物库区内快速分拣将大大提升配送作业的效率，降低配送成本。例如，苏宁的全链路"无人物流"系统实现高效流畅的无接触模式：包裹从无人仓出发，通过无人驾驶的无人重卡被迅速运输到分拨中心，然后经由最后一公里无人配送机器人或无人机，送至无人快递柜（或送到客户手中），真正做到全流程无人配送。

菜鸟新零售无人车视频

冷链智能终端柜的使用方法视频

训练评价

序　号	评价内容	评价标准	评价结果（是/否）
1	调研新零售企业	至少实地考察两家新零售企业，熟悉配送现状	
2	分析调查数据，总结存在的问题	能合理总结新零售配送存在的问题	
3	归纳分析如何解决新零售配送问题	能归纳出合适的措施，解决新零售配送存在的问题	

任务总结

本任务需要能解决企业新零售下的各种配送问题，要了解企业新零售下的各种问题，掌握解决问题的方法，能根据情景对新零售企业调研，分析调查数据，总结存在的问题并对如何解决新零售配送问题进行归纳分析。

拓展训练

机器人智能物流中心，开拓智慧新零售新格局

全球知名AMR行业引领者极智嘉（Geek+）于2020年4月22日宣布，成功助力中国母婴行业引领者乐友孕婴童在西安打造首个机器人智能物流中心，赋能乐友实现物流智能升级和创新，重塑、开拓智慧新零售的新格局。该西安智能物流中心同时服务乐友商城App订单业务以及门店补货业务，单日发货效率提升1倍，准确率高达99.99%，人力需求减少30%，让乐友能够以更快、更优质的服务满足全国1800万注册用户的需求。

西安智能物流中心是极智嘉"机器人即服务"（RaaS）一站式智能仓储服务的卓越成果。仓库内不仅配备了极智嘉拣选机器人，还由极智嘉提供仓储融合订单生产服务、店面配送以及退换货处理服务。在严格遵守相关防疫规定的前提下，极智嘉与乐友于4月20日举行了开仓剪彩仪式。极智嘉在保证仓内员工安全工作的前提下，20天内就快速完成了智能仓的全面部署和上线，充分印证了智能机器人系统的优势以及极智嘉的丰富经验和落地实力。

极智嘉智能仓储副总裁表示："极智嘉非常荣幸能够与乐友成为合作伙伴，依托先进的机器人及人工智能技术为乐友实现智慧物流的改造升级。未来希望能够以西安为起点，继续助力乐友推行更加广泛的智慧物流落地。"

乐友物流总监表示："此次与极智嘉的合作，开启了乐友智慧物流新时代，同时也标志着乐友第二个中央配送中心（Central Distribution Center，CDC）的正式运行。未来西安

智能物流中心服务乐友成都和武汉地区的门店补货业务，以及西南和西北地区的线上订单业务，期待与极智嘉通力合作，共同运营好乐友CDC。"

早在2017年，极智嘉就已经为知名母婴品牌客户提供了智能仓储服务，此次与乐友的合作进一步体现了母婴类客户对极智嘉在该行业B2C+B2B解决方案以及RaaS服务的信任与认可。

极智嘉于2018年在业内首次提出了"机器人即服务"的灵活创新商业合作模式，通过该合作模式降低企业客户使用先进技术的资金和能力门槛，同时赋能客户基于机器人的运营能力，快速实现供应链的升级改造。极智嘉RaaS业务覆盖华北、华东、华南、华中和西南等区域，运营总面积超过30万平方米的智能仓，服务100多家品牌。企业不仅可采购，还可选择短期租赁、系统代运营或者一站式智能仓储服务，能够帮助企业更加快速、灵活地响应市场需求并抓住商业机会。

极智嘉RaaS服务已历经多次各种规模的电商大促，积累了应对不同行业复杂场景和极限情况的丰富运营经验，拥有强大专业的服务能力，不断为客户创造真实、全面的商业和社会价值。

极智嘉已在全球部署超10 000台AMR机器人，拥有遍及20国（地区）的全球化销售、运营和服务能力，赋能耐克、迪卡侬、沃尔玛、丰田、苏宁等全球近300家知名品牌，包括近40家世界500强企业。

（资料来源：海外网）

问题：

（1）智慧物流的引入给新零售注入了新的活力，从配送流程角度可以使哪些方面的服务质量发生变化？

（2）从成本角度出发，引入新零售配送智慧物流会出现哪些后续的问题？

工作领域小结

本工作领域针对四种特殊种类的货物进行配送管理的能力认知与训练。

首先，在冷链货物配送管理中，需要具备对冷链货物的有效养护能力，能识别冷链配送的货物，掌握其质量变化及影响因素，能制订冷链配送货物的养护计划，根据计划实施日常养护工作，能发现各种问题货物并及时处理，能制作相应台账和报表；需要具备根据冷链货物特征选择配送模式的能力，能掌握三种类别的冷链货物的不同配送模式；需要具备有效控制冷链配送管理的风险的能力，理解冷链配送管理中的商品风险识别及风险控制。

其次，在危险品货物配送管理中，需要具备有效识别危险品特征的能力，能识别各类危险品，掌握其特征；具备根据危险品运输法律法规制订相应的配送管理规范的能力，理解危险品运输的特点，熟悉危险品运输的法律法规，能制订危险品配送管理规范；具备识别并控制危险品配送作业风险的能力，能识别危险品配送作业中的风险，掌握危险品配送作业风险控制的方法。

然后，在跨境货物配送管理中，需要具备正确选择跨境货物配送模式的能力，理解各种跨境货物配送的模式，能根据实际情况合理选择；具备识别并控制跨境货物配送风险的能力，能识别跨境货物配送中的风险，理解跨境货物配送风险的控制方法。

最后，在新零售货物配送管理中，需要具备根据新零售特点设计即时配送的流程和选择模式的能力，了解新零售的特点，理解即时配送的流程，熟悉即时配送的模式；具备解决企业新零售下各种配送问题的能力，了解企业新零售下的各种问题，掌握解决问题的方法。

补充笔记插页

_____
_____
_____
_____
_____

课后练习

工作领域六
课后练习

参 考 文 献

[1] 刘晓燕，王晔丹，方秦盛. 仓储与配送管理实务[M]. 北京：中国石油大学出版社，2018.
[2] 陈鸿雁. 配送中心运营管理[M]. 北京：北京交通大学出版社，2013.
[3] 杨爱明，曹爱萍，李述容. 配送管理实务[M]. 3版. 大连：大连理工大学出版社，2019.
[4] 沈倩，吕亚君. 现代物流综合技能实训教程：双色版[M]. 长沙：湖南师范大学出版社，2020.
[5] 深圳市中诺思科技股份有限公司. 仓储管理软件操作教程[Z]. 2013.